McGraw Hill Education

工商管理经典译丛

"十一五"国家重点图书出版规划项目

公司信息战略与管理

Corporate Information
Strategy and Management
(Eighth Edition)

Lynda M. Applegate
Robert D. Austin
Deborah L. Soule

（美）林达·M.阿普尔盖特

罗伯特·D.奥斯汀

德博拉·L.索尔　　著

于军　王彬　译

（第八版）

东北财经大学出版社
Dongbei University of Finance & Economics Press
大连

© 东北财经大学出版社 2010

图书在版编目（CIP）数据

公司信息战略与管理／（美）阿普尔盖特（Applegate, L. M.），（美）奥斯汀（Austin, R. D.），（美）索尔（Soule, D. L.）著；于军，王彬译．—大连：东北财经大学出版社，2010.6
（工商管理经典译丛）
书名原文：Corporate Information Strategy and Management
ISBN 978 - 7 - 5654 - 0005 - 6

Ⅰ．公…　Ⅱ．①阿…②奥…③索…④于…⑤王…　Ⅲ．公司 - 企业管理　Ⅳ．F276.6

中国版本图书馆 CIP 数据核字（2010）第 097478 号

辽宁省版权局著作权合同登记号：图字 06 - 2008 - 385 号

Lynda M. Applegate, Robert D. Austin, Deborah L. Soule：Corporate Information Strategy and Management（eighth edition）.
Original ISBN：0 - 07 - 340293 - 1
Copyright © 2009 by The McGraw - Hill Companies, Inc.
All Rights reserved. No part of this publication may be reproduced or transmitted in any form or by any means, electronic or mechanical, including without limitation photocopying, recording, taping, or any database, information or retrieval system, without the prior written permission of the publisher.

This authorized Chinese abridgement is jointly published by McGraw-Hill Education（Asia）and Dongbei University of Finance and Economics Press. This edition is authorized for sale in the People's Republic of China only, excluding Hong Kong, Macao SAR and Taiwan.
Copyright © 2010 by McGraw-Hill Education（Asia）, a division of the Singapore Branch of The McGraw-Hill Companies, Inc. and Dongbei University of Finance and Economics Press.

东北财经大学出版社出版
（大连市黑石礁尖山街 217 号　邮政编码　116025）
教学支持：(0411) 84710309
营 销 部：(0411) 84710711
总 编 室：(0411) 84710523
网　　址：http://www.dufep.cn
读者信箱：dufep@dufe.edu.cn
大连图腾彩色印刷有限公司印刷　　东北财经大学出版社发行

幅面尺寸：185mm×260mm	字数：245 千字	印张：12	插页：1
2010 年 6 月第 1 版		2010 年 6 月第 1 次印刷	

责任编辑：李　季　刘贤恩　孙　平　　　责任校对：王　娟
封面设计：冀贵收　　　　　　　　　　　版式设计：钟福建

ISBN 978 - 7 - 5654 - 0005 - 6
定价：32.00 元

作者简介

　　林达·M. 阿普尔盖特（Lynda M. Applegate），是哈佛商学院工商管理专业的教授，是企业家管理系主任，哈佛商学院业主管理培训班的副主任。在加入哈佛商学院之前，她担任多个学科的研究工作和行政管理职位。阿普尔盖特的研究和最近的出版物重点阐述了信息技术对于行业、市场和组织的影响。1999年，她因为教学创新荣获哈佛商学院著名的阿普加奖；1992年，因其优异的研究成果获得该学院的贝罗尔奖。阿普尔盖特博士是一位活跃的国际咨询大师，属于某公开上市公司的董事会和顾问委员会成员。她曾供职于纳斯达克和世界银行的全球发展门户的顾问委员会，还是麻省科技领导协会（Massachusetts Technology Leadership Council）的理事会成员。20世纪90年代末，她参加了蓝丝带小组，参与制定了有关信息时代经济的国家研究计划，并参加了克林顿总统的关键资讯基础建设保护顾问团的圆桌会议。

　　罗伯特·D. 奥斯汀是哥本哈根商学院的管理创新和变革专业教授，是哈佛商学院（HBS）的技术和运行管理专业副教授。他为首席信息官们主办过哈佛商学院行政管理培训班，发表论述、案例达一百多篇，其中有些获得国际大奖。他曾写过几部专著，与人合著或合编过一些作品，最近的著述包括《信息技术领导人的冒险》（*The Adventures of an IT Leader*），一部有关信息技术管理的小说。在成为大学教授之前，他担任某大型跨国公司的信息技术经理，同时，他也是位活跃的编辑和顾问，曾供职于多家学术团体和公司。

　　德博拉·L. 索尔是一位独立咨询师和哈佛商学院的助理研究员，在哈佛大学担任高级管理层学习联盟的市场调研经理。她在跨国部门担任过管理顾问，专业从事信息系统问题研究，是化工行业的信息系统专家。索尔博士的研究和咨询服务主要指向于组织中的合作和创新工作，尤其注重信息技术的角色、领导力、多种知识和分散背景。她曾设计和主讲过信息技术管理领域和产品开发的研究生管理课程，并为管理从业者提供了在创新、变革和知识管理方面的合作与学习经验。

序　言

《公司信息战略与管理》一书论述了信息技术如何促进组织以全然不同并且更加有效的方式从事生产经营活动。在商业环境中，网络化和持续不断的创新引发了天翻地覆般的变化。供货和销售的新渠道正在大量涌现，新的电子市场和交易场所也大量产生。公司及其所处行业的基础设施已经发生了明显的变化。

这是一个变化迅速的全球化现象。对于稳健的公司，这种现象所导致的挑战一直是严峻而普遍的。在很多情况下，这些变化不仅威胁到公司的竞争力，而且还威胁到公司的生存。公司的管理人员肩负重任，因为他们不但要弄清所面临的这些挑战，跟踪事件的进展，还要制定明智的决策和计划。

本书的目的是帮助读者更透彻地了解 21 世纪技术对商业决策的影响。本书从管理人员的角度论述了今天的挑战，着重阐明了全世界的公司管理人员所面临的问题和制定的决策。

本书通过一个导论、三个模块和一个结束语，向读者展示了大量论述。第 1 模块就信息技术对行业、市场和组织的影响而展开论述，其中包括商业模式设计和战略定位问题，并解释了 21 世纪的信息技术如何提供改变市场/行业结构、实力和关系的机会。这一模块还论述了信息技术对组织能力的影响，最后列举了旨在阐述信息技术的商业案例，阐释了如何衡量商业价值和管理。第 2 模块将读者的注意力引向商业和技术的联系运行问题，同时探讨了网络化技术基础设施。第 3 模块关注信息活动的领导和管理，重点是边界问题，即四个关键组成部分：商业管理人员、信息技术管理人员、用户和信息技术合作伙伴——合力利用技术创造可持续的优势。结束语概括了本书的关键构架、观点和课题。

本书提供的资料源自 20 世纪 70 年代初在哈佛商学院所进行的实地研究结果。在此我们向约翰·麦克阿瑟、吉姆·克拉克和杰伊·莱特表达诚挚的谢意，他们不惜牺牲时间和精力，为我们提供了完成此项工作所需要的资源。

尤其要感谢在研究期间为我们献计献策、付出了大量工作时间的管理人员。没有众多管理人员的大力协助，这本书的完成也是不可能的。

还要感谢哈佛商学院的同事们提供的观点和建议，尤其是吉姆·凯什、阿兰·迈考马克、安德鲁·迈克、吉姆·迈克肯尼、沃伦·麦克法兰、理查德·诺兰、凯什·里根以及大卫·阿普顿。此外，还要感谢我们的博士生、本科生和研究人员所做的宝贵工作。我们衷心地感谢南茜·巴雷特、阿拉斯戴尔·布朗、玛莉迪丝·卡拉、伊丽莎白·柯林斯、马克·考利、米丽萨·戴利、布赖恩·德拉西、李格兰德·艾利布什、西瑞克·艾丝卡尔、大卫·李、马克·曼德、菲利普·曼德罗、汤姆·罗德、玛莉·路特利、弗雷德里克·索尔、艾琳·苏利文、乔治·威斯特曼和弗瑞德·杨。

我们还要感谢哈佛商学院研究中心主任们的大力支持，包括加利福尼亚研究中心的克里斯蒂娜·达沃尔、拉丁美洲研究中心主任克里斯托弗·亨瑞、亚洲太平洋研究中心主任加米利·唐及全球研究中心行政管理主任加利·克努。感谢我们最亲密的朋友和同事阿兰·美瑞，他给我们提供了许多技术细节的重要复查，尤其在计算机安全那一章。最后，还要感谢本书的编辑，汤姆·卡梅隆、杰菲·卡芬、莫丽·多纳、佐雅·奥玛森、布鲁克·斯潘以及莫丽·苏达克，他们给我们提供了许多行政方面的支持。

林达·M．阿普尔盖特

罗伯特·D．奥斯汀

德博拉·L．索尔

目　录

第8章

信息技术项目提供的管理 ··············· 137

第3模块 信息技术领导力

第9章

信息技术功能的管理 ·················· 149

导　论

信息技术一直是商业的一张百搭牌，它是机会和不确定性，优势和风险的源泉。企业管理人员对信息技术的作用时常抱着怀疑的态度，因为技术专家主要对新特征感兴趣，而这些新特征与现实生活中的商业活动没有多大关系。技术主管们时常认为商业管理者目光短浅，缺少利用技术所提供的一切优势的远见。在面临商业和技术的迅速变革，并试图实施日益复杂的系统的过程中，这两种人一直感到困惑犹疑。

然而，自商业计算机时代开始，我们一直为信息技术的出现感到欢欣鼓舞，并且理由十分充分。尽管也有令人懊恼的时候，但技术已经以我们制定和执行战略的方式，组织和领导业务的方式，确定独特的价值提议的方式，深深地植根于我们的生活之中。

诚然，信息技术的进步一直是大刀阔斧、令人应接不暇的，但近40年来的技术、工作和劳动力的协调发展已经极大程度地影响了我们对参与竞争的组织和行业的观念。信息技术仅仅为支持"后台办公"交易工具的时代一去不复返，它已经成为大多数商业活动的战略组成部分，并且对公司所处的市场、行业、战略和设计进行了重新定义。今天全球化的通讯网络在数秒钟内就可以将信息传遍全世界，距离和时间已经不是我们制定和执行公司战略的能力决定因素。而且，信息已经成为主要的经济商品，经常与实物商品和服务一起交易，甚至代替它们进行交易。

最近几年的变化为信息技术增添了更多的神秘和魅力，20世纪90年代科技界发生了天翻地覆的变化，但要辨别全部影响很可能还为时尚早。我们中有很多人还记得第一次打开浏览器，连接到万维网（WWW）的情景。对一些不接触技术的管理人员来说，这仿佛是星星之火，他们发现了以前深藏在小小硅片转换器内的巨大潜能。有些人盲目冒险，导致他们陷入无用信息和错误连接的迷惘之中。他们相信，尽管新技术看起来很有吸引力，但旧的缺陷依然存在。

20世纪90年代末网络热潮蓬勃兴起，当时资本市场处于高热状态。"20个"亿万富翁的故事为人们所津津乐道。这些富翁几年前还在谋划餐巾纸生意，但现今成了亿万富翁。这些人吸引了我们的注意力。鼓动企业家多挣钱快花钱的投资商对我们过去的观念构成了挑战，我们过去认为新公司的创建依靠的是血汗和眼泪。

随着新世纪的到来，"华丽的泡沫"破灭。技术含量高的纳斯达克上市公司在几个月内损失了一半以上的价值，信息技术设备和服务的开支也缩减了。世界经济进入了螺旋式下降的状态。

在网络蓬勃发展时期，有些年轻管理人员的事业刚刚起步，他们曾一度认为发展前景无限。但当网络泡沫破灭时，无论年长和年幼的管理人员都发现自己处于完全相同的处境，即他们希望知道哪些机会是真实的，哪些只是有关新发明的假象与欺骗。此后几年的特点是2000—2003年期间科技股逐渐复苏，这是对信息技术更加谨慎利用的回报——直到最近，也正是如此。在我们写作本书时，全球性经济危机已经出现，导致了全球股票市场的急剧崩溃。

但是，即使在这些不确定的时代，有些事情依然非常清晰。世界永久性地被改变了，信息技术从它在公司最深处的安全保护措施中出现新的突破。公司管理人员已经开始与那些不能进入董事会的技术人员共同掌握公司的控制权，技术已经成为一种核心推动力，并且在某些情况下，成为商业活动顺利进行的主渠道。这个世界正变得越来越小,"地球村"的说法正在成为现实。地理位置不再像从前那样重要,边界和范围、所有权和控制权的界限也不再那么严格。最近 10 年的经验,为我们提供了信息技术化"虚拟"组织的典型例证。在这些虚拟组织中,很多独立的小公司联合起来作为信息网络上的一个交接点,从而实现范围和规模上的快速增长。这样的组织对于我们的法律和社会定义都是一个挑战,因为它所从事的活动超出法律法规的政策——尤其在国际贸易和竞争、知识产权、隐私、家庭、社区、教育和文化等领域。当然,我们还有一些新的领域需要探索,还有新的挑战需要应对,并且不断面临新的问题。

因为出现了如此多的情况,变化又是如此之快,此消彼长更新换代的间隙如此之短,所以现在我们很难做出有效的判断。然而,这也正是本书要论述的问题。我们正要把我们从几十年学习中获得的经验,与他人对未来的研究成果结合起来。最近 10 年为我们提供了最丰富的潜在研究领域,我们一直以来在进行着认真的实验。我们尝试过很多种新的模式,但其中有很多以失败告终,如果我们没有充分理解这其中的一切——成功与失败,我们就会有懈怠懒惰的嫌疑。

我们的目的是帮助公司管理人员认识到,技术在创造公司优势中的巨大潜力,帮助他们承担起在信息技术化转变中的领导责任。同时,我们系统地帮助信息技术管理人员承担起领导重任,不仅在制定和实施技术战略及管理信息技术功能方面,而且在制定和实施公司战略方面。当我们向着这双重目标迈进的时候,我们利用了多年来的研究和实践经验,其中大部分是与那些勇于接受挑战,敢于冒险的企业管理者合作的结果。本书记载了他们的典型故事,在整部教材和三个模块中揭示了他们的事例。

第 1 模块:信息技术和商业优势解决了管理者制定决策时所面临的一些问题。本模块将商业模式的概念看作指引管理决策和行为的关键框架。然后论述了 21 世纪信息技术对商业模式三大部分——战略、能力和价值的影响。第 1 模块为理解信息技术对商业优势造成的影响提供了构架和工具。

第 2 模块:信息技术公司将信息技术对商业的影响,转移到商业对信息技术的影响。本模块论证了变化着的技术基础设施及其对一线运行的影响,同时也论证了新兴技术如何影响到信息技术资产、项目和风险的管理方法。第 2 模块为理解信息技术的商业管理提供了框架和工具。

第 3 模块:利用今天的信息技术解决方案和服务来带动公司优势时,信息技术领导力促进信息技术领导者对公司的期望、责任和义务进行探求。本模块论述了普遍的信息技术事件,包括战略协调,合规审查和风险管理,并与更高明的 21 世纪信息活动领导者联系起来。

在你翻阅第 1 模块之前,花费点时间回答下列问题。记下你的答案,运用本书中提供的观点解决改进领域的问题:

1. 信息技术对我们的成功和生存有多重要?我们是否正在错过一种机会,而这种机会如果实施得当,将会促使我们转变我们的公司或行业。

2. 我们正在设置信息技术投资的优先级别,我们的开发工作集中的领域是否正确合理,我们是否正在卓有成效地花费资金?

3. 我们的信息技术和业务领导是否有能力制定和实施信息技术化的战略?我们

是否已经在业务管理人员、信息技术管理人员、用户和合作伙伴之间展开有效的对话？

4. 我们的信息技术平台能否使我们的业务做到既精益又敏捷？我们的与信息技术相关的活动中专门用于运行和维护陈旧的"遗留下来"的应用程序和促进业务增长和战略执行的百分比分别是多少？

5. 我们是否正卓有成效地管理信息技术资产和基础设施？信息技术活动领导的委派是否正确？鉴于我们对信息技术用途设定的目标，我们是否拥有合适的业务和信息技术领导人？

6. 我们的组织目的是否是确认、评估并吸收信息化的商业创新？我们是否正错过利用新兴技术和商业模式的机会之窗？

7. 我们是否对信息技术基础设施采取足够的保护措施以免使其遭受重大运行事故的影响？我们的安全、隐私和风险管理系统是否足以确保服务的实时到位"always on"和"always up"？

在你想利用机会并应对运用信息技术带来的挑战从而推进商业优势时，我们希望你会欣赏这本书，并且认为本书是有用的。

第1模块
IT 和商业优势

2007 年的信息技术（IT）开支在全世界范围内达 2 万亿美元之多，相比上一年有较大幅度的增长。尽管经济形势不景气，分析师仍预测到 2008 年全世界范围内的 IT 开支会增长 8%。超过 1/3 的 IT 开支发生在北美、西欧和日本之外，这印证了 IT 产业确实遍布全球。诚然，过去十年里，IT 开支在很多发展中国家突飞猛进。但随着 IT 的影响不断扩大，人们对 IT 的依赖与日俱增，风险也伴随而来。因而，这种开支既包括对机会的寻找，也包括对营运风险的规避。在寻求机会的同时还要能躲避风险，这不仅需要有坚定的愿景、可靠的执行力和快速响应的能力，还要对行业、市场和组织的建立，以及管理的业绩最优化具有深刻的理解。

本模块中的各章主要论述了管理层在试图利用 IT 创造商业优势时所运用的方法、制定的决策和面临的问题。本模块包括四章。第 1 章介绍了该模块的基本组织结构：首先简要概述商业模式的定义，然后确认完成商业模式审计报告书的方法。第 2、3 和 4 章详细考察了 IT 对商业模式的三个关键部分——战略、能力和价值的影响。

1

商业模式的理解

"商业模式"是互联网热潮中最著名的流行词之一，经常被援引，正如作家迈克尔·路易斯（Michael Lewis）所说："（这是）为了美化各种各样不够完善的计划……"。包括投资者、企业家和管理人员在内的许多人买了一个幻想，到头来却被弄得遍体鳞伤。当不可避免的反作用发威的时候，商业模式的概念就显得不合时宜了——这真是令人遗憾。因为尽管有缺陷的商业模式确实募集到了许多资金，但问题不在于商业模式的概念本身，而在于对这一概念的曲解和滥用。好的商业模式对每个成功的企业都是至关重要的。

——琼·玛格丽塔（Joan Magretta）

　　20世纪90年代末，网络公司的管理层和华尔街分析师常常声称新兴的网络商业模式具有优越性，并给出高度评价。他们坚持认为应该应用新的业务标准来衡量经济价值，而这些新的业务标准最终会带来盈利，但只有在投入巨额资本后才会变得"又大又快"。然而，没有几位网络创业者能够始终兼顾他们所选择的这些新标准（我们个人最爱的是"眼球"）和投资者最后要求的实实在在的经济回报。互联网行业股票的非理性繁荣在1999年达到顶点，当时互联网行业首次公开发行股票（IPO）的数目激增。在这12个月的时间里，数以百计的网络公司发行上市。随着这些股票的公开发行上市，大量的公开数据涌现出来。这些数据凸显了很多网络公司的商业模式中存在的致命缺陷。到2000年初，对这些新近公开上市尚未盈利的网络公司的可持续性的担心，最终引发了股票市场的骤然下跌。

　　由此引起的反响促使很多人产生疑惑，那就是商业模式这一概念的发明是否只是为了证实利用网络计划暴富的合理性。但这种陈述绝非准确。尽管很多人还坚信商业模式这一概念与互联网一同出现，实际上，它可以追溯到早期的管理思想。在20世纪60年代发表的，钱德勒（Chandler）的《战略与结构》（Strategy and Structure）一书为定义筹建公司所需的根本经济模式提供了重要基础。这本开山之作重点论述了如何调整战略和组织架构才能获得高效的协作和执行，同时又具备快速响应不断变化的环境所需要的灵活性。它还明确了战略和组织如何带来高效的资本获利型增长和可持续的竞争优势。钱德勒的这本著作，结合大量日渐增加的复杂的管理研究，论证了指导20世纪绝大部分管理实践的工业经济商业模式理论。到了20世纪90年代末，工业经济商业模式已经被牢固地确立，它们的分析方法也已经相当确切明晰。熟悉一个行业的管理人员理解不同公司扮演的角色，及每个游戏者用以创造、获取或者是毁灭价值的机制。

　　然而，在今天全球化的网络经济中，新的商业模式正在崛起，并从根本上改变公司在行业内及行业间创造价值的方式。的确，当新技术提供彻底改变商业和工业经济状况的机会时，在商业模式框架内定义战略和执行的需要已经成为一种日益重要的管理工具——对于正在寻找机会改变游戏规则的管理层和企业家尤其如此。

　　本章介绍了本书第一模块的基本组织框架。首先简要概述了商业模式的定义，然后确认了进行商业模式审计的方法。第一章还从宏观的业务视角论述了商业模式分析方法。本模块中剩下的几章详细审视了IT对商业模式中战略、能力和价值这三大组成部分的影响，以及IT在转变商业模式的过程中所扮演的角色。

1.1 概述

如今的商业中，没有几个概念像商业模式一样受到如此广泛的讨论，却又罕有系统的研究。

——汤姆·马龙（Tom Malone）

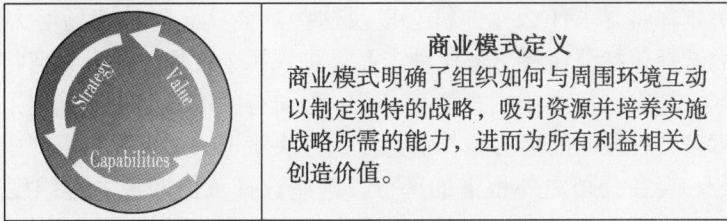

商业模式定义

商业模式明确了组织如何与周围环境互动以制定独特的战略，吸引资源并培养实施战略所需的能力，进而为所有利益相关人创造价值。

图1—1　商业模式框架和定义

你看过小孩踢足球吗（亦即美国人所指的英式足球）？裁判一鸣哨开始比赛，双方所有的球员立即向球猛扑。类似地，管理层时常运用这种"向球猛扑"的方法来构想战略。迈克尔·波特（Michael Porter）强调，这种方法在新兴商业现象或新型技术出现时尤其常见。他提醒我们市场信号可能是靠不住的。"新技术会引发公司和他们的客户进行大量的实验，而这些实验往往在经济上没有持续性。结果，市场行为遭到扭曲，因而必须谨慎地做出解释。"

这种"向球猛扑"的方法在20世纪90年代末的"网络公司"时代就很盛行，那时很多公司无法洞察建立可持续商务的基本原则。结果可想而知。没有几家存活了下来。你如何区分"轻率方案"与"战略奇招"？局势平稳时，管理层时常依赖源于经验的直觉。但当比赛规则发生改变时，这种经验可能会误导你，而新规则却尚未成型。知名管理学家和咨询顾问彼得·德鲁克（Peter Drucker）提醒：

在动荡时代，一个企业必须具有能够抵御突然袭击和利用意外机会的能力。这就意味着，在动荡时代，基本要素必须要得到管理，并且是得到有效的管理。

企业的商业模式构造出这些"基本要素"，并用于指导战略分析和决策制定。正如第一模块其余章节中所讨论的那样，商业模式框架也能够用于评估IT影响。本书中所运用的商业模式的定义在图1—1中作了介绍。

不管是针对公开上市公司、新创业企业、政府机构，或者教育机构，商业模式都为管理层制定决策打下了基础。这些决策包括抓住机会、创办或并购业务、开展活动、聘用人才，以及动用各种途径为利益相关人创造价值。对于新创业企业，商业模式成为一种可预测的预言性工具，它构造出了商业计划的发展和用于预测未来财务收益的假定。

本章剩下的部分更加详细地介绍了商业模式的每个组成部分。

1.2 分析战略

所谓的竞争战略就是创造差异性。换句话说，即有目的地选择一整套不同的运营方法以创造一种独特的价值组合。

——迈克尔·波特（Michael Porter），1996

战略是决定你将寻求什么样的机会以及这些机会具有何种市场潜力的一系列选择。它涉及的选择包括公司将出售何种产品、进入哪个市场，以及如何将它的商品与其他替代者区分开来。从商业模式角度来看，公司有关战略的决策确定了带来业务收入的驱动因素及其一段时间内的增长潜力。这些决策也决定了专有资产中将保存公司在内部的部分和要在公司之外租借的部分。这些选择依据四种关键维度确定了战略定位：

- 市场定位决定了要服务的客户、要满足的需求和期望，以及用于接触这些客户的渠道。
- 产品定位决定了要提供的产品和服务，这些商品的特征，以及将收取的价格。
- 商业网络定位决定了组织在供应商、生产商、分销商和合作伙伴组成的广大网络之内扮演的角色，以及所从事的活动。
- 界限定位确定了将不会涉足的市场、产品和业务。

在迈克尔·波特最广为人知的文章中，他强调成功的战略确定了公司计划如何实现一个与众不同，独一无二的定位，这种定位能"取悦属于现有市场参与者的客户，或者吸引新的客户进入市场"。但是成功的战略定位时常引人模仿。如果这种优势存在着让竞争对手很难模仿，让客户很难改投的障碍，那么它就是可持续优势。商业模式战略审计包括下面讨论的四个领域的分析。本模块的第二章将探讨 IT 在改变商业模式战略时的作用。

评估商业环境。首先提问："我们从事什么业务？"考察行业和竞争动态。考虑影响（或可能影响）业务的人口统计学、经济、政治、法律法规和社会因素。确认会积极或消极地影响行业的关键趋势，以及其他干扰因素。例如，可能成为机会或是威胁的技术、全球化趋势、新商业模式或法规变动。确认正在寻求的特定机会和绝对不想碰的机会。对商务环境的分析不仅明确了行业趋势和干扰因素，还确认了那些需要抓住的机会及相关的风险。这种分析有助于形成关于公司界限定位的选择。同时，IT 趋势、干扰因素、机会和风险也得以确认。

分析客户。用对行业的高水平理解武装自己后，注意力就可转向对当前（和未来）客户的分析。确认客户所面临的紧迫问题，评估公司当前的和正在开发的产品和服务如何解决这些问题。尽管市场调研和内部客户信息对客户分析至关重要，但为了获得第一手的信息，与客户交流并关注他们也同样重要。观察他们工作，考虑他们使用公司产品的难易程度。只要有可能，吸引他们参与到产品和服务的设计与开发中来。这种分析有助于形成关于公司市场定位的选择。运用 IT 收集和分析现时和历史市场信息，并与当前和未来客户进行互动的能力，为市场定位的决策提供了重要的依据。

分析竞争对手和替代产品。现在，分析客户拥有的可满足其需求的替代产品就很有必要了。哪些公司提供替代产品？什么使一家公司的产品或服务有别于其他？这些不同之处对客户来说重要吗？客户愿意支付多少钱？竞争对手们的价格差多少？竞争对手拥有可充当进入障碍的专有知识、资产或知识产权吗？不同的竞争对手拥有多少市场份额，这些份额在一段时间内会有多大的变化？有提供完全不同的商业模式或服务的新竞争对手吗？这种分析有助于形成关于公司产品定位的选择。对很多公司来说，IT 是差异性和专有优势的一个重要来源。

评估商务网络。通过分析供货商、分销商和执行战略所需要的其他合作伙伴，完成商业模式的战略审计。不同的参与者各自从事什么活动？各个参与者之间的关系又如何？那些掌控关键活动、资源，或者执行战略所需要的能力的组织和个人有多强大？这个网络又是如何组织的？

传统上看来，一个业务网络中各参与者的活动是作为一系列有序的输入和输出组织起来的，迈克尔·波特将之定义为"价值链"，因为它描述了一个参与者的输入如何被转化为能让各参与者创造和索取价值的输出的步骤。如今，开放和标准的网络促使谷歌和亚马逊等公司组成了联系紧密的"价值网络"。在这个网络中，通过多个参与者间一系列复杂的相互作用，价值被创造和占有。

对公司业务网络的分析有助于形成关于公司在业务网络中所扮演的角色及定位的更多选择。也能很好的过渡到商业模式能力的审计。

1.3　分析能力

组织的根本目的是（促使）那些需要齐心协力的目标得到实现。互相依赖和不确定性不仅使目标的实现更加困难，也创造了从组织层面上解决问题的需求。

——麦克爱威利（McEvily），1998

一旦明确了战略定位和方向，确定了战略目标，下一步就是整合资源，培养实现目标所需的能力。能力使公司能够实施当前战略，同时也为未来成长创造了平台。它们确定了实施战略所需资源的同时，也确定了组织的费用模式。能力还确定了公司的资产及这些资产的运用效率。商业模式能力审计构造了由以下将讨论的四个区域所组成的分析框架。IT 在改变商业模式能力时的作用将在本书的第 3 章中论述。

分析流程和基础设施。着手进行能力审计，不妨先通过核心流程的深度评估，展开对公司业务网络的分析。这种分析应当解决为生产产品、提供服务、吸引并服务客户、管理与关键股东的关系，以及持续推出一系列新产品、服务和创新所需要的核心流程。此外，这种分析还应当包括由公司、供应商和业务合作伙伴完成的所有活动。一旦核心的运营流程分析完毕，就应当检查那些端到端的支持流程（如，工资表、财务、人力资源管理和数据中心管理）。这些流程是否促进了卓有成效的战略执行？各个层次的员工和合作伙伴是否获得了协调和控制端到端流程所需要的信息，以及支持他们的基础设施？就速度、质量、费用和生产力而言，运作是否达到最佳状态？

正如今天的开放式标准的 IT 网络和系统为业务网络的成员间分享信息和处理业务奠定了基础一样，IT 也为公司内部的流程和基础设施奠定了基础。诚然，高效化、同步化的流程是 IT 所促进的专有优势最有力的来源之一。IT 不仅促进公司在组织内部及由供应商、客户和合作伙伴组成的扩展网络中协调活动和分享信息，还为各层次的管理层和雇员提供制定决策、采取行动所需要的实时信息。这些决策和行动能在当下创造价值，并为公司日后获得不断增加的回报进行定位。

评估员工和合作伙伴。理解了端到端流程后，就可以评估公司是否具有执行必要的活动和流程所需的专业知识。引进、开发、促进和保存这些开展活动和调控运营所需要的知识具有怎样的难易程度？公司是否具有吸引和留住顶尖人才所需要的知名度和形象？文化和奖励措施能否激发领导者的敬业精神和工作热情？领导者是否已制定出清晰、透明和公平的业绩目标，衡量体系，以及赏罚制度？要记住，员工和合作伙伴的绩效衡量时常要确切到他们被聘用时所承担的角色。例如，销售团队的素质和生产力经常依据每位雇员的销售量、顾客维系度、顾客利润贡献度来衡量，但衡量制造部门的员工业绩则借助生产质量和效率。老调重弹，IT 是一种在公司内部和业务网络中定义、组织、创建知识资产的强有力工具。实际上，2007 年增加的企业内部 IT 投资比例就是以改进商业智能为导向的。

评估组织和文化。在评估了流程和员工之后，应该评估组织设计影响员工制定决策和完成工作的程度。员工被分配成业务单位了吗？他们有完成工作、制定决策和实现业绩目标所需的责任和决策权吗？角色、责任和权利划分是否清晰？协调单位间工作的机制是否到位？这些协调机制可能包括正式的报告关系、筹备委员会和联络职位，还可能包括信息和沟通系统。当个人和组织努力履行他们的角色和职责时，企业内的非正式文化是支持，还是妨碍呢？共享的愿景和价值观能否促使员工和合作伙伴一起工作，实现共同的目标呢？每个人都理解制定决策和采取行动的界限吗？运用 IT 分享相关信息，密切监测实战所采取的决策和行动的这一能力，使公司结构有机化并实现小企业才具备的速度和灵活性的同时，又能利用大公司的能力、资源和控制手段。

评估领导和治理。持续的成功需要强有力的领导。有效的领导者运用治理结构和机制来平衡确定目标所需要的创造力和愿景，用实现和创造业绩所必要的纪律来确定优先投资。治理机制包括战略控制（扫面环境，明确战略态势，设定长期目标并确定优先的项目和投资），运营控制（明确短期目的，并管理当前的业务营运和项目），有效的风险控制（重大风险的识别和管理），以及用以指导决策和行动的共享价值观和文化的有效发展和管理。领导者是否描绘了清晰诱人的愿景，而这种未来的愿景能否将怀有共同目标的员工和合作伙伴团结起来？各层次的领导者是否用训练有素的执行力平衡了创造力与创新能力？他们能确定目标并创造业绩吗？领导者间是否有紧密的联系，并有着成功的业绩记录？有没有密切关注战略和经营业绩的高效率董事会和管理团队？董事会和管理团队是否具备不仅能辨别并管理风险，还能确保组织文化和价值观在各层面指导决策和行为的有效系统？

1.4 分析为所有利益相关人创造的价值

在公司制定的每项重大资源分配决策的背后,都有些这一举措之所以值得如此的深思熟虑。

——提摩西·鲁曼(Tim Luehrman)

商业模式的最后组成部分确认了为所有利益相关人创造的价值。大多数以盈利为目的的上市公司的管理人员所做的商业价值分析都是从观察公司的财务数据开始的。这些对经济价值的衡量手段明确了公司所有者和投资者的财务收益,同时也影响股票价格和市值。下面我们来讨论商业模式的战略和能力审计如何明确带来经济价值和财务收益的驱动因素。本模式的第四章将探讨 IT 在促进财务收益方面的作用,以及有关 IT 投资的商业案例所带来的启示。

由于财务分析经常涉及与其他公司或一段时间内的历史业绩的比较,所以财务比率经常被用到。尽管特定的财务比率为关于商业模式经济情况的问题提供了答案,但要理解战略或投资对经济价值的影响,还需要多种比率和衡量手段。例如,收购一家公司或打入一个新的国际市场的决策可能会涉及新的收入渠道和费用,这些收入渠道和费用会改变公司的利润率,减少现金,增加债务,或提高资产负债表上的资产价值。管理层必须能够分析出这些财务模型间的相互作用,从而制定出稳健的商业决策。

杜邦公式(DuPont Formula)是由杜邦公司(E. I. du Pont de Nemours and Company)的金融分析师在 20 世纪 20 年代创制的,它使得多种比率的比较成为可能,有助于制定战略决策。这种财务模型(见图 1—2)涉及三种不同的比率——利润率、资产周转率和财务杠杆。它们共同决定了净资产收益率(ROE)。

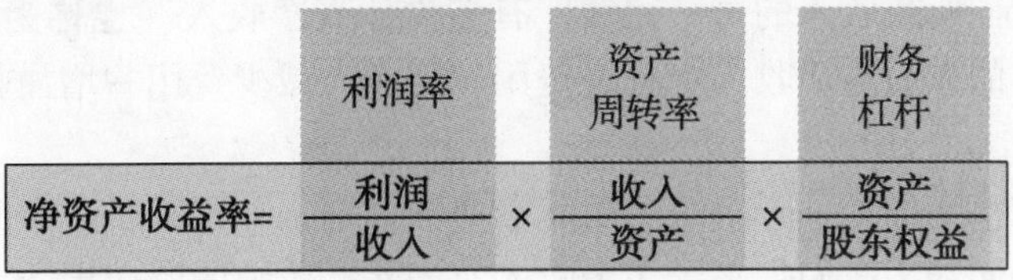

$$\text{净资产收益率} = \frac{\text{利润}}{\text{收入}} \times \frac{\text{收入}}{\text{资产}} \times \frac{\text{资产}}{\text{股东权益}}$$

利润率 资产周转率 财务杠杆

图 1—2 运用杜邦公式来解析净资产收益率

尽管 ROE 对理解商业模式的绩效是重要的,但仅仅关注财务收益是不够的。在业务快速增长或创业企业管理层正在启动一项财务收益被乐观估计的新业务时,尤为如此。当商业环境快速变化并显示出极大的不确定性时,理解创造价值的驱动因素就至关重要。这些驱动因素应在战略和能力审计时期予以识别。例如,在战略审计期间,管理层可能意识到公司当前的市场已经成熟,因而不能提供足够的收入增长潜力,使公司实现预期增长目标。鉴于以上分析,在当前市场上向客户提供增值服务的能力可能是收入增长的关键驱动因素。但是在打造和启动这些增值型服务的投资决策时,需要考虑到可能产生的潜在收入,实现预期回报所需的预计费用和时间,一段时间后使这项服务差异化的能力,放弃其他机会导致的机会成本,以及众多其他因素。商业模式价值审计设计了以下三个领域的分析：

识别内部和外部利益相关人。价值审计从识别内部和外部利益相关人开始。评估他们的利益和期望。他们需要和能够（并愿意）提供什么？公司能够吸引、保留并激励关键客户吗？这些客户愿意并能够付钱吗？其他利益相关群体（如雇员、合作伙伴、政府，社会）的利益如何影响公司吸引和服务客户的能力？每个关键的利益相关人（或利益相关团体）在与公司进行业务时得到的主观和客观利益是什么？

识别商业模式驱动因素和联盟。当对商业模式每个关键组成部分的分析完成后，花点时间来回顾收获的见解。在战略审计期间所识别的关键机会和威胁是什么？在能力审计期间识别的关键性强项和弱项是什么？依据"SWOT 分析"，识别关键的收入、费用和资产周转率的驱动因素并建立一个商业模式信息面板，用以反映各个组成部分之间的联动关系。确认 IT 如何使每个经济价值的关键驱动因素成为可能。例如，IT是否促进公司进入了新的市场，进而也带动了收入增长率？IT 是否促进公司改进了质量或简化了过程，进而也导致了成本的缩减吗？

建立财务模式并确定融资需求。在理解商业模式的驱动因素和为关键利益相关人创造（或将要创造）的价值后，就应为公司建立财务模式。有关收入、费用、资产周转率的驱动因素已经设置了哪些假设？这些假设中含有多少不确定性？这些基于极好或极差情境的假设的变动又将如何改变公司业务的经济状况？在以盈利为目的的公司，将财务模式转化为股东回报的三个组成部分——利润率、资产周转率和财务杠杆——从而计算出 ROE（提示：也可以使用诸如投资资本回报率（ROIC）等衡量股东利益的其他手段）。公司创造的经济价值与股东的市值期望关系如何？在商业模式中存在着致命缺陷吗？如果存在，这些问题又该如何解决？

ROE 的三个组成部分

利润率是衡量一个公司能否成功地将收入转化为利润的手段。它解答了以下问题：对于我们所得收入的每一元钱，有多少计入净收入（也称为利润）？计算净收入最基本的方法是从收入中减去费用。因而，减少费用并增加收入都可以提高利润率。

资产周转率衡量了一个组织利用其资产的效率，并回答了这个问题：我们账面资产的每一元钱为我们带来了多少收入？当然，传统的资产周转率财务衡量方式经常不体现无形资产的价值，如雇员的技能和知识、信息的价值、数据库和计算机应用软件中储存的专业技术，公司品牌和知名度的价值，以及公司业务合作伙伴和客户网络的价值。在今天全球化的网络经济中，这些"无形资产"成为了资产名义价值的来源，显得更为重要。所以，有前瞻能力的管理层正在通过引入无形资产的财务替代项，扩展他们计算资产价值的方法。

财务杠杆衡量了一个公司在先行扣除支付给债权人的资产并出售自身后，股东所能享有的资产比例。理解公司财务杠杆，有助管理层回答这个问题：我所创造价值中的每一元钱有多少计入了股东利益？

总之，商业模式审计的力量并非来源于收集和分析独立的"大量"数据。相反，商业模式明确了关键性战略、能力，以及商业业绩的价值驱动因素之间的联系。图

1—3 解释了这些联系。IT 不但在转变商业模式中发挥作用，还可以用来开发商业模式信息面板，并监控商业模式的运行状况。

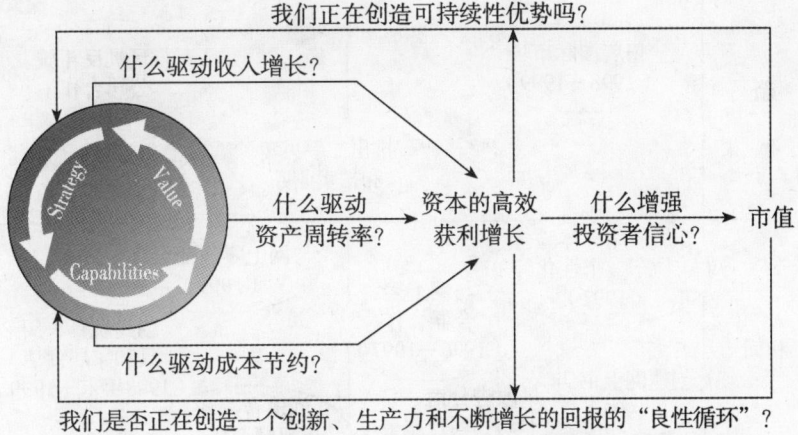

图1—3　分析商业模式

资料来源：L. M. Applegate，Crafting Business Models，Harvard Business School Publishing #808705，2008

1.5　商业模式的演进

打造成功的企业是一段旅程，而不是一个目的地。商业模式和他们所描述的企业一样，都不是静止不变的。恰恰相反，当管理层不断利用机会，响应威胁并培养能力，它们也会随着时间的流逝而演进。商业模式的演进有四种重要途径。

升级：对现存战略或能力的不断改进。

扩张：推出新的产品类别，进入新的市场，或拓展能力。

探索：推出新的业务和培养新的能力。

退出：停售产品，退出市场或外包能力。

图1—4 表明商业模式演进的四种途径是在常见的战略定位选择中得到体现的。本图还解释了亚马逊网（Amazon. com）商业模式的演进，以及它的创始人兼首席执行官杰夫·贝佐斯（Jeff Bezos）从 1995 年靠第一个产品白手起家一直到 2006 年间所制定的决策。

如图所示，很多商业模式上的变动（比如升级产品或改进流程的决策）表明了公司对商业模式的不断调整。但是，有的时候，管理层决定迈向更具革命性的道路，并选择启动一种新的业务，而不仅仅是一种新产品、市场或渠道。这些彻底的商业模式革新通常不仅仅涉及到对产品与市场定位的改变，还需要进入有新竞争对手和新业务网络的全新行业。例如，亚马逊网管理层在 2000 年制定的有关退出玩具零售业并运用自身以 IT 为动力的供应链及网上零售能力为玩具反斗城（Toys "R" Us）公司提供物流服务的决策，标志着其商业模式的根本性改变。

亚马逊网的案例为"原生数字化"的公司怎样在持续创造以 IT 为动力的创新潮

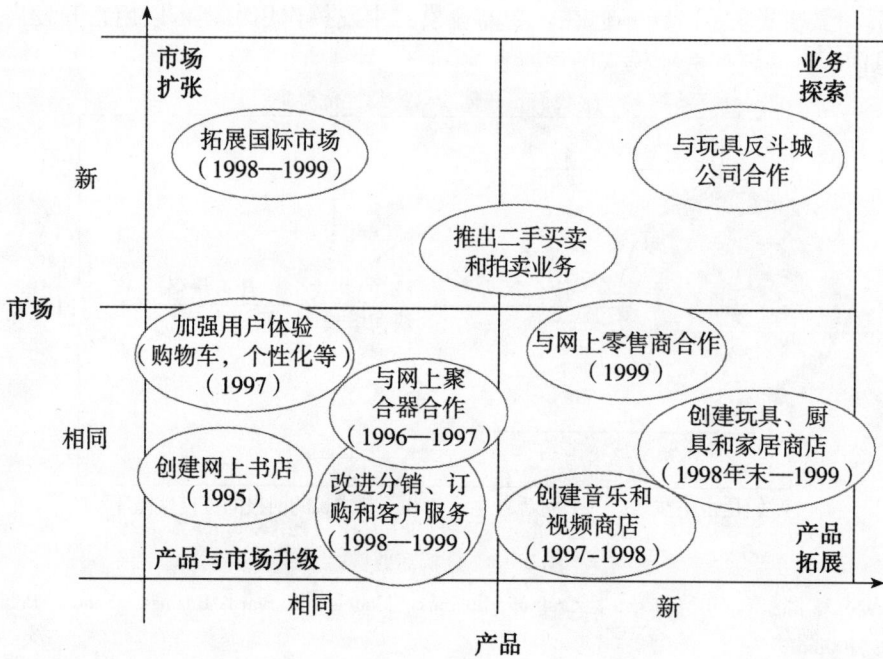

图1—4　亚马逊网业务模式（1995—2000）

流的同时，又出色地扩展公司经营规模和范围这一点提供了有力的佐证。

1.6　小结

——如果说我们从新经济中不断演进的工作和竞争中有所收获，那么这种收获就是：改变一个问题，你就改变了整个游戏。旧问题是："我从事哪种业务？"新的问题是："我的商业模式是什么？"

——阿德里安·斯莱沃兹基（Adrian Slywotzky）和大卫·莫里森（David Morrison），1999

当世界以反常的速度变化时，创建一个企业是困难的。我们知道如何在工业经济时期发现机会，创立新的企业，并将它们打造为成功的公司。但我们才刚刚开始为了网络经济时代的成功而改写规则。尽管很多人渴望更大的稳定性，但具有远见卓识的企业家和经理人知道：正是在这样的动荡时代才有可能发现和利用创造价值的机会。

在这充满挑战的时代打造成功的企业，管理层需要懂得如何去明确并执行战略，培养并利用能力，从而为所有股东创造价值。一个企业的商业模式架构了这些决策。但商业模式的每个组成部分都不是在真空中制定的。当战略、能力和价值相一致，并与外界环境协调时，商业模式就创造了经济学家们所说的创新、生产力和递增报酬间的"良性循环"。反之，协调性差的商业模式会造成"恶性循环"。这种恶性循环可能会迅速失控并摧毁价值。而商务环境越动荡，恶性循环就能越快毁坏你的生意。

但问题是，高度协调一致的商业模式很难改变。在如今的动荡时代，商业模式必须既是协调的，又是灵活的。这需要对商业模式的组成部分及其之间的联系有着更富于技巧性的深刻理解。

最近十年里，IT已经急剧改变了主要产业中大多数公司的商业模式。这些改革性质的影响已经促进了世界各国的创新和创业，并剧烈改变了全球经济。在第一模块的其余章节中将提供美敦力公司（Medtronic, Inc.）、IBM、亚马逊网、波音（Boeing）和全球医药交易中心（Global Healthcare Exchange）等企业的多个案例。这些公司已经将IT深深地植入自身的战略和能力，以及他们各自的业务网络，从而达到改变产品、市场和业务网络的战略定位，并在他们所在行业中建立改革日程的目的。亚马逊网和IBM的案例还表明了这两家公司是如何运用IT创造精益、敏捷的工序和能力，使他们能够灵活地改变战略，应对危机，并在动荡和平稳的时代都能带来不断增长的收益。关于IT在带来经济价值方面的影响，更加详细的分析请见第四章。

可以用下面的问题来分析商业模式的绩效。

1. 我们从事什么业务？我们将寻求哪些机会，不寻求哪些机会？

2. 谁是我们的客户、供应商和业务合作伙伴？我们能向这些重要的利益相关人提供什么价值？我们能向雇员和业主提供什么价值？

3. 行业内的竞争动态和实力对比情况如何？谁是我们如今最大的竞争对手？他们的未来又将如何？

4. 什么使我们与其他竞争对手和替代产品区分开？如果新参与者提供独特的价值定位，抑或替代产品和服务，他打入我们市场的难易程度如何？客户、供应商和业务合作伙伴变动的难易程度又如何？

5. 我们的核心运营活动和过程的效率和效果如何？客户、供货商和合作伙伴与我们开展业务的难易程度如何？我们通过改进产品与市场定位开拓新业务的难易程度如何。

6. 执行战略的必要能力和资源是什么？我们具备或能够培养这些必要能力吗？

7. 商业模式中，什么是资本的高效获利增长和市场价值的关键驱动因素？IT在刺激商业模式的经济价值驱动因素上发挥了什么作用？我们可以运用IT来建立商业模式信息面板并监控商业模式的运行状况吗？

2

信息技术对商业模式的影响

如今的首席信息官（CIO）必须帮助组织实现其战略目标，并构想前所未有的目标。

——法伯（Farber），2008

长期以来，IT都被视为自动化处理薪酬和应收账款等后台事务活动的工具，直到最近它才成为一种确认新的战略机会并打造追逐机会所需能力的重要工具。但是每年很大一部分的IT投资都未能实现它们的预期回报。单单在美国，这个比例就约有40%。当我们考虑到众多公司会将5%的收入花费在IT上这一平均水平，这一现象就显得更为典型。2007年，在世界范围内，首席信息官们大约投资了4 350亿美元在计算机设备方面，3 520亿美元在通讯设备方面，3 360亿美元在软件方面。其中，投资在软件方面的三分之二用于购买通用软件。此外，全球的首席信息官们还在IT服务和外包方面花费了4 880亿美元，外加近6 600亿美元的IT人事费用。尽管预计2008年的IT投资增长将放缓，但在IT服务上的开支仍然会增长。而且在世界上的某些地区，所有的IT开支类别都出现两位数的增长将是司空见惯之事。

本章将呈现IT对公司商业模式所造成影响的分析框架。我们从介绍基本框架入手。这种框架可以用于分析以IT为动力的商务规划对商业战略和能力的影响。本章还给出了许多正在运用IT来改变所在行业和自身的公司的案例，并以一些问题结尾。管理层可以利用这些问题评估IT对商业模式的影响。

2.1　分析IT影响

如你回顾的那样，公司的商业模式决定了公司的战略和周围环境，以及实施战略和为股东创造价值所需的能力这三者之间的协调性。IT已经越来越成为设计和改进公司商业模式和价值定位的中心。公司的商业模式不仅将管理层制定的决策与商业绩效联系起来，还充当了分析IT对商业绩效影响和制定IT投资决策的有用工具。IT影响图从商业模式运行状况的两个关键维度——战略和能力来描述了IT的影响。

- IT对战略的影响。其明确了IT在确定产品、市场、业务网络和界限定位方面所扮演的角色。它试图解释IT促进差异性、可持续优势和专利资产开发的机制。它还识别了一段时间内IT在界定公司的增长路径的影响。

- IT对能力的影响。其明确了IT在培养执行战略必须具备的能力方面所充当的角色。这些能力包括流程和基础设施、人员和合作伙伴、组织和文化，以及领导和管理。重要的是，要注意到这些能力可能位于组织内部，也可能分散在业务合作伙伴网络中。所以同样重要的是，分析业务网络中的能力（例如，端到端的流程和治理机制），而不仅仅是位于组织围墙内的那些能力。

IT影响图可用于分析单一项目的影响，还可用于分析一段时间内公司通过的一系列战略发展项目。见图2—1，查看两家公司如何运用IT来改变商业模式的实例。

在1994年至2001年间，IBM在业务流程再造，整合内部流程方面付出了极大的努力。先从后台事务流程开始（如，薪酬、采购和福利管理），然后深入以供应链管理和新产品开发为代表的核心运营流程。这些再造的流程和内部共享服务能力，成为

（a）IBM 业务转变之路

（b）美敦力业务转变之路

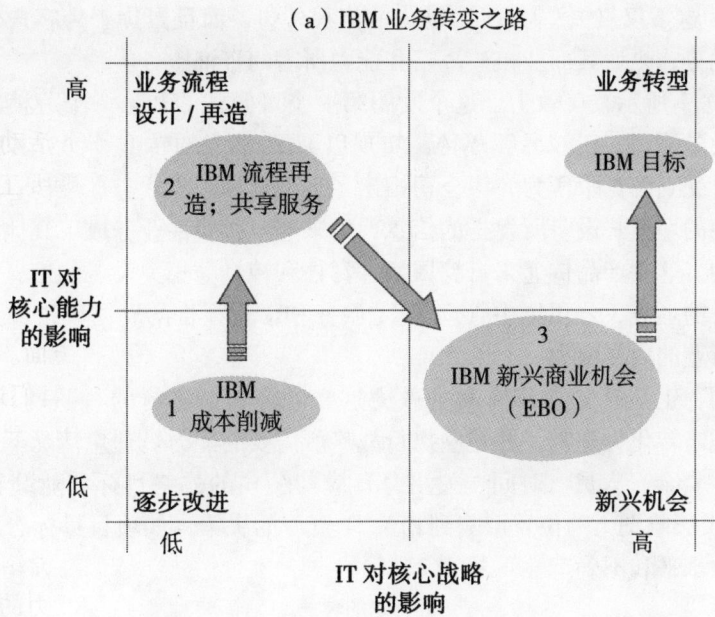

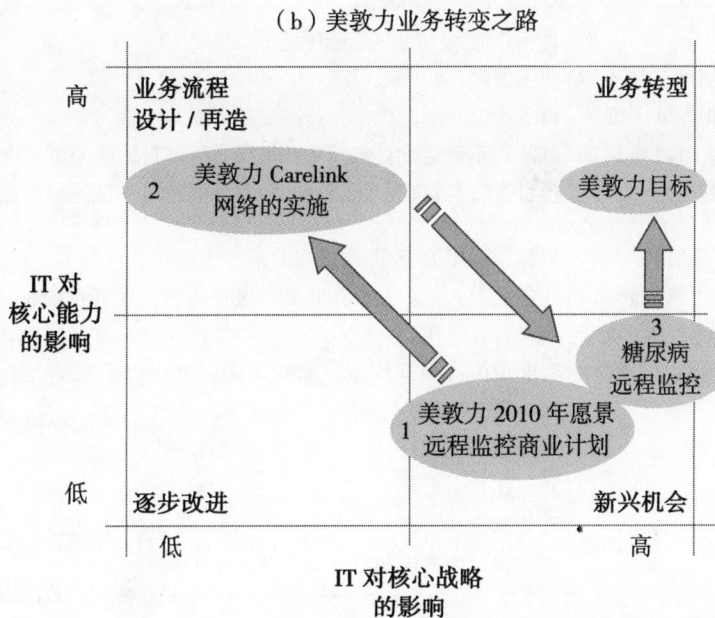

图 2—1　IT 影响图

在 IBM 全球服务部内开展商业流程外包（BPO）的基础。因此，除了在 20 世纪 90 年代凭借业务流程再造所实现的费用大幅度节省之外，IBM 还能够凭借提供新服务带动了收入的大幅度增长。而这些新服务也是建立在其内部以 IT 为动力的业务流程基础之上的。的确，到 2002 年，IBM 的全球服务部占据了近 45% 的公司收入；到 2005 年，这个比例增长到 52%。今天，IBM 的全球服务部是实现该公司战略的三大核心业务之一。它的 BPO 业务现在被称为业务转型外包（Business Transformation

Outsourcing)。这不仅仅关注以 IT 为动力的流程外包，而且聚焦于为客户创造商业价值和可持续优势，改变其商业模式战略和能力所需的咨询服务。

正如图 2—1 所示，美敦力，这个发明第一个可佩戴的和第一个可植入的心脏起搏器的医疗设备公司，正在另辟蹊径，实现以 IT 为动力的转型。针对其核心的心脏起搏器业务所受到的竞争压力，该公司推出了远程监控服务业务。最初它只是汇报由心脏起搏器中的埋藏式设备所发送的信息，后来这一试验性业务成了其他远程监控服务产品的基础。这些产品传递来自糖尿病、脊柱和神经等相关设备的信息。随着新型监控设备业务的形成，公司集中管理了 IT 服务和信息报告的底层设备，并再造了其改革公司和行业的内在能力。

毫无疑问，正是通过像 IBM 和美敦力这样的公司所实行的一系列规划和项目，企业才能将战略转化为现实，并建立执行战略所需要的能力。理想情况下，项目的资源配置（如，资金、人员、时间、关注力）应与公司的战略目标和业绩目标密切保持一致。在 IT 影响图上的位置影响到相关 IT 资源的决策，如项目目标、发起人、治理，以及风险水平和不确定性（见表 2—1）。

表 2—1 　　　　　　　　　　　　IT 影响的种类

IT 影响种类	描述
局部改进 **范例项目**：功能性支持流程的自动化（如薪酬，预算等）；IT 对团队项目或局部决策商业智能的支持	**目标**：应用 IT 提高局部运营绩效 **业务发起人**：区域经理、团队和个人 **商业价值**：降低成本，并提高局部运营绩效 **风险和不确定性**：低到中；缺少对战略目标的关注；焦点分散 **项目投资和管理**：区域性的预算及管理（可能是临时的）
业务流程设计/再造 **范例项目**：业务流程再造；共享服务商品的启动；ERP 或销售业务自动化的实施	**目标**：运用 IT 改进端到端的运营流程 **业务发起人**：业务部门和共享服务的领导人（可能包括供货商、客户或合作伙伴） **商业价值**：降低成本，缩减周期，提高组织或扩大企业的运营绩效，精减取得 IT 所有权的总成本 **风险和不确定性**：中到高；业务和技术的复杂性及动荡性；组织变动；经常需要整合新能力与现有能力 **项目投资和管理**：公司预算；实行正式的项目进度审查的筹备指导委员会；改变控制流程和系统
新兴机会 **范例项目**：远程监控服务的供应；基于信息的产品供应	**目标**：寻求可以推出新产品和业务，或者进入新市场的商业机会 **业务发起人**：管理委员会或商务部门领导层，新创企业、新兴技术或业务 **商业价值**：增加收入和推出新业务；进入高增长性的行业和市场 **风险和不确定性**：高；新商业模式时常需要新能力，可能还涉及新技术 **项目投资和管理**：里程碑式的阶段性的任务和投资；为"实验"和业务计划筹资；新创企业的风险管理

IT 影响种类	描述
业务转变 **范例项目**: 全球服务业务对核心产品业务的支持;互动型在线业务对实体服务和产品的销售或支持	**目标**: 改变你的组织和行业,使战略差异化并开发专利资产 **业务发起人**: 董事会,管理委员会;强势的项目领导权 **商业价值**: 使资本的高效获利增长得以持续,提高市场份额,并创建可持续的竞争优势 **风险和不确定性**: 高;新商业模式时常需要新能力,可能还涉及新技术;组织变动;时常需要新商业模式与现存业务整合 **项目投资和管理**: 与公司战略整合;设有由管理委员会制定的规范进度审查的监督董事会;改变控制流程和系统

IT 发展的迅猛步伐已经严重加剧了 IT 对于商业战略和能力的影响。这些影响不仅扰乱着已确立的定位,也创造着威胁和机遇。下一部分将讨论 IT 如何支持企业寻求战略性机会,也将指出评估 IT 机会和风险的相关问题。

2.2 机会寻求

中国人用两个字来书写"危机"一词,一个字代表了危险,一个字代表了机会。悲观主义者从每个机会中看到了困难,而乐观主义者从每个困难中看到了机会。

——惠斯顿·丘吉尔爵士(Sir Winston Churchill)

创业学领域的前沿专家,杰夫·提蒙斯(Jeff Timmons)把寻求机会描述为"创业过程的核心"。"机会具有迷人、耐久和及时的特质"。"它必须瞄准一种能为买方或最终用户创造或增加价值的产品或服务。"总部位于波士顿的风险投资公司——高原资本(Highland Capital Partners)的创始人兼管理合作人保罗·马德(Paul Maeder)解释了他评估机会的标准:

当我们投资于(早期创业阶段的)企业时,我们总是询问:这种价值定位与众不同吗?我们有成为市场老大的绝佳机会吗?……这是不是一个相当具有吸引力的公司,以致人们会被吸引,起初是雇员和经理,最终是客户?有没有我们能够搭建的进入障碍,使得其他人注意到我们的好主意后,不能一拥而上?最后,我们能够在合理的期限内用合理的资本建造它吗?如果这些问题的答案令人满意,那么我们当然会为它提供资金。

正如从上述引用中所看到的,尽管寻求机会时常从具有创造性的集思广益过程开始,但是机会的识别则要求对商业模式的可行性进行更透彻的评估。当管理层寻求利用 IT 驱动商业模式策略的方法时,他们可以运用下文中阐述的问题。第三章将论述 IT 在改变商业模式能力中的作用。

- IT 能改变竞争的基础吗?
- IT 能改变关系的本质,以及供求双方的力量平衡吗?
- IT 能建立进入市场的障碍吗?
- IT 能增加切换成本吗?
- IT 能增加现有产品和服务的价值,或者创造新的产品和服务吗?

IT 主要用于促进企业活动的自动化，而不管它们是发生在组织内部还是组织之间。但是随着其自动化功能的实现，IT 也能用于促进信息化和改变公司结构。

在 20 世纪五六十年代，当 IT 首次被引入商业用途时，IT 应用的主要目标就是使那些常规性的、信息密集型的后台事务（如，薪酬管理、会计，以及总账过账）实现自动化。基本目的在于提高效率和生产力。企业很快学会将这些益处应用于前台事务活动，这些活动包括与供应商、分销商、顾客及价值链上其他参与者进行的交易活动。但实际上，当企业学会运用 IT，将它不仅应用于自动化，而且用于促进信息化和改变公司结构时（尤其在跨越企业界限时），IT 的影响力就会显著增强。一条流水线化，整合了的价值链有助于公司消除重复冗余的活动，减少循环的时间，并获得更高的效率与生产力。作为自动化的副产品，信息也有助于管理层、普通员工、合作伙伴及其他利益相关者更好地理解快速循环的经营活动。另外，及时（甚至是即时）的信息还有助于带来新的益处，包括提高协作与控制能力，提供个性化产品和服务，完善现有产品和服务的战略定位和独特性，从而在最后促进以 IT 为动力的产品和服务的创造，这样就可以吸引更多的市场参与者，产生新的收入流。

美国医院设备供应公司（AHSC）和美国航空公司（AA），是运用 IT 再造核心运营流程，改变竞争基础的两个早期实例。故事发生于 20 世纪 60 年代末。当时 AHSC 的一位富有创新精神的销售经理创建了一套系统，让医院的采购人员可以使用打孔卡片和原始读卡式计算机，通过电话订购耗材。大约与此同时，AA 富于胆识与魄力的销售经理们也为大型旅行社配置了计算机终端，使他们可以查询美国国内订票系统的航班安排，从而为新一轮的竞争铺平了道路。这些商业行为确实产生了两种具有传奇色彩的战略性 IT 应用，它们在各自的行业领域改变了竞争的基础。

AHSC 与 AA 都将它们的战略系统建立在内部系统基础上，而这些内部系统原本是用于自动处理后台事务交易的。例如 AHSC，它首先安装用于管理内部库存和订单处理活动的计算机；AA 则利用计算机管理其内部订票流程。在这两个案例中，这些早期系统的价值在于组织、简化、标准化和协调内部运营的能力。因此，它们在降低成本和周期的同时，也确保了连贯性。但是，在公司内部活动得到简化和标准化之后，AHSC 与 AA 都意识到它们可以让顾客自助服务，而不用担心服务质量的下降。因为 AHSC 和 AA 都运用专有技术建立了自己的系统，它们拥有自己的作业平台，并且能够获得大量来源于自动化交易系统的信息。这些信息促使管理者和一线工作人员得以协调和控制经营活动，不论这些活动是发生在企业内部还是外部。借助信息的力量，两家公司都能够使自己原有的服务别具特色，并向客户提供基于新信息的服务。

开展在线交易所带来的好处如此巨大，以致于 AHSC 给医院配备了电子化交易所必需的读卡机，并指导医院的补给人员如何使用它们。AHSC 甚至还帮助医院的人事部门重新设计了他们的内部采购流程以适应新的在线交易流程。当 AA 将计算机订票系统的终端授予旅行社时也采取了同样的措施。然而 AHSC 和 AA 都没有因为向客户提供计算机设备和培训而收取费用，这是为什么呢？原因在于，AHSC 和 AA 从在线订购中所获得的利益，无论是医院的补给还是飞机上的座位，都已大大超过了赠送终端的成本。例如，到1985年为止，AHSC通过在线订购每年可节省1 100万美元，每年产生的额外收入达400万~500万美元。

AHSC和AA的例子展示了这两家公司如何在各自行业内利用IT从实质上改变竞争的基础。当公司管理层运用战略彻底改变行业的成本结构，同时使产品或服务待售品及市场定位别具特色，从而使得市场份额与需求发生大幅度改变时，企业竞争的基础就发生了改变。

嘉信理财公司（Charles Schwab）提供了一个更新的实例来说明一个建立在原有能力和技术基础上的公司是如何彻底改变它所处的行业——金融服务业。嘉信成立于1975年，但是它两次完成了这样的壮举。最初，嘉信的管理层坚信越来越多的私人投资者倾向于节省时间和金钱，他们宁可使用低成本的当地分支机构的经纪服务，也不愿意选择费用高昂的全面服务经纪人。嘉信决心以低得多的成本为各层次提供全面服务经纪人级别的信用和响应能力，于是该公司求助于IT。例如，到20世纪70年代末，该公司就启动了IT驱动的24×7呼叫中心和客户关系管理系统，这种系统很快成了嘉信客户的首选渠道。在20世纪80年代中期和90年代初，嘉信一马当先，创建了在线交易功能，这恰恰在互联网被简化使用之前。到1997年，来自贴现经纪业务的佣金收入已经达到23亿美元，而嘉信创建、打造、主宰这新的市场板块也已长达20多年之久。

当20世纪90年代中期商业化互联网出现时，嘉信再次面临市场细分的局势依旧泰然自若。传统的顾客服务需求（报价、余额、定位等）已经从嘉信的分支机构转移到了呼叫中心和它的专有在线服务（在较小程度上）。毋庸置疑的，当嘉信在1998年1月推出在线经纪服务时，只有5%的常规客户服务还在经纪人的办公室里进行，绝大部分还是通过电话。基于网络的服务为在线和离线的经纪服务提供了每次交易仅收费29.95美元的连接（与全面服务时每次交易平均收费80美元的经纪佣金相比）。在不到一年的时间里，销售额就增加了19%。另外，由于在线自助服务显著降低了成本，利润增加了29%。

今天，谷歌和亚马逊这样的"原生数字化"新型公司，以及波音公司和IBM等现有市场参与者，正在积极拓展IT的使用范围，用以改变商业战略和能力。如此一来，它们正在更广大的行业领域内重新定义竞争的基础。

2.2.2 IT能改变供求双方关系的本质和实力对比吗？

如前所述，AHSC通过缩减销售渠道，大大降低了成本，提高了订单的准确性，简化了供应商（例如强生、百特和雅培）与医院的采购方之间的供应链，从而成为医疗用品供应业中的佼佼者。刚开始，AHSC利用传统的离线流程从制造商那里购买产品，并将它们储存在自己的仓库里。但是，在AHSC成功获得大量顾客使用在线采购后，它就开始努力进一步简化供应链。当供应商们意识到他们面临着被市场淘汰以及缺乏资金、技术和反应时间的风险后，也不得不在网上发布他们的销售目录并参与到电子市场中来。与供应商之间的电子链接一旦建立起来，AHSC的顾客就可以直接从供应商的库存中订购货物，这样就进一步降低了在线市场上所有参与者的成本和周转时间。

顾客也促进了这一销售渠道的巩固。当他们意识到一个多供应商市场的价值后，就不会愿意忍受由于使用不同供应商系统进行交易所带来的问题。在短时间内，AHSC就成了医疗用品供应业中实力强大的供应链服务提供商，并控制着商业交易的实体和信息渠道。实际上，这个中立的、第三方的分销商大大改变了渠道上的力量对比。所以，1985年，AHSC被百特医疗用品有限公司（Baxter Healthcare Corporation）这一医疗用品供应商所收购。几年之后，迫于市场参与者的压力，百特公司不得不分拆供应链交易业务，以确保其中立性。

一开始，很多人认为因特网只不过把权力从供应商（如制造商和服务供应商）那里转移到渠道参与者（如批发商、分销商和零售商）和购买方手中。实际上，在20世纪90年代后期，基于互联网的渠道参与者纷纷涌进市场，试图在这种新的在线销售渠道中赢得一席之地。

然而到2004年，许多独立的网上市场或陷入挣扎，或已经倒闭。由于中立和独立的渠道参与者发生了动摇，原有的市场参与者乘虚而入——起先只是保护自己的地盘，然后当经济发生衰退时又带动效益的增长。卫生保健行业又一次为研究IT在关系本质的变化和实力对比的转变等方面的持续影响提供了绝佳的观察视角。

2000年3月，雅培（Abbott）、百特（Baxter）、通用电气医疗（GE Medical）、强生（Johnson & Johnson）和美敦力（Medtronic）五大卫生保健供应商联合成立了全球医药交易中心有限责任公司（Global Healthcare Exchange LLC，简称GHX）。GHX承诺清除卫生保健供应链中从签署订单到跟踪发货为止所有毫无效率的步骤。这些毫无效益的步骤占据了大约110亿美元的不必要采购成本。五家发起公司供应了70%以上的医用产品和服务，并与90%以上的潜在买方做了生意。在GHX宣布成立的几个月内，新兴的独立卫生保健网上市场消失了一半以上，因为风险资本投资者撤资了。他们认识到，在衰微的经济和大幅下跌的股票市场条件下，成功的希望非常渺茫。

随着大多数卫生保健市场与GHX展开合作，该行业得到了持续的巩固。到2003年年中为止，GHX的董事会和投资人已由卫生保健业中最大的买方、分销商和供应商代表组成。作为仅余的两家大型在线供应链市场，GHX促成了1 400多名保健买主和分销商与100多名供应商达成了超过20亿美元的交易。2006年，GHX收购了Neoforma——它最后的卫生保健供应链竞争对手，从而使该行业转型为中立的共享服务平台。

GHX案例为我们提供了一个考察行业内部关系变化和实力对比的宝贵机会，因为业务网络内的主要参与者的通力合作，为所有人带来了更高的效率。在互联网横空出世的时代，最初人们认为主导权将会转移到独立渠道参与者的手中，因为他们在传统的买卖双方关系中起到了居间作用，并细分了行业市场。到了2000年，由于原有的市场参与者重整旗鼓，并努力寻求更能巩固实力的方式，这种观点开始发生变化。今天，这种变化已经绕了个大圈又回到了原点，因为作为独立共享的服务供应商，虽然仍为行业内所有市场参与者提供共用的在线平台和服务，但却为业界（如GHX或纳斯达克）或独立供应商（如谷歌、亚马逊或易趣）所拥有。虽然，作为诚信的、中立的、协作的市场，GHX 和纳斯达克受益于行业共有这一所有权形式，但是很多人却为谷歌这样独立的在线平台和共享服务提供商所不断增长的实力和野心而感到担心。

2.2.3 　IT 能打造进入市场的壁垒吗？

公司在其他竞争者无法达到的价格与质量标准上，提供有吸引力的产品和服务，从而搭建起进入市场的壁垒。如果公司拥有成本高昂、费时较长、难以模仿的资产和专业知识，也可以搭建起进入壁垒。在商业化的互联网兴起之前，AHSC 和 AA 这样的第一批推动者已在长达数十年的时间里，花费几百亿美元用以确立自己在电子市场上的主导地位。为建立和经营专有网络、交易系统和数据库而花费的大量资金和专业知识就形成了进入市场的壁垒。例如，在 20 世纪 70 年代晚期和 80 年代早期，美国航空公司和它的主要竞争对手联合航空公司，各自花费了几百亿美元的资金来建立专有网络和电脑系统，以满足推行和经营在线客户订票系统的需要。当其他航空公司意识到这种机会和威胁时，它们只能要么依附于这两个主要在线渠道，要么承受被顾客淘汰的风险。

然而，随着时间的流逝，这些基于技术的优势就削弱了。当公司纷纷发掘到由技术所产生的信息价值，并利用专有的能力和资产持续创新和发展商务战略时，第二道进入壁垒就搭建起来了，这也是更加可持续优势的来源所在。一个由使用特定公司的专有数字化设施和资产开展业务的供应商、客户和合作伙伴所共同组成的，忠诚而具有归属感的利益共同体也有助于第二道进入壁垒的建立。

最初很多人认为，网络技术的总体影响是降低参与者进入网上市场的壁垒。该观点来源于这样一个事实，即信息技术极大降低了企业创新和进入电子市场的成本。另外，互联网的共享和非专有化本质使市场参与者不仅能轻松地连入某个共享且非专有化的平台，以便开展商业活动，更重要的是，也能轻松地与某一公司脱钩并和另一个公司联系在一起。

在使用互联网十多年之后，我们已经发现它的低廉成本和易渗透性会削减任何参与者的收益，除非组织内部的人们能够做到如下几点：

- 比其他人更加迅速有效地学习、反应和创新。
- 形成他人不易模仿的专有能力。
- 培养一个始终坚定不移地忠实于公司的利益共同体，即使他们可以找到类似的替代产品。

正如我们过去所看到的，这些"能力和利益共同体壁垒"提供了一个可持续的、坚实的进入壁垒，即使是在开放的标准化电子市场里。在大部分案例中，我们发现当新的市场进入者试图创建和迅速部署第二重进入壁垒时，原来那些在专有基础设施和营销渠道上投资数额巨大的公司，就处于十分不利的地位。

亚马逊（Amazon）是网络时代最成功的市场新进入者之一，它为新技术如何降低原有行业的进入壁垒提供了一个典范。但正如我们很快就会看到的，尽管进入壁垒开始偏低，但亚马逊最初的在线零售商业模式要求公司拥有实物存货。这就相应地要求公司投入大量资金建立"在线或离线"的零售基础设施。尽管建立和部署这些基础设施放缓了盈利速度，该公司最终还是找到了让一切得以资本化的方式。它所打造的基础设施，和它相连的利益共同体，以及它所获取的经验，这些都在 2001 年第四季度开始转化为利润，并打造了后续进入行业的坚实壁垒。

1995 年 7 月，亚马逊的创始人兼首席执行官杰夫·贝佐斯（Jeff Bezos），运用几台个人电脑和高速网络连接，就将 400 平方英尺的仓库（大约一个车库的大小）建成了一个网上书店。这家公司也迅速成为了第一家网上书店。建立仅仅两年，销售额就达 1.48 亿美元，顾客数超过 200 万。

在经营的第三年，亚马逊管理人员表示快速征服网上图书市场的最初成功可能被复制。于是，在 1998 年夏秋时节，亚马逊公司创建了新的网上音乐和视频"商店"，实现了四个月内音乐销量第一名，45 天里网上视频销售第一名的佳绩。

现在，亚马逊的成就归功于互联网削弱了对原有销售商有利的市场进入壁垒。但还有一个更大的教训。原有的竞争者，如全球最大的图书连锁零售商巴诺书店（Barnes & Noble）、博得斯（Borders）和贝塔斯曼公司（Bertelsmann，位于欧洲），并没有对亚马逊早期的成功熟视无睹。它们也投入了大量的资金却仍然无法赶上，这是为什么呢？很多人错误地认为亚马逊的统治地位来源于先行者优势。尽管这一点非常重要，但在其他很多实例中，先行者往往很快沦为炮灰。比如说在线音乐零售商 CDNow，在很短时间内就被亚马逊赶上。

亚马逊成功进入并征服多个行业的秘诀在于：它在网站背后所建立的执行战略能力。在 1999 年到 2000 年，亚马逊的管理层投入了大约 4 亿美元的资金，用于建立一种复杂的，基于网络的订单履约能力。这种能力使公司能在 2000 年 11 月中旬到 12 月末这段为期六周的假日时期里，完成了超过 3 100 万批次的订货任务。其中 99% 的货物准时送达客户手中。

与 20 世纪 80 年代的成功故事一样，自动化交易基础设施产出了宝贵的信息。以亚马逊公司为例，这些信息被输送到一个复杂的商业智能基础设施，使得各层次的管理者和员工都能实时了解市场动态及个体消费者和商业客户的需要。亚马逊公司的员工运用所获得的洞见协调和控制运营——不仅在公司内部，而且在各种组织之间。更重要的是，它运用日渐增多的顾客偏好信息来使自己的网上服务更为个性化（以一种其他竞争者无可比拟的方式），还能向供应商提供有价值的信息。忠实客户数量迅速上升，到 2000 年末，有 2 500 万以上的顾客在亚马逊网站上有过购物经历。这些专有能力（结合员工和技术）使亚马逊搭建了迄今为止竞争者都无法企及的坚固市场进入壁垒。贝佐斯这样认为：

亚马逊网平台的组成包括它的品牌、客户、技术、分销能力、扎实的电子商务经验，以及一个富有创新精神，能尽心尽力服务于客户的杰出团队……我们相信我们已经到了一个"引爆点"，在这个点上，这个平台使我们能更快地推出新的电子商务业务，并且相比其他公司具有更优质的客户体验、更低的边际成本、更高的成功机会和更清晰的扩张和盈利途径。

然而到 2001 年中期，很多人开始怀疑仅仅获得专有资产是否就足够了。在 2000

年网络股价格迅速滑落，投资者对网上交易失去信心的时候，亚马逊公司发现筹资源泉已经枯竭。于是，该公司的管理层将公司的战略和商业模式从对商品零售业的依赖转向了能更快盈利的服务模式。这一新战略与 AHSC 和 AA 在 20 世纪 80 年代从出售商品转为出售能力和技术的思路不谋而合。

2.2.4　IT 会增加行业转换成本吗？

作为持续稳定的收入来源，理想的 IT 系统应该容易上手，但不易弃用的。被系统所吸引的顾客在经历一系列不断增长的、有价值的优化过程之后，应该越来越愿意依赖于信息系统的功能性。一旦系统的应用植根于日常活动，想要转换成另一套系统就变得非常困难而且成本巨大。

在过去专有技术为主的时代，高额的转换成本缘于转换行为通常需要购买由另一个网络服务提供商拥有和运营的专有网络和系统。这就导致了旅游业的美国航空公司、医疗用品供应业的美国医院设备供应公司，以及零售业的沃尔玛等先行者，能够牢牢地将客户与供货商控制住。然而，在公共互联网上，简单连接的成本却相对低廉，进入市场所需的技术也并非专有。因此，转换成本往往大大降低。例如，顾客从在亚马逊购物变成在巴诺书店购物的转换成本仅仅需要按一按键盘而已。转换行为的便捷也使价格比较更为轻松。这让大众普遍认为：想要获得顾客的忠诚绝非易事。

尽管这是一个看似无法避免的事实，但机智的管理者，如直觉公司（Intuit）的斯科特，已经找到了运用网络力量来提高（而不是降低）转换成本的方法。成立于1983 年的直觉公司，向没有任何财务和技术基础的用户提供了易于使用的低成本财务软件（Quicken、TurboTax 和 QuickBooks）。刚开始，这些财务软件通过提供更为简单易行的方式去完成那些耗时的重复性工作吸引了用户，然后又提供了简单的方法来储存顾客的个人信息。如此一来，当顾客转换到不同的产品时，这些信息就不需要重新输入。这样该公司也在较长时间内牢牢守住了用户。这一战略使该公司很快成为个人和小型公司财务软件市场的领先者。整个产品线占 80% 以上的市场份额，客户保持率也超过 90%。在整个 20 世纪 90 年代，尽管面对来自软件巨头微软公司的积极竞争，该公司仍然保持了它在市场上的地位。

在第一个财务软件成功推出 10 年以后，该公司又推出了一个在线理财服务门户：Quicken. com，用以补充和拓展它的通用软件商品。通过将公司的互联网业务与它的传统桌面软件联系起来，直觉公司可将桌面产品线的用户转化到成本更为低廉的互联网产品线，同时提供更易于使用也更实用的服务。到 2001 年，顾客和小企业业主已经能在网上支付账单、进行网上银行业务、计算和交纳税费，以及管理投资组合。小企业业主还能在线管理薪酬、库存和客户账户，以及采购物资。由于服务具备以上特色，顾客又可获益于它们的易用和便捷，因此顾客就不会轻易转换到其他产品。比如说，如果一个顾客要选择另一家公司的账单支付服务，那么就必须使新的服务系统与所需支付的每一家公司都建立联系。

直觉公司用它在软件业务方面所取得的成功经验去指导互联网业务的建立与发展。公司很重视开发能为顾客提供独特价值定位的服务类商品，以及通过这些商品提供更简单易用的方法来完成那些耗时的重复性工作，从而使公司获得了稳定的客源。一旦用户在储存个人信息和建立在线交易的联系方面付出了努力，想要更换另一家公司就变得很困难。通过运用这些原则，在推出不到一年时间里，直觉公司的 TurboTax 网络版就在竞争激烈的网上报税和纳税服务市场上获得了 80% 以上的市场份额。

2.2.5　IT 能否增加原有产品和服务的价值，或者创造新的产品和服务？

IT 除了能够降低成本，提高质量，改变实力对比之外，还能增加原有产品和服务的价值或者创造新的产品。的确，在过去几十年里，现存产品的信息含量已经明显地增长。例如，到 2000 年，新款汽车配备的计算机芯片比 1960 年整个美国国防部的还要多。今天，计算机芯片管理着从汽车内部气温到刹车系统范围内的一切事务，它们还为维修技师和汽车制造商提供用于指导售后服务和未来产品设计的宝贵信息。最重要的是，消费者现在可以按几下车载计算机上的键盘（如通用汽车的 OnStar 服务）就能获悉行驶路线，进行晚餐预订，联系警察和急救人员，甚至是打开车门取出因疏忽而落在车内的钥匙。事实上，吉尔德出版公司（Gilder Publishing）的技术分析师尼克·特里德尼克（Nick Tredennick）预测，到 2028 年，99% 的处理器将专门使用嵌入式应用软件。

信息化的产品和服务具有一些非常有趣的属性。首先，信息是可重复使用的。与实物产品不同，信息在买卖过程中不用转让所有权，在使用过程中也不会有损耗。正如一位互联网业务管理人员所观察到的："我将信息卖给你，现在你有了信息，但我还拥有它，我们两个都在使用它。"其次，信息是便于定制的，相同的信息可以以不同的形式呈现（如文本、图像、视频和音频等），并且可繁可简，可详可略。它可以与其他来源的信息结合，进而传达不同的信息，以及创造新的产品和服务。第三，基于信息的产品和服务拥有内在的"时间价值"。随着商业速度的加快，信息的时间价值也增高了。

波音公司 787 梦想飞机（Dreamliner）的研发展示了嵌入式信息技术创造"电子化优势"的实力。梦想飞机系列配备了网络和机载计算机，这使得"飞行网络中心"成为可能。专门的硬件、中间件和应用程序，将驾驶舱和客舱机组人员与地面通讯、数据网络和系统连接起来。这种"飞机大脑"（brain on the plane）在飞机内部和飞机与外界之间管理和安排着大量实时数据的输入和输出。利用这一核心基础设施，一套新 IT 应用软件已经被开发出来。这种应用软件整合了航班运作的各个方面，为产生新收入流的新服务性商品奠定了基础，并为波音公司以及其客户、供应商和合作伙伴创造了价值。波音的电子化优势所包含的部分系统和服务的典型实例如下：

- 飞机健康管理飞行监控系统，向飞行员、机场地面工作人员、航空公司管理人员、波音公司工程师和管理人员提供了包括飞机运作、诊断和维护在内的各种实时信息。
- 波音电子飞行包，向飞行员和机组工作人员提供了管理信息，以及和维修、调度等一系列空中和地面的其他服务提供商进行沟通的整合型解决方案。
- 便携式维修辅助设备，为机械师和工程师提供了实时信息和诊断监控系统，以解决在工作地点、飞机库、办公室、航线所遇到的技术问题，并在最短时间内检修飞机。

- 整合资源计划和供应链软件，使得波音公司能为整个行业提供机载航材管理。这提高了服务水平的可靠性，降低了零部件的成本，减少库存，使物流作业流水线化，同时还促进波音公司利用与供货商的合作伙伴关系，以提高整个航空业的资产管理和供应链功能。

- 机载运行控制，使波音公司能向航空公司客户和合作伙伴提供全套航班计划、物流和实时的运行控制服务。

- 商业智能信息和工具，提供给包括波音公司的运营人员和管理人员、它的航空公司客户，以及无数的供货商和合作伙伴这些共同组成了航空业务网络的机构和人员。

- MyBoeingFleet. com 网站，是飞机所有者、操作人员、维修、修理和大修（MRO）人员及其他第三方人员可用的门户网站，为波音飞机的运行提供直接而个性化的重要信息链接。

- 航行中的娱乐和通信系统，向游客提供到视频、声频和互联网服务的连接。

为了利用它的电子化优势，创造新的服务性商品，波音公司需要新的能力——它的客户、供应商，以及航空业务网络的其他成员也同样需要。波音公司通过并购一些高成长性的航空业软件公司（如，杰普森公司 Jeppesen）并推出咨询业务，获得了这些新的能力。它的咨询业务云集了具有资深航空、技术和商业经验的顾问、决策科学家和信息专家。顾问团与航线运营团队密切合作，以便抓住运用波音公司电子化优势，为波音公司及其客户、供应商和合作伙伴创造价值的机会。成熟的端到端航线运作分析模型建立了起来。那些模拟"现有"和"未来"运作流程和状况的模型也使得波音公司的顾问及其航空公司合作伙伴能把握机会，从而降低成本并提升业绩，向着提升最关键的财务业绩的目标而努力。例如，波音公司曾向一个航空公司客户展示了电子化是如何减少航班晚点次数并在 10 内创造 2.25 亿美元价值的。"这一过程使我们波音公司与客户建立起共有的价值定位。这也使我们成为合作伙伴，而不仅仅是供应商。"一位波音公司的航空服务价值分析咨询业务的项目主管这样评论道。曾在 2008 年担任波音民用飞机集团总裁兼首席执行官的斯科特·卡森（Scott Carson）评论说："我们用电子化做的一切事情，都绝不是人们购买波音飞机的唯一理由，但它肯定有助于使波音公司的飞机在市场上成为更好的选择。"

IT 风险的来源

在实施为发展或转变公司的商业模式而设计的新业务规划时，必须要考虑两类重要风险：

战略风险：

下列问题可以用于评估 IT 对战略风险的影响：

1. 新兴技术能否使具有显著经济优势的新商业模式成为可能，进而干扰我们当前的商业模式？

2. IT 能否降低进入壁垒，进而改变行业的实力对比，或是加剧竞争强度？

---

3. IT 是否会引发监管措施？

项目风险：

下列问题可以用于评估 IT 对项目风险的影响：

1. 该项目大于我们的常规项目吗？

2. 该项目中存在着多少不确定性？在项目开始时我们知道实现项目中关键的可交付成果所需的必要条件吗？还是说，这些必要条件仍在变化着？（注意：那些关于市场推广、产品设计或者资源可得性的战略的不确定性可能既产生项目风险，又产生战略风险）

3. 我们在技术方面有经验吗？如果引进新的技术，它们是对全世界来说都是陌生的，或者只对我们而言是陌生的？

4. 我们拥有执行项目所需要的资源（时间、资金、人才、信息）吗？

5. 我们具有关键的利益相关人提供的赞助和支持吗？

6. 组织（包括广大企业和行业）乐于实施和使用我们提供的产品和服务吗？

尽管波音公司的案例描述了通过在实体产品和服务中嵌入信息技术来创造价值的机会，但也可能需要进行一些修改，甚至是要将一些产品彻底从模拟式转变为数字式。例如，到 2008 年，人们创造、传输和使用了大量纯数据形式的图书、杂志、音乐、视频和游戏。如前所述，这些数据形式的资产拥有独一无二的经济特性。毋庸置疑，以数据的形式呈现的信息、互动和交易，可以提高商业洞察力，创造新的产品和服务，或为现存的产品增值。

2.3　风险管理

尽管上述例证突出显示了 IT 在追寻新商业机会中的作用，但风险的重要性仍不可忽视。有趣的是，一个公司越是成功，便越是容易忽视风险。"正是在经济繁荣的时期，经理们才更要警惕那些日渐逼近的风险的信号。"鲍勃·西蒙斯（Bob Simmons）发出警告，"（成功）能以非同寻常的方式使公司陷入困境之中。这些日渐逼近的危机，要么来自竞争对手和监管者等外部因素，要么，同样不容忽视的，来自组织自身内部。"尽管本章的前些内容关注了 IT 的影响和对机会的寻求，但这个最后部分论述了 IT 对战略风险的影响。题为"IT 风险的来源"的文本框对必须强调的几大风险作了概况说明。第二模块将论述管理项目风险的方法。

2.4　小结

抓住 IT 机会需要坚定的愿景、稳健的执行，以及快速响应的能力。它还需要想象力和丰富的创造力。本章介绍了分析 IT 项目的战略影响的一些框架和方法，以及 IT 在一个公司中发挥的作用。下列问题可以用来评估 IT 的影响、机会和风险。

1. 在你的组织中，正在进行的 IT 项目的商业影响是什么？考虑到不确定性和风险的程度，以及影响的大小，你是否有适当的项目发起人和实施方法？确认你组织中的项目投资组合的影响概况。你正依据所在组织的战略目标将你的资源（资金、人员和时间）集中投放于合适的项目吗？

2. 运用 IT 改进商业模式业绩的机会有哪些？IT 能够：

a. 改变竞争的基础吗？

b. 改变供求双方关系的性质和实力对比吗？

c. 增加或降低市场进入壁垒吗？

d. 增加或减少转换成本吗？

e. 增加原有产品和服务的价值，或是创造新的产品和服务，或是进入新的市场吗？

3. 你正在识别和管理信息 IT 风险吗？

3

信息技术对组织的影响

如果组织的旧模式是臃肿庞大、分级管理的，那么被认为体现新的竞争特点的新模式是在公司之内和公司之间垂直、水平地互相连接的网络。

——诺瑞亚（Nohria）和艾克尔斯（Eccles），1992

今天的管理人员对商业出版物上提到的新商务模式特别感兴趣，同时也心存怀疑。一些学者和商务未来主义者认为，我们处于由工业经济向全球化网络经济转换的过渡时期，并断言这种全球化网络经济，与19世纪后半叶农业经济向工业经济的过渡一样意义深远。一些人宁愿回避这种意义深远的预测。但是不管他们的职位如何，大多数人都赞同这种说法，即传统的组织设计不足以应付今天动荡和日渐网络化的世界。大型、稳定公司里的管理人员越来越发现他们的组织必须变得更加灵活，更富于创新和开拓精神，同时也不失与其企业规模相称的效益、实力及势力范围。而小公司的企业家和管理人员发现，在大型全球供销商主宰的行业中，他们必须开发广大的合作伙伴网络，来取得必需的规模和实力。

这些管理人员在努力构建精益而敏捷企业的过程中，发现他们不能再单单依靠自己的直觉，也不能只模仿在过去行之有效的组织模式。相反，他们必须懂得组织和设计的选择如何影响运营的效益和灵活性。甚至更重要的是，他们必须决定如何最好地协调组织与环境及所选战略的关系，以便更迅速有效地对机会和威胁做出"感知和响应"。

本章阐述了在今天瞬息万变和不确定的环境中，能够存活下来并蓬勃发展的公司所需要的能力。保持大公司的优势，同时具备小公司的快速并富有创新意义的响应能力，作为一种挑战，似乎不是新近才出现的。的确，本章所介绍的观点撷取了数百名管理人员和企业家20多年的工作经验，他们一直在探索构建能够应对迅速变更和日渐网络化之全球性经济的公司。这项研究的观点暗示，信息技术是一种重要助推器，有助于培养出成功所需要的最优秀能力。

3.1 新能力的需要

20世纪管理人员将许多时间花费在构建和改进分级管理制度——最近几十年又试图将它们推翻。20世纪80年代和90年代，各大型企业纷纷削减规模，专注于业务剥离和企业重塑。公司之间和公司内部的刻板疆界被打破，使公司在向全球市场提供按客户要求定制的解决方案的同时，能够专注于企业的核心竞争力。战略伙伴和联盟的形成确保组织更便利有效地获得专业知识与技能方面的支持，而这些在以往的企业组织模式下是不可能的。

消除企业的分级管理制度的前景极为诱人，改革的进取精神（很多是受新兴信息技术的促成）从根本上撼动了商业市场及其中的很多组织。但是到最大型的、稳定的公司周围走一走，或者与来自稳定行业的管理人员交谈，你很快就会明白，"分级管理制度"远远没有消除。然而，当询问到他们的企业组织应该采取什么模式时，大多数管理人员立即声称需要新的能力，这种新能力能够促使他们在被普遍称为"经济生态系统"的商务网络中更有效地工作，这种商务网络具有更分散且流动性更大的特征。这些管理人员说，他们面临着的问题是不希望为了速度牺牲效率，在他们授权于他人（员工、合作伙伴、或者其他联系松散的网络成员）和制定直接影响到实时客户需求和商务业绩的决策时，也不会舍弃权力和控制。

20世纪90年代中期，通用电气公司（GE）的首席执行官杰克·韦尔奇（Jack Welch）归纳了他公司所遭遇的噩梦般的处境。"十年之前我们的梦想和计划是简单的"，"我们着手构建保留典型的大公司优势同时消除大公司缺陷的全球性企业，想要建立混合型企业，这种混合型企业既具有大公司的实力、资源和势力范围，同时又具有小公司的灵活、激情以及进取精神"。这种观点不单单是美国人提出来的。总部位于瑞典的Asea Brown Boveri（ABB）的首席执行官珀西·巴内维克（Percy Barnevik）也有同感，他对韦尔奇的见解所作的回应如下："ABB组织存在三方面的内部矛盾，分别是：我们希望它同时具有全球化与地区化；大与小；彻底分权与集权报告和控制的矛盾。如果我们解决了这三种矛盾，我们将建立起真正的企业竞争优势。"

如何同时成为"大小"公司？面临这种两难困境的不仅仅是大公司，小公司也如此。小公司也在日渐复杂和全球化规模的困境中挣扎。例如，教育性玩具公司"跳蛙"公司（LeapFrog）。跳蛙公司于1995年成立时，管理层将生产制造的业务外包给七家中国工厂，将装运和销售外包给全球性物流公司。到2002年，这些物流公司将跳蛙公司产品装运到位于全球28个国家的Toys "R" Us（中文名称"玩具反斗城"）和沃尔玛零售商。因为它的设计富有创意，市场营销枢纽涵盖全球化合作伙伴网络，所以跳蛙公司由2000年玩具公司排名的十五位一跃而为2001年的第四位，2002年再一次跃居第三位，仅次于美泰（Mattel）和孩之宝（Hasbro）——一直被称为双头垄断（duopoly）的行业巨头。

但是这种快速发展的势头急剧增加了跳蛙公司面临的复杂性。2003年，这家公司已经启动了五个产品平台——可以运行多种内容的软件和硬件——有100多种内容标题。此外，这家公司还研发了35种独立的玩具产品，还凭借它的SchoolHouse分支的研发进军教育软件业。最终，它的内容被译为英语、西班牙语、法语、意大利语和日语，其产品远销世界上多个国家。

快速增长和日益加剧的复杂性，也带来了控制和人才管理方面的问题。面对着安装系统和结构的需求，跳蛙公司的创始人兼首席执行官麦克·伍德（Mike Wood），为了公司不失去创造型人才，开始信息技术的控制运行，同时提供实时信息和分析工具的关键加速器。这种工具允许雇员、管理层，甚至是公司的零售客户来保持这种稳定的产品创新流，这种产品创新正是由时尚驱动的玩具行业的成功所需要的。图3—1概括了促使大型和小型公司的管理层寻求新的组织解决方案的两难处境。

似乎同样及时的是，企业管理中存在的上述问题并不是最近出现的。实际上，早在20世纪五六十年代，就时常可以在一些著作中见到有关同时具备大企业与小企业优点的大小混合型组织模式的描述（有趣的是，航空业和计算机行业中快速成长的小型科技型企业是这种新型组织模式的率先启用者）。在保持企业灵活性、反应及时性的同时还拥有效率以及控制力，矩阵模式最初被认为是混合型组织模式中的最佳代表。数十年前，矩阵模式的拥护者主张建立强化信息、强调团队、强调协作、适应性强、分权式的企业组织模式，这些与21世纪企业应具备的特点不谋而合。

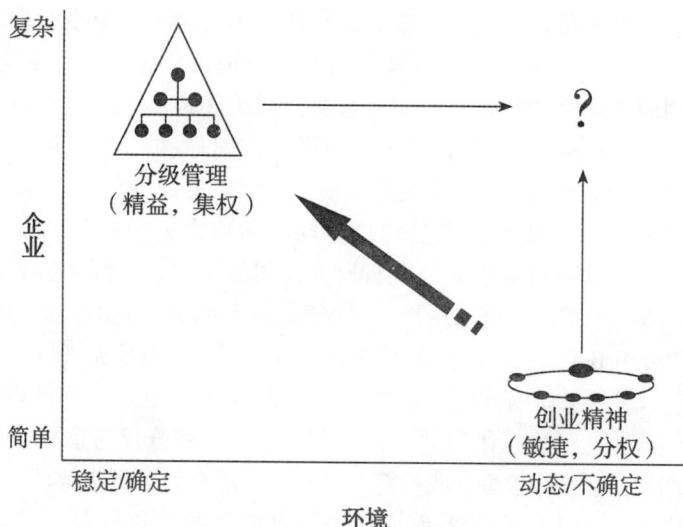

图 3—1　组织设计挑战

资料来源：ⓒ2005 Lynda M. Applegate.

　　但是在 20 世纪六七十年代，采用混合型组织模式的企业很快认识到这种新的结构和体系蕴含着一些难以克服的弊端，例如，部门冲突、管理混乱、信息负荷过重、资源成本倍增等。巴雷特（Bartlett）和戈沙尔（Ghoshal）解释了为什么采用矩阵模式的企业几年后最终放弃了这种模式。他们认为："这些企业的最高层管理者在逐步丧失对企业的控制权。产生这一问题的原因并不是管理者错误判断了企业面临的复杂环境和环境变化的加剧，也不是他们不能提出适应新挑战的发展战略，而是这些企业不能顺利实施所提出的战略。在过去的 20 年里，战略思想的发展已经远远超越了企业的实施能力。"

3.1.1　历史正在重演吗？

　　面对这样的问题，我们不禁要问："既然这些混合组织模式在过去的应用中失败了，那我们为什么又要重新试用它们呢？"有趣的是，矩阵模式的主要难题之一是该模式使企业对成功管理即时信息的需求极大增加。虽然分级管理体制试图简化信息，但矩阵模式要求经理人员直接处理公司遇到的问题。生产部门经理不得不与各职能部门的经理协调生产计划和生产业务。驻国外分部经理也必须与总部协调行动。高层经理人员需要协调各部门以形成整个公司战略，但他们总会收集到一些下属员工反馈来的相互矛盾的信息，使得他们在面对这些信息时很难做出决定。

　　在工业经济体系下，大型公司运用的分级管理制度中，纸质信息和口头信息的传递速度缓慢且传输渠道少。而今天的计算机系统可以协助企业处理许多信息。计算机系统如同分级管理本身一样，它有助于集中决策和信息的分级传递。20 世纪 80 年代的微机革命给信息的分级处理带来了便利，使基层部门决策得到强化，但这种技术也不能完全满足公司分部与公司总部间信息传递和交流的需求。

　　只有在最近，信息技术（IT）才能应对上文探讨的（见图 3—2）组织设计挑战中固有的信息挑战。"网络化信息技术革命"开始于20世纪80年代，随着互联网的商品化及互相联系的技术革新而加速，使重新定义组织可能性的沟通和分享信息的新方法成为可能。IBM首席执行官萨姆·帕尔米萨诺（Sam Palmisano）给这种新方法命名为"随需应变的商务"，将IBM的30万名员工及全球合作伙伴网络的注意力都引向这个目标。他将随需应变的企业描述为"综合利用信息、程序和员工，以构建一种新型企业，这种企业实现了企业之间、行业之间、全球范围内的商业运作流程终端到终端的整合，从而可以快速地响应任何客户、市场商机和外部竞争的需求"。

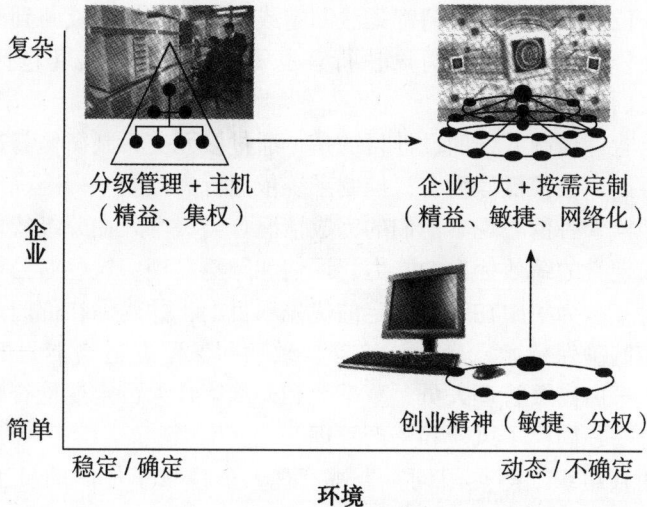

图3—2　打造精益而敏捷的企业

管理人员如何能够利用新兴的信息技术基础设施的力量，来促使组织的行为同时符合"大小"公司的特点？显然光有技术是不够的，还需要组织和管理的新方法。但是在我们描述这些设计因素之前，重温我们从一些经典的组织缺陷中接受的教训是有益的。

3.1.2　从错误中学习

仔细反思错误你会大有收获。想想巴林银行（Barings Bank）所遭遇的灾难。1995年2月28日，《华尔街日报》的一篇文章宣称："这个警示灯应当一直闪亮。有着233年悠久历史的巴林银行之所以倒闭，是因为未授权的衍生产品交易造成12亿美元的惊人巨额亏损。这就提出了一个重要问题：到底还有多少家巴林银行？"

巨额的亏损可追溯到27岁新加坡交易员的行为，他一直代表公司行使授权，办理金融衍生产品业务。尽管大部分证券公司将相同权力授予交易员，但权力滥用的现象在巴林银行似乎特别严重。因为，据报纸报道，27岁的交易员还控制着报告交易的办公后台管理交易系统。在几个月的时间里，这家银行的资本储备就被洗劫一空，银行的风险管理系统和监督系统都没有发觉，也没有及时做出响应以预防灾难的出现。

最近（2008年1月），法国兴业银行（Societe Generate）一名31岁的交易员，狡猾地绕过了控制系统，导致了49亿欧元（70亿美元的）的损失。正如巴林银行的例子，问题发生在一个正在快速增长并产生大量利润的部门里。有证据表明，监管的不力和不对称的信息报告共同构成了导致巨额亏损的根本原因。

尽管任何一家公司都不能使自己完全幸免于这种灾难，但是这种分级管理制度规定了许多有助于保护大型公司的结构和系统。权力系统通过严格区分责任和义务，规范工作职责，直接监管及限制对信息和资产的访问（除非是公司的高管），对决策的制定及实施行为进行了限制。理论上，分级管理制度的设计目的是在没有蓄意破坏的情况下，任何一位员工或工作部门都无法制定或采取能够立即威胁到整个组织的决策或行为。即使在公司的最高层，首席执行官也要对代表相关人（包括外界成员）利益的董事会负责。

同样，分级管理控制系统的设计目的是，通过多元交叉制衡监督过程，确保对运行程序的严密控制。在较低程度上，控制系统依据行为控制——准确地告诉雇员他们应该做的事情，监管者留心观察他们的完成情况。当一个人在分级管理中升迁时，依据他们达到提前定义的绩效标准的能力，评估和酬谢经理，这些对结果的控制有助于将管理的注意力和行为集中在组织设定的优先项目上，并确保在部门之间行为和决策的协调。个人控制确保招聘、雇用、培养、激励和保留有适当能力的合适个人。最后，交易控制——由高级管理人员、董事会和外部审计人员定期检查财务和合法交易的完整精确文件——确保了风险和资产管理。

当前"新时代组织"等热门词，告诫管理人员授权于他们的员工并扩大他们的职责范围，取消中层管理级别，构建自我管理团队。但他们没有详细说明，一旦传统体制被打破，需要维持多大程度的控制力和权力，以及管理人员在开始着手进行这些由改变带动的自发性行动时，要时常学习哪些有关组织控制和权力系统复杂性的重要课程。不幸的是，有些组织，如巴林银行的管理层——亡羊补牢已为时太晚。

在设计培养"感知与响应"能力的过程中，以上对失败和成功的分析，已经给组织明确了几大教训。这些能力是适应今天复杂、动荡、瞬息万变的商务环境所必需的。

- **速度重要，但并非以牺牲控制为代价**。当商务环境竞争十分激烈，动荡性增强，速度就显得十分重要。必须尽快引进新产品，大幅度地缩短订货周期，要规劝管理层创建适时转向的组织。但我们知道从容不迫更有好处。驾驶员以每小时55英里的速度疾驰在高速公路上，如遇意外的事情发生，更容易引起重大人身伤亡事故。必须快速地制定决策，因为完全没有误差的余地。技能和专业知识——尤其是在处理没有预见的情况时——是关键的，必须时刻保持警惕。简而言之，我们行驶的速度越快，控制我们的汽车便越是重要，同时也越是困难。周转迅速的组织管理层也面临着同样的两难境地。速度越快，控制业务运营、清晰地定义和实施公路交通规则的需求便越大。

- **授权不是无政府主义**。当问到"授权"一词的定义时，有些管理人员将它模糊地描述成"彻底扩大决策的范围"，有人将授权与"消除（或忽略）中层管理"画等号。大多数人都很难精确地描述出谁会制定决策，他们没有意识到谁有责任代表

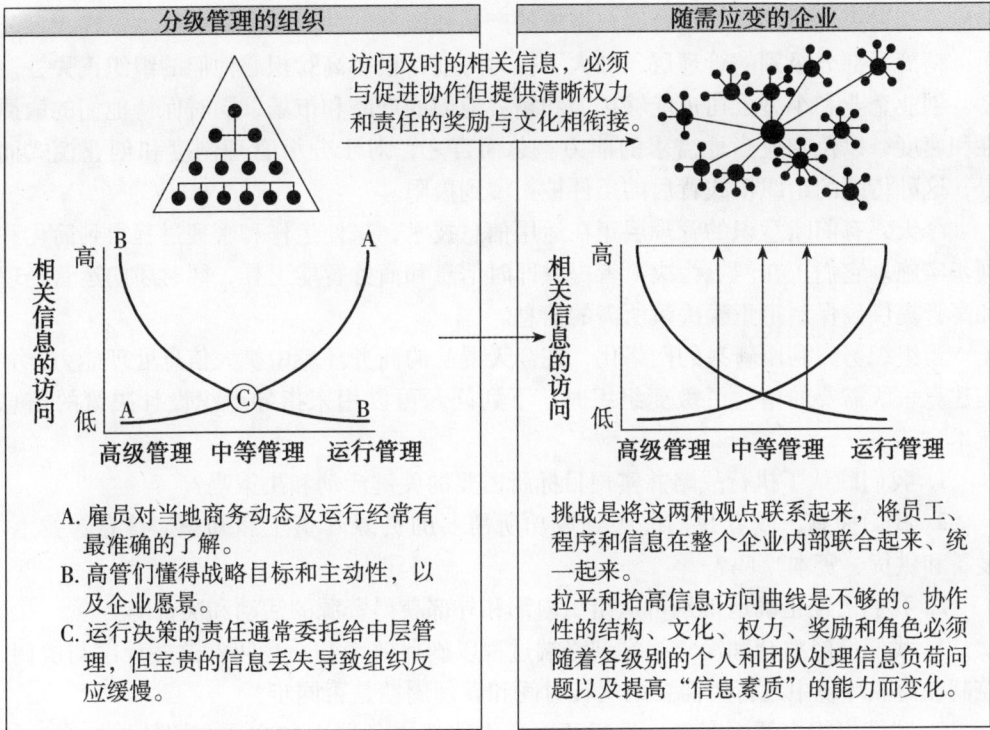

| 分级管理的组织 | 随需应变的企业 |

访问及时的相关信息，必须与促进协作但提供清晰权力和责任的奖励与文化相衔接。

相关信息的访问

高

B   A

低

A   B
      ©

高级管理　中等管理　运行管理

相关信息的访问

高

低

高级管理　中等管理　运行管理

A. 雇员对当地商务动态及运行经常有最准确的了解。
B. 高管们懂得战略目标和主动性，以及企业愿景。
C. 运行决策的责任通常委托给中层管理，但宝贵的信息丢失导致组织反应缓慢。

挑战是将这两种观点联系起来，将员工、程序和信息在整个企业内部联合起来、统一起来。
拉平和抬高信息访问曲线是不够的。协作性的结构、文化、权力、奖励和角色必须随着各级别的个人和团队处理信息负荷问题以及提高"信息素质"的能力而变化。

图 3—5　再定义权力系统

过程中，制定决策的速度更快，但是协调和控制的费用增加，当地雇员和团队制定的决策经常没有考虑到公司的整体目标。

菲利普石油公司（Phillips Petroleum）总裁，回顾以持续地控制分散化决策为特点的"统治暴政"时说，"当我们努力在组织内部分散决策权时，我们将控制者充实到新成立的所有业务部门，以确保我们认为必要的高级管理层的监督。随着时间的流逝，在公司总部的控制者数目增加了，我们最终让检查者检查检查者！"因为竞争的加剧和价格的降低趋势，这种响应缓慢和成本高昂的权力结构体系成了创新和盈利路上的沉重绊脚石。

菲利普石油公司管理人员最初通过创建矩阵组织进行响应，这种矩阵组织有相当合理的提供共享服务的集权中心，从而大量削减了中层管理人员和员工的数目。不久之后，该区域雇员发现他们不再有做决策和绩效所需要的相关信息。最后配备商务智能系统，决策权分发给运行经理团队。这些行为促使团队在这个领域制定决策，同时也确保高级管理层可以提供必要的监督。

3.3　小结

最近十年中，管理层在重组中付出了极大的努力，以应对动荡加剧、竞争更加激烈的世界性挑战。但当我们步入 21 世纪的时候，显而易见，需要更加彻底的改变。因为信息技术改变了内部存在竞争的市场、行业和组织，管理层被迫更加快速地做出响应，交付更优质和更加符合客户需求的产品和服务，并大幅度削减成本。在大型公司，精简了部分级别的管理层，加大了权力跨度，很多高管担心他们的组织正失去控制。创业企业和小型公司也能够扩大和拓展他们的产品和市场，同时保持他们的敏捷性和速度，以及响应当地需求的能力。总而言之，对于分级管理制度和创业模式而言，这种传统的组织模式背后的条件被拓展到极限。

今天，有前瞻意识的管理层正在运用信息技术，来使运作和管理过程得到简化和同步实施。它们正在网上为决策者提供即时信息和商务智能工具，同时还向运营经理和高管提供确保制定正确决策所需的信息。

当组织努力利用新兴的网络化，在今天混乱的商务环境中扩大信息处理能力，并构建竞争所需要的精益、敏捷组织时，下列问题可以用来指导组织设计决策的信息技术：

1. 我们确认了执行战略并实现目标所需要的关键活动和决策吗？

2. 我们拥有，或者我们能买到成功所需要的资源（员工和知识、信息、技术、设备和供货、资本）吗？

3. 我们已经正确地识别可从组织内部和外部获得资源的活动和决策吗？

4. 我们已经整合和简化终端到终端过程以确保效率和质量吗？这些程序与协调、控制在商业环境中运行所需要的周转时间和管理周期是否同步？

5. 我们组织内部、客户、供货商、合作伙伴中各层次的个人和团队，拥有感知和响应内外部机遇和威胁所必需的信息和分析工具吗？

6. 我们是否已经正确地将员工和合作伙伴组成团队和部门，促使他们协调、控制、简化和整合终端到终端的过程？

7. 在制定决策和采取行动以确保执行今天的战略，以及为未来成功提供稳定的创新流过程中，我们向团队（面对面或网上）提供了所必需的工具和奖励吗？

8. 我们已经有效地开发、组织和利用了员工和合作伙伴的创造性和潜力吗？

9. 我们是否已经创造出包括共享价值和行为的一种文化，这种文化有着共同的目标，将组织和合作伙伴牢牢团结在一起？

响应，交付更优质和更加符合客户需求的产品和服务，并大幅度削减成本。在大型公司，精简了部分级别的管理层，加大了权力跨度，很多高管担心他们的组织正失去控制。创业企业和小型公司也能够扩大和拓展他们的产品和市场，同时保持他们的敏捷性和速度，以及响应当地需求的能力。总而言之，对于分级管理制度和创业模式而言，这种传统的组织模式背后的条件被拓展到极限。

今天，有前瞻意识的管理层正在运用信息技术，来使运作和管理过程得到简化和同步实施。它们正在网上为决策者提供即时信息和商务智能工具，同时还向运营经理和高管提供确保制定正确决策所需的信息。

当组织努力利用新兴的网络化，在今天混乱的商务环境中扩大信息处理能力，并构建竞争所需要的精益、敏捷组织时，下列问题可以用来指导组织设计决策的信息技术：

1. 我们确认了执行战略并实现目标所需要的关键活动和决策吗？

2. 我们拥有，或者我们能买到成功所需要的资源（员工和知识、信息、技术、设备和供货、资本）吗？

3. 我们已经正确地识别可从组织内部和外部获得资源的活动和决策吗？

4. 我们已经整合和简化终端到终端过程以确保效率和质量吗？这些程序与协调、控制在商业环境中运行所需要的周转时间和管理周期是否同步？

5. 我们组织内部、客户、供货商、合作伙伴中各层次的个人和团队，拥有感知和响应内外部机遇和威胁所必需的信息和分析工具吗？

6. 我们是否已经正确地将员工和合作伙伴组成团队和部门，促使他们协调、控制、简化和整合终端到终端的过程？

7. 在制定决策和采取行动以确保执行今天的战略，以及为未来成功提供稳定的创新流过程中，我们向团队（面对面或网上）提供了所必需的工具和奖励吗？

8. 我们已经有效地开发、组织和利用了员工和合作伙伴的创造性和潜力吗？

9. 我们是否已经创造出包括共享价值和行为的一种文化，这种文化有着共同的目标，将组织和合作伙伴牢牢团结在一起？

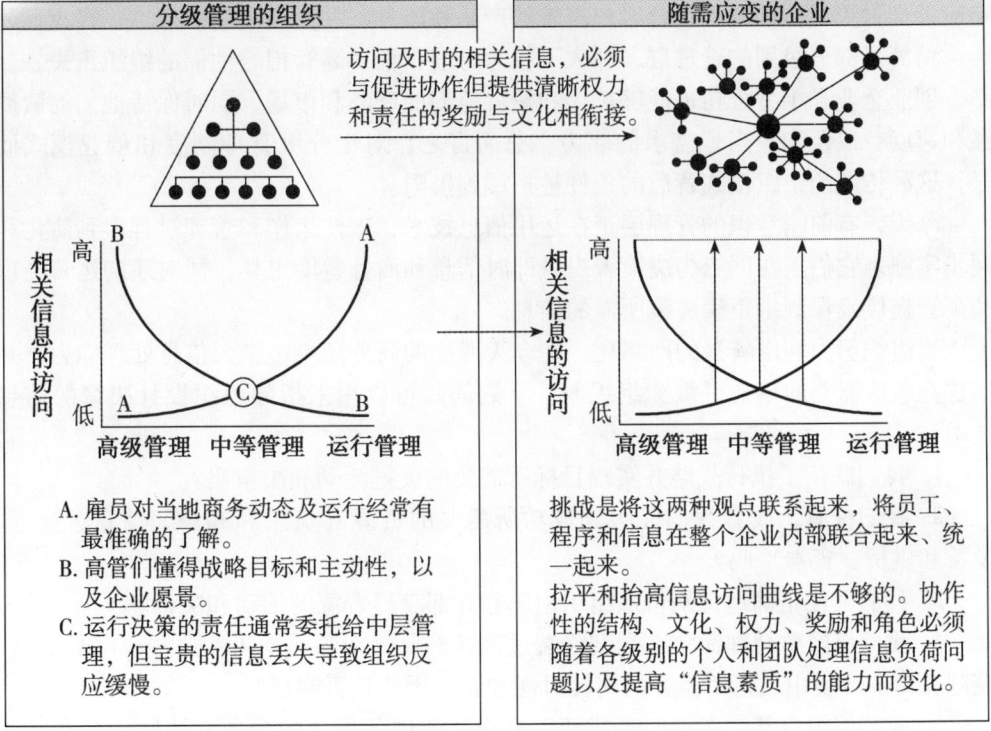

图 3—5 再定义权力系统

过程中，制定决策的速度更快，但是协调和控制的费用增加，当地雇员和团队制定的决策经常没有考虑到公司的整体目标。

菲利普石油公司（Phillips Petroleum）总裁，回顾以持续地控制分散化决策为特点的"统治暴政"时说，"当我们努力在组织内部分散决策权时，我们将控制者充实到新成立的所有业务部门，以确保我们认为必要的高级管理层的监督。随着时间的流逝，在公司总部的控制者数目增加了，我们最终让检查者检查检查者！"因为竞争的加剧和价格的降低趋势，这种响应缓慢和成本高昂的权力结构体系成了创新和盈利路上的沉重绊脚石。

菲利普石油公司管理人员最初通过创建矩阵组织进行响应，这种矩阵组织有相当合理的提供共享服务的集权中心，从而大量削减了中层管理人员和员工的数目。不久之后，该区域雇员发现他们不再有做决策和绩效所需要的相关信息。最后配备商务智能系统，决策权分发给运行经理团队。这些行为促使团队在这个领域制定决策，同时也确保高级管理层可以提供必要的监督。

3.3 小结

最近十年中，管理层在重组中付出了极大的努力，以应对动荡加剧、竞争更加激烈的世界性挑战。但当我们步入 21 世纪的时候，显而易见，需要更加彻底的改变。因为信息技术改变了内部存在竞争的市场、行业和组织，管理层被迫更加快速地做出

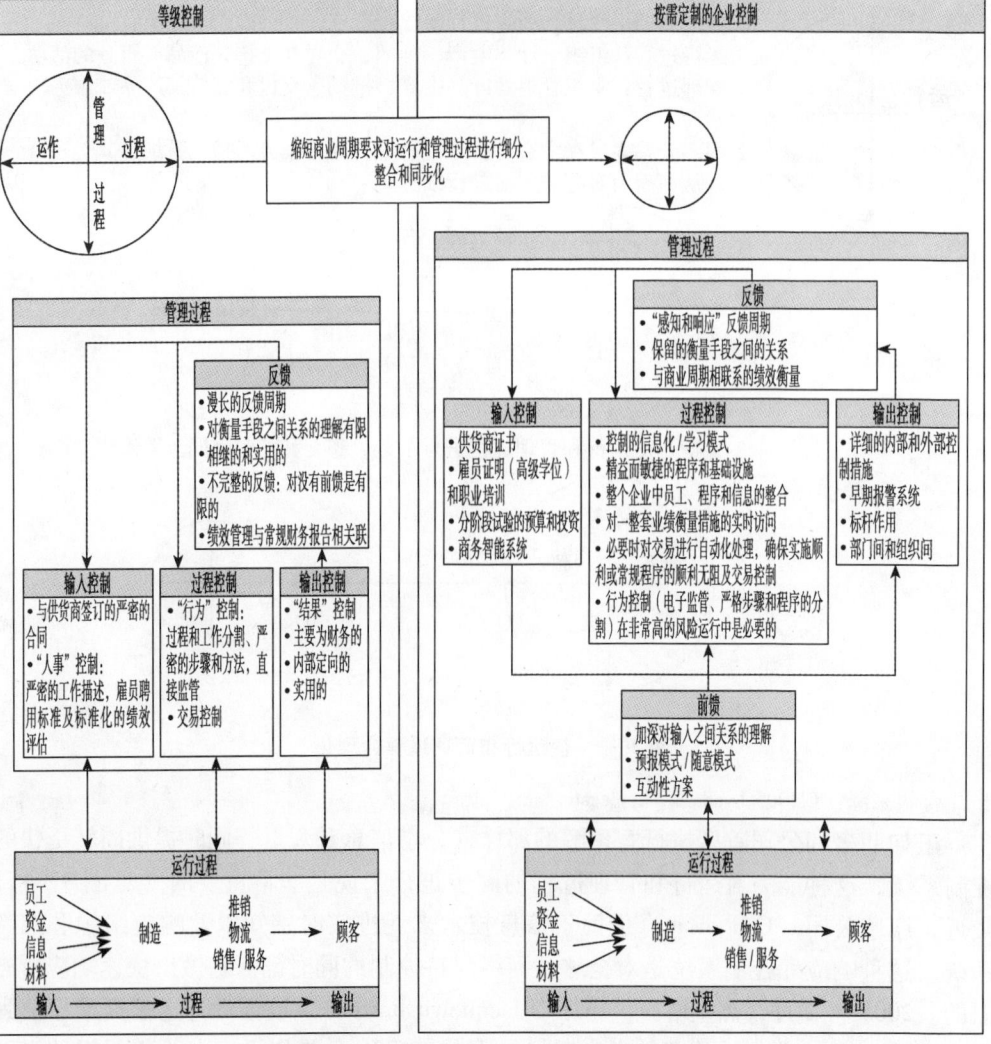

图3—4 控制系统对运行和管理过程的信用

为完成这些任务的员工实施奖励，将员工组成单元来减少工作进行过程中的摩擦，在不同员工和部门之间进行协作，以实现共同目标。

习惯看来，组织内部权力的正式分配一直被视为集权与分权的权衡（见图3—5）。组织被视为主管（所有人和高管们）及自我利益"代理人"关系的网络。在分级管理组织中，协调实地运行和调整个人利益的成本、风险，被决策过程、结构性运作、开发深层次的分级管理制度集权化而减小，因而运行的实施更加有效并依据定义清晰的程序。这种观点认为这些位于中心的管理层和决策者可以接触理解当地商务动态所需要的信息。它还假定他们有时间和专业知识来分析信息，制定决策，确保运营人员执行决策。

随着商业环境中的复杂性、不确定性和动荡性不断增强，满足集权化决策所需要的条件变得越来越难。20世纪八九十年代，很多管理人员所采用的解决方案是将决策权分散到越来越关注集中和自治的利益中心或者"自我管理团队"。在这样做的

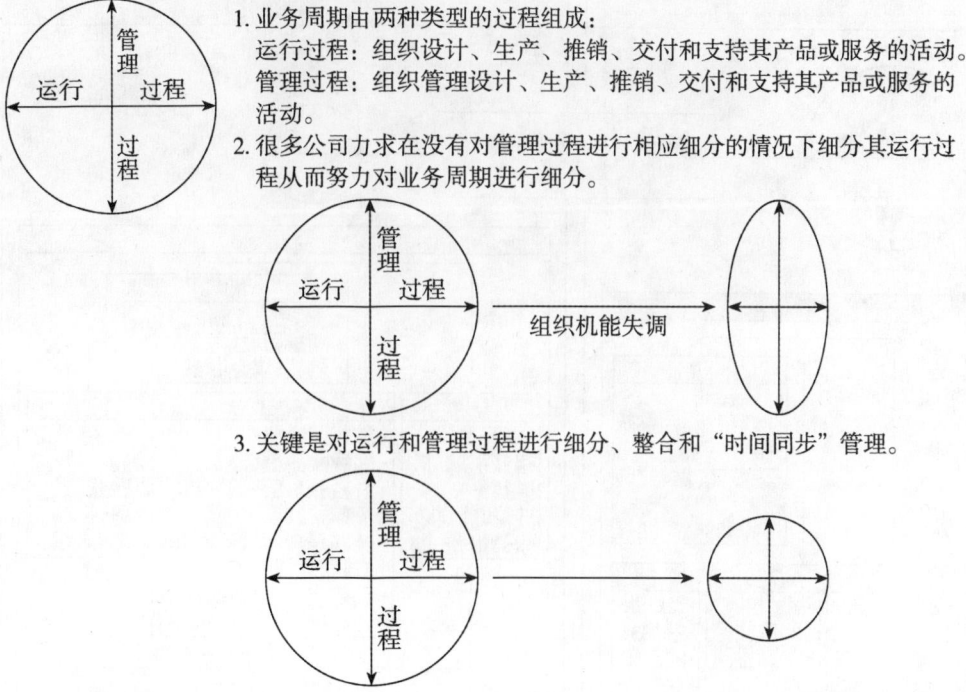

1. 业务周期由两种类型的过程组成：
   运行过程：组织设计、生产、推销、交付和支持其产品或服务的活动。
   管理过程：组织管理设计、生产、推销、交付和支持其产品或服务的活动。
2. 很多公司力求在没有对管理过程进行相应细分的情况下细分其运行过程从而努力对业务周期进行细分。

组织机能失调

3. 关键是对运行和管理过程进行细分、整合和"时间同步"管理。

图3—3　使运行和管理过程合理化

资料来源：ⓒ2005 Lynda M. Applegate.

　　正如菲多利公司首席执行官理解的那样，分享信息和观点，同时提供周转更快的控制系统，这种能力对运行和管理过程的同步进行来说是非常重要的（见图3—4）。最近，康威公司（Con－way）借助于信息技术来促进实时感知以及响应组织和控制系统，这种响应和控制系统是对全球性网络保持控制的同时确保它做出快速响应所必需的。2005 年 2 月，杰奎琳·贝雷塔（Jacquelyn Barretta）被任命为这家资产总值为42 亿美元的物流公司的首席信息官时，她面临着巩固合并公司三大业务部门的多种信息技术活动和资产的繁重任务。到 2008 年，单一的信息技术化运行平台为简化、整合、同步实施运行和管理过程打下了基础，还为康威公司及其装运者、接受者及运输公司提供了畅通的即时信息。这些活动是在康威公司的高级经理人员的领导下进行的——其中之一是首席信息官贝雷塔。不仅如此，公司开始用 Wi－Fi 系统（无线保真技术）进行试验，在 440 个北美服务中心的网络中进一步细分、协调和控制装运过程的程序。它的万络环球（Menlo Worldwide）物流公司也正在建立无线射频识别（RFID）系统来追踪包裹。这两个系统将提供实时信息和分析工具以支持决策、协调和控制过程。

3.2.2　信息技术能够促进责任感和协调性吗？

　　分权、团队和协作——这些现代热门词描述了组织权力结构和系统的不同侧面。权力结构可能是正式的，也可能是非正式的，包括以下过程：我们定义工作的方式，级管理层在不能确保供应链、制造和订货程序能够应付日益加剧的复杂性的情况下，决心加快新产品开发的速度。在此过程中，他们没有把组织看成要全部重新设计的一整套运作过程。自然而然，混乱局面随之形成。供应商完成不了订货，产品瑕疵屡屡出现，库存积压如山。

程序重新设计的第一次尝试失败之后，菲多利公司的管理层启动了第二个项目——这次将他们的新产品开发过程与供应链、制造和订货过程整合起来。他们消除了瓶颈，压缩了终端到终端程序中多余的时间和成本，但是没有对控制这些加速的实时过程所需要的组织和管理系统进行再设计。

这个案例突出强调了管理层在平衡敏捷灵活与控制的努力中常犯的两个错误：（1）没有再设计终端到终端程序；（2）没有协调周转速度更快的运营与组织结构、控制、权力系统、奖励和文化之间的联系。这两个问题会造成执行的失败。

菲多利公司管理层在试图加速新产品的研发时，没有考虑到终端到终端的程序，结果就一头撞上第一个问题。他们增加了产品的数目和种类，加快了新产品开发的速度，增加了市场营销和促销活动的数量，这些活动极大地增加了运作的难度。由产品经理提前几个月制订并获得许可的计划被试图响应当地客户需求和竞争的区域销售员工所修改。同时，营销经理开始在目标锁定的客户关系中进行促销活动，但是制造和物流都不在决策制定范围之内，他们也没有得到即时信息以调整供应和生产计划。不足为怪，在很短的时间内，这家公司失去了控制。

第二个项目期间的问题可追溯到一个事实，即管理层没有考虑到新近简化和整合的程序与控制、权力系统和奖励相协调的方式。结果，在更快的时间范围内制定决策和采取行动所需要的实时商务智能和早期警告系统都不适当。机会错过了，问题没有被发现。

菲多利公司的管理层从他们遇到的系列问题中吸取了重要的教训，公司的首席执行官解释说，"我认为，我们只是在加速新产品开发的计划失败后，才完全理解我们的业务实质上需要多大程度的平衡和整合"，"问题出现得相当突然和严重，它给我们所有人都留下了深刻而难忘的印象。公司从这两次经历中收获到两大教训：其一，作为企业范围内的主动性，我们需要重新勾勒我们的变革理想，而不是具体部门的变化。尽管我们的职能组织和运作过程整合程度很高。我们改变某个领域的时候，不可能不引起别的地方的问题。其二，我们深知，我们在加快程序的进展时，必须向在线员工提供更为及时的信息，这些员工在更加复杂和缺少结构化的角色中应当尽快地做出响应。最后，我们必须构建新的管理结构，这种管理结构将职能经理团结成一个团队，我们称之为区域运营团队，他们有提供协调和控制这些终端到终端程序的权力和责任"。

在努力构建快速有效的感知和响应能力时，菲多利公司的管理人员正发现关键的一点，即认识到组织的控制由两个互相融合的过程所决定。运行过程是一系列活动，这些活动定义了公司如何设计、生产、营销、销售、出售和支持其产品和服务的方式。管理过程是定义战略性导向及协调和控制运行的一系列活动。因为管理层希望对更加迅速的商务循环做出响应，运行和管理程序都必须（不仅是简化）被整合，并且与商务循环周期整合和同步（见图3—3）。

公司制定决策，采取行动或者调拨资源，这种决策与更复杂的组织设计特征密切联系。这些特征包括结构（员工如何组成部门，这些部门如何协调行动以为客户开发并提供产品和服务），报告关系和权力（正式和非正式），奖励和绩效管理（薪酬、评估和衡量系统）。很多人在走过弯路之后才知道，在组织过程中孤立地授权于员工，而对权力和控制没有伴随着更加全面的再定义将会导致灾难。例如，在一个已经进行了授权的组织中，高级管理层必须更加积极地参与，而不是更少；组织界限和价值体系必须得到更清晰的沟通、严密的监控和坚持不懈的实施。

- **改变组织，不仅需要改变结构**。仅仅进行业绩剥离或企业重塑是不够的。由于结构变更而造成的组织混乱可能有助于撼动墨守成规的组织，为改变创造"条件"，但单单结构上的变化不能利用劳动力的能量来再创造一种拥有共同目标和方向的组织，结构上的简单变更也不能促进员工、程序和信息的协调。

从这个领域得出的这三点关键教训说明，在快速不确定的商业环境中培养执行战略所必需的能力，需要经理采用综合的方法进行组织设计，包括对商务模式设计的四大关键领域能力的分析和重新调整：程序和基础设施，员工和合作伙伴，组织和文化，领导力和管理。改进的信息获取能力和高效能的网络化通信系统是在所有四个领域中再设计的核心因素。

3.2　信息技术对能力的影响

组织是信息系统，是通讯系统，是决策系统……组织功能的每个侧面依靠从一种形式到另一种形式的信息处理。

——摩根（Morgan），1997

我们长期以来已经知道组织是信息处理系统。既然这样，垂直和水平信息处理能力的限度，直接影响了经理们在实施战略时能够得到的组织选择范围。我们还知道协调和使组织战略适应动荡的商务环境的能力对于创建高绩效的组织来说是很关键的。

在本章的前面部分，我们阐述了管理层如何将前 20 年时间用于寻求新的组织模式，这种组织模式将会促进他们的组织在动荡加剧、复杂的网络化环境中存活并繁荣。管理层在努力设计组织和打造能力时面对两种关键性组织设计挑战。信息技术是解决这两项挑战的关键助推器。

3.2.1　信息技术能够促进敏捷性和控制吗？

当管理层努力创建精益而敏捷的组织时，我们看到他们犯了一个共同性错误。他们对运作的各个部分实施改革时，没有考虑到对组织的其他部分或合作伙伴、供货商甚至是客户组织的影响，然后当结果逊色于他们的预期目标时他们会感到十分意外。例如，菲多利公司（Frito–Lay，Inc），一个以咸味快餐而著称的消费品公司，在付出了惨重的代价之后终于明白如何构建精益而敏捷的组织。20 世纪 80 年代中期，高

4

信息技术的推广

我们连年向信息技术业投放大量资金以追求竞争优势并提升生产力，但是从信息技术业中获取战略价值和生产力已经成为日益严峻的挑战。

——摘自 2003 年《哈佛商业评论》

2003 年春，尼古拉斯·卡尔发表了一篇题为《信息技术不再重要》的文章，这篇文章引发了一场激烈的争论。继网络泡沫破灭及随之而来的全球性经济衰退之后，这篇著述还被列入畅销排行榜。当时，公司管理层纷纷向首席信息官（CIO）提出质疑，要求他们对信息技术预算及支持新的信息技术投资的需求做出解释（有时是辩护）。卡尔的观点建立在一种假设基础之上，即具有传奇性战略意义的信息技术应用软件——例如，美国航空公司机票预订系统（Sabre）和沃尔玛信息技术化的供货链——在过去大都是运用专有的技术能力自主研发的，每种应用软件都意味着数以百万计的资金和多年辛勤的付出。这些信息技术系统区分了每家公司的战略，锁定自己的主要供货商和客户群体，提高自己的专有技术能力，使竞争对手无法匹敌。因此，信息技术成为战略优势的基础。在实践过程中，美国航空公司和沃尔玛在他们各自的行业领域脱颖而出，迫使其他竞争对手改用别的商务模式以求生存。

卡尔认为，尽管这些做法在 20 世纪 80 年代颇见成效，但到了 20 世纪 90 年代末，公司内部正在运用的很多信息技术应用软件在供应商和服务提供商那里都有提供。其他的应用软件正在内部研制，但所需要的研发费用和精力已经大大减少。如果这些研发工具的应用得到推广，这些系统就能够快速复制下来。最近以来，信息技术系统已经采用统一标准，致使他们通过"开放"的宽带网络而得到迅速的传播。因为战略定位确定了一家公司的专长与特色，这种特色在一段时间内必须保持下去。

卡尔相信，信息技术不再能够促成可持续的专有性优势。相反，他认为，信息技术应当被视为一种商品——公司开展业务所依赖的基础性技术。卡尔的文章一经发表，信件便铺天盖地般的向编辑涌来。尽管有些信件将卡尔的文章批评得一无是处，但富有见地的读者认为（虽然题目的拟定富有挑衅意味），对这篇文章的基本前提不应全部视而不见。很多管理人员在信息技术上付出过多的精力与财力，认为信息技术本身就能够传达出公司的特有优势。很多公司一直在投资创建新的基础性技术，以复制可以以更低价买来的东西。产品更新换代速度的加快和商品化进程导致了机会窗口的缩小，而一项新的技术创新必须在这个窗口期加以利用，否则便会遭到淘汰。约翰·史立·布朗（John Seely Brown，施乐公司前首席科学家）和约翰·哈格尔（John Hagel，管理顾问）汇总了多封信件，从中提炼出如下观点：

公司高估了技术的战略价值。它们在寻求商业价值的过程中，在技术上投入过大，因此有必要更加严格地管理其大部分基础设施，以减少资本投入和运作开支。随着公司的日常运作对信息技术依赖性的不断增强，它们必须关注潜在的敏感易变领域，并更加积极主动地寻求安全可靠的管理。

但是布朗和哈格尔坚持认为，尽管存在着更加规范有序地管理信息技术基础设施的必要，但"信息技术仍旧是构建战略差异化的可靠催化剂"。

信息技术可能是普遍存在的，但是利用它的潜力所需要的洞察力不是普遍存在的……信息技术潜力和商务实现之间的鸿沟并没有缩小。相反，它在过去几十年里不断拓宽。这道鸿沟在商界创造了极大的不稳定性。凡是存在如此巨大不确定性的地方，必然存在着制定新战略的肥沃土壤。

加州大学 Irvine 分校信息技术与组织研究中心主任维杰·古拔夏尼（Vijay Gurbaxani）赞同说，"这种稀缺资源绝不是技术，它一向是用那种技术创造价值所需要的管理能力。"美国国家航天局（NASA）的执行顾问保罗·斯特拉斯曼（Paul Strassman）进一步阐释：

正是信息技术容易应用的特性使信息技术的价值不断提升……我花费了40年时间用于实施信息技术。前30年相当艰苦。这门技术费用高，残缺不全，性能不可靠，难于管理，很不稳定。最终我在信息技术低成本拥有成为可能的时候看到了希望的曙光……卡尔的理论是有缺陷的，因为他的实例仅仅针对强调资本的商品。当市场饱和，边际成本和边际收益之间的区别消失时，在机器方面的投资确实显示出回报下降的趋势，但是信息商品不受这种结果的影响。

的确，卡尔的见解似乎依据一种观点，即新的网络化技术将持续受同一经济原则的指导，这种经济原则构成了在独立的主机、家用电脑或早期的客户/服务器（client - server）时代制定投资决策的框架。这些方法导致构建和维护信息技术基础设施的成本同样高昂，为财务杠杆提供了有限的机会。今天的灵活、开放标准和无处不在的信息技术基础设施是以共享为目标的，实际上在共享时变得更为宝贵。不是扼杀创新和价值创造，这种新一代开放式标准、网络化信息技术基础设施极大地增进了构建商务的机会范围，同时也大幅度地减少了研发需要的成本和时间。IBM 管理层把这种信息技术促进的商业优势新时代称为"随需应变的创新"。一位熟悉新兴的随需应变信息技术布局模式的管理人员解释了它们的影响：

我认为，技术的商品化是在很多行业领导者现在称其为"随需应变的世界"里促成创新的东西。随需应变的企业是利用基于标准，零部件化的技术来支持整合的、灵活的商务过程。在客户需求和全球营销力量空前活跃的世界，正是这些基于零部件的技术和灵活的商业程序，促使组织感知和响应新的机会和威胁，并适时转向应对新的挑战。尽管技术创新一直为我们提供商品化和普遍存在的更有力和有效的工具，但运用技术的战略创新——我们如何将软硬件联系起来去解决紧迫的商务问题和转变商务模式——是充满活力的。

如以上章节所述，公司的商务模式构建了组织为所有利益相关人创造价值的内在机制。这些机制依靠检验公司如何与周围的环境互动以制定别具特色的战略，从而吸引资源，构建实施战略、创造价值所必需的能力。在第1章中阐述的商务模式审计框架，能为理解信息技术创造商业价值的过程和机制打下坚实的基础。这些机制，也可用于构建信息技术的商业案例。

本章介绍了管理层利用信息技术的力量在公司内部并为客户、供货商和合作伙伴创造价值，进而创造富有吸引力的商业案例的框架、方法和实例。

4.1 "传统"心态的局限

信息技术在前进保险公司的推广

你认识 2008 年前进保险公司（Progressive Insurance）的首席执行官兼总裁格林·兰威克（Glenn Renwick）吗？他在 1998—2000 年间担任公司首席信息官，此前是消费者营销部项目运行的主管。难怪前进保险以率先使用信息技术战略并打造能力而闻名。尽管公司在 20 世纪 90 年代之前开始踏上信息技术化创新之路，但兰威克继续实施以创新求增长的方法，试图发现有创造性的解决方案，解决汽车保险业务上迫在眉睫的问题。为帮助公司理解这些信息技术推动的创新价值，兰威克（当时的首席信息官）构建了一个富于竞争优势的在线商务智能系统，用以有效地跟踪信息技术对商业盈利能力的影响，关注成本的节省、收益产出和资产效益。此外，在成名之前很久，前进保险公司运用技术向保险代理人提供即时信息，帮助他们为高风险客户制定保险理赔决策，而其他公司是不会为这些客户保险的。1997 年，前进保险采用世界著名的网上理赔保险系统，开始帮助客户获取报价。作为首席信息官和后来的首席执行官，兰威克通过提供日渐复杂的代理和客户智能系统，拓展了前进保险网上服务的业务。被誉为"人性化的前进保险公司"，兰威克认为这些以客户为中心的系统是该公司以行业领先的价格提供差异化服务承诺的关键。

不足为奇，对于如何利用信息技术创造商业价值，这一直是个存在着困惑和迷惘的问题。大多数管理人员一直将技术看作传统的预算周期内逐项管理的预算开支。这种"传统心态"植根于计算机的早期主机时代，当时信息技术基础设施由配置在一个独立数据中心的大型独立计算机装置组成，由集权式信息技术人员团队控制和严加管理，这些成员专职负责保证技术的运行。在主机的模式之下，基础设施投资的决策——例如，计算机、网络和设施——是与其他资本预算申请一起制定的，而持续进行的维护和运行是通过年度预算程序来管理的。

依靠传统的主机基础设施来创造价值的信息技术应用软件，是作为独立的项目筹资兴建的。每个应用软件完成一项具体任务，并创造明确的利润——通常涉及源自条理化、注重纸质的办公后台管理程序所造成的成本节省。这种应用软件一旦被采用，就成为运行环境的一个部分，常规的运行和维护成本被计入年度运行预算。因为大多数应用软件一次只能用于一个目的，并与条理性很强的任务密切相连，因此再使用（或共享）这种应用软件的能力是有限的，请见文本框"信息技术的传统挑战"。

信息技术的传统挑战

大型、稳健的公司时常需要艰辛的努力才能使内部信息技术运行达到一流状态。无效率通常是过去 30～40 年里很多公司将信息技术资产以零碎的方式装配而引起的；在可以获得新技术时就采用新技术，很少考虑各种技术之间在未来可能需要搭配与协调。到 20 世纪 90 年代中期，这种"传统"信息技术基础设施已经成为难以协调而效率低下的技术大杂烩，无论管理还是维护都很困难，而且成本高昂。鉴于大多数稳定公司的信息技术基础设施状况，不足为怪的是，以前所需要的大量投资仅仅能维持关键系统的持续运行。事实上，大多数管理人员吃惊地觉察到，尽管经济出现衰退，但全球性信息技术开支预计在 2008 年可达 2 万亿美元，比 2007 年增加了 8%。更加令人震惊的是，维护和管理信息技术基础设施的费用时常占到了信息技术年度预算的 80% 甚至以上，致使仅有少量资源流向创造专有商业价值的领域。

不过，也有一些例外情况。这些例外情况提高了战略信息技术系统的管理意识，因而可以改变组织和行业并产生重大专有优势。例如，美国航空公司闻名遐迩的计算机订票系统就是建立在公司内部储存系统中，这种系统在公司数据中心运营。尽管在 20 世纪 60 年代，以降低费用并改进内部储存程序效率为目的的内部系统已经构建，但富有真知灼见的营销管理人员很快意识到，旅行社如果需要直接订票可能要添加新的前端。鉴于 Sabre 信息技术订票系统是美国航空公司锁定旅行社商业战略的基本组成部分，信息技术系统和战略也相互联系、并驾齐驱，创造了专有优势。此外，信息技术系统的开发是作为更大的战略主动性的一部分来投资兴建的，衡量它的成功的依据是战略的成功程度。如本章后半部分所述，利用现存信息技术系统作为实施新的信息技术化战略主动性的平台，这种能力是今天开放标准网络化的信息技术基础设施价值观的核心。

正如我们在美国航空公司订票系统中所见，自 20 世纪 60 年代起，信息技术行业已经与商业运作和战略空前密切地交织在一起。在 20 世纪 90 年代期间，富有前瞻意识的管理人员开始寻求新的方法来推广信息技术商务。但是在组织界限内部和外部，不协调的计算机、运行系统及应用软件的泛滥放缓了投资模式采用的速度，这种投资模式认可信息技术的双重作用：创造运行效益，同时也推动了商业洞察力、创新精神和专有优势。

结果证明，互联网的商品化和迅速采用成为"引爆点"。以各种形式——声音、视频、数据和图像——包装、储存、链接和分享信息的互联网标准的快速渗透和采用，加快了开发并采用常见标准的技术平台。当我们步入 21 世纪，促使所有权成本大大降低、速度加快的基础设施的共享舞台已经搭建，在组织、行业和世界范围内，开发并利用新的信息技术应用软件来创造价值的速度已大大加快。

更重要的是，依托这些行业标准构建的新系统设计和开发方法，促使组建起这种再使用模块：大型、复杂的应用软件通过共享的"中间件"服务和通用接口连接起来。这种方法急剧地提高了数据、信息和应用软件再使用和分享常用基础设施的能力，并进一步提高了信息技术推动的商业计划的灵活性和速度，这种新的商业计划极可能被采用并在全球实施。因此，尽管基础设施自己不能传达可持续的专有优势，受不协调、不灵活的专有基础设施传统束缚的企业仍发现，但当它们试图跟上周期日渐缩短的创新、产出和收益步伐时，自己处于重大的战略劣势之中。

4.2 "信息技术商业价值"的心态：创造机会

构建和利用信息技术基础设施和应用软件这种共享服务方法要求采取与众不同的投资决策方法。鉴于大量的信息技术投资涉及充当平台的共享基础设施，在这个平台上可利用构建多种业务、创造价值的应用软件，因此信息技术开发不再被视为单纯的可以逐项管理的投资。相反，我们必须将构建的信息技术机会视为在今天和未来创造价值的一系列投资，这些未来用途的价值可以被视为信息技术的"期权价值"，这将在下文作更具体的说明。

如本模块的前几部分探讨的一样，商业模式决定了管理层如何制定有关决策，比如寻求战略、培养能力、实现商业目标所需要的投资等方面的决策。为此，商业模式还决定了涉及实现商业目标所要求的信息技术投资决策。图 4—1 表明商业模式如何用于创造信息技术机会的评估，以及利用信息技术投资进行商业开发的案例。

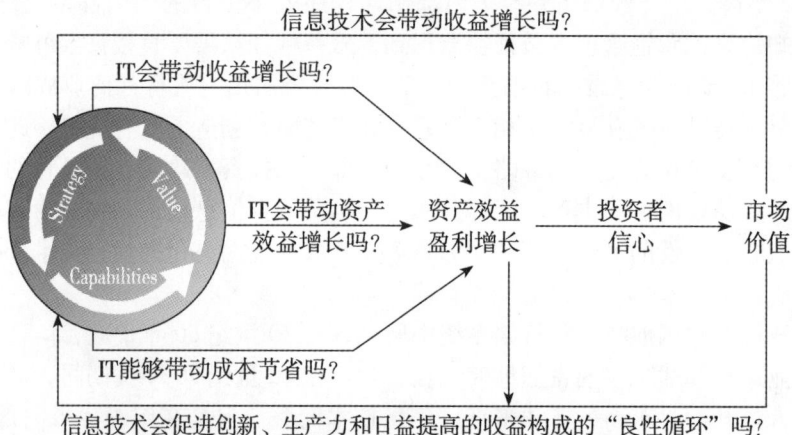

图 4—1 用商业模式构建信息技术的商业案例

资料来源：L. M. Applegate, Crafting Business Models, Harvard Business School Publishing #808705, 2005.

在第 1 章中论述的商业模式审计，确认了推动财务业绩和专有优势的公司战略和能力的关键部分。图 4—1 归纳了关键问题，并提供了信息技术样本项目和模型。

4.2.1 信息技术的采用会带动成本的节省吗？

多年来，很多公司的管理层已经将信息技术视为黑匣子——投入资金、资源和时间，并且希望显示出商业价值。传统上看，若非是真正的基础设施投资（譬如，在主机、运行系统和网络上面的投资），大多数信息技术投资项目是应商业用户的要求而筹资兴建的。鉴于最近对成本节省的重视，很多要求已经需要信息技术显示出实实在在的成本节省能力。不足为怪，很多信息技术项目投资组合强调了递增式的成本节省。然而，聪明的信息技术和公司管理人员认识到，利润不必局限在这一方面。本书引言中提到的 IBM 的研究案例，提供了以节省费用开始，最终成为推动利益增长和专有优势平台的项目典型范例。

IBM 在 20 世纪 80 年代是世界上最盈利的公司，在 20 世纪 90 年代是世界第二大盈利公司。但是从 1991 年第一季度开始，IBM 开始出现巨额的亏损，并且在 1991—1993 年间，亏损达 160 亿美元，数额之巨，令人惊愕。郭士纳（Lou Gerstner）于 1993 年 4 月接任首席执行官之职，他采取果断行动扭转了 IBM 亏损和股价不断下跌的趋势。他聘用了杰瑞·约克（Jerry York），克莱斯勒公司（Chrysler）的前首席财务官（CFO），并委之以削减成本的重任。在任职期间，约克启动了一项研究，比照其竞争者，为 IBM 业务的各方面成本设置基准。结果令人垂头丧气，需要削减的开支至少为 70 亿美元，信息技术部门成为公司巨额资金外流的元凶。

事实上，尽管 IBM 在信息技术业承担领头羊角色，但这家公司的内部信息技术基础设施却陈旧老化、僵化呆板、维护费用昂贵，为此，这种业绩特差的资产成为第一阶段复兴的首要整顿对象。在清理整顿后，IBM 内部的信息技术运行预算被削减一半。这些节省的成本中每年有 20 亿美元投入到削减成本每年所需要的 70 亿美元当中。主要的节省来自减少数据中心的数目，从原来的 155 个减少到 3 个接受 11 家"服务器群组"（server farms）信息的"巨型中心"，员工减少了 60%。信息技术领导实行集权化管理，128 名首席信息官削减为 1 名。IBM 的 31 个不协调网络被改造成一个公用的互联网标准的网络。

信息技术应用软件投资组合也实行合理化管理。在信息技术重组之前，每个 IBM 公司业务部门开发了自己的信息技术运行和开发环境。不足为奇的是，这些信息技术孤岛的构建用的是不协调的技术和方法，结果导致应用软件的复制泛滥，其中很多设计以完成相似的任务为目的。作为重组的一部分，对应用软件开发程序进行了重新设计，以促使模块化和编码的再利用为目的。在公司新集中的数据中心内部运行和维护的内部应用软件数目，从 16 000 减少到 5 200，进一步降低了交付信息技术服务的成本和难度。

随着信息技术基础设施成本降低和运行的集权化，郭士纳还注重对办公后台管理业务流程的再设计：例如，财务、企业资源计划（ERP）和工资表。在 1993 年底，公司管理委员会的每位成员都承担一项项目再设计的任务。他设置了两大优先项目：（1）尽可能快地削减成本；（2）"全新程序设计"和适用于全球范围的再设计。到 1996 年，这些程序再设计的努力在新集权化公司的采购部门、人力资源部和财务部门内每年削减成本大约 50%，相当于每年额外节省 10 亿美元。

在郭士纳接管后的短短几年里，他完成了 IBM 复兴的第一阶段，公司又恢复到稳健的财务水平。1992 年在 640 亿美元收益的基础上又亏损了 50 亿美元之后，1994 年 IBM 在少量收益基础上增加了 30 亿美元净利润。而且，信息技术基础设施服务和公司办公后台管理的部门（即财务、ERP 和人力资源），从分权化孤岛到集权化的共享服务模式的大转变，是管理团队在战略愿景方面迈出的第一步，这一重大举措将 IBM 产品和服务的力量集中起来，解决了全球大客户最迫切的业务问题，使公司恢复了行业领头羊的地位。为此，在公司针对简化核心的运行程序（例如，供应链、新产品开发和面向客户的销售、营销和服务）并驱动收益增长，处理更复杂的业务流程再设计项目时，集权化、简约化的信息技术基础设施和公司服务充当了平台和测试依据。

表 4—1　　　　　　　　　　　　信息技术投资种类、样本和模型

IT 投资种类	例证	例证模型
信息技术能够促进成本的节省吗？	• 简化并整合非收益产出过程（即工资表、人力资源、企业资源计划、会计和财务）	• 提高生产力，缩短循环时间，提高非收益产出流程的效率 • 提高非收益产出雇员的业绩 • 降低当前业务运行的成本
信息技术能驱动收益的增长吗？	• 改进新的产品开发流程，从而加快新产品开发和上市的速度 • 改进收益产出流程（即销售、营销、客户服务、并购），提高客户满意度、忠诚度、客户终生价值和需求 • 向公司决策制定者提供相关的可行信息和分析工具 • 改进市场细分和个性化，以扩大市场渗透力 • 进入新市场或增加现存客户的市场开支 • 研发信息化的新产品、服务和解决方案	• 提高收益产出过程的生产力，缩短周转时间，提高产生收益过程的效率 • 提高产出收益雇员的业绩 • 量化改进决策的价值 • 提高信息技术对收益的贡献，同时保持稳定开支或削减开支 • 增加来自当前客户的新的收益流 • 启动新的信息技术化产品、服务和解决方案 • 提高信息技术对净收入的贡献
信息技术能够驱动资产效益吗？	创造共享服务、自我服务门户和卓越中心外包和离岸外包，占有低成本劳动力市场和稀缺知识的优势 • 构建模块化、灵活的开放资源信息技术布局 • 吸引、培养和保留顶尖信息技术人才 • 创建信息技术开发、利用和运行程序，削减研发新的增值型应用软件所需要的成本、时间和精力 • 开发一流的证券安全和风险管理系统	• 削减当前基础设施和运行所有权的全部成本 • 提高资产效益（信息技术资产的每美元所产生的销售额） • 依据收益的百分比，减少信息技术基础设施和运行成本 • 依据销售额的百分比，削减人员成本
信息技术会创造可持续的优势吗？	• 实现产品差异化（即信息增值、提高价格竞争的能力） • 在高增长的市场和行业里研发新的信息技术化产品或业务 • 提高入门壁垒或转换费用 • 削减追求递增和彻底创新的成功所需要的时间、成本和精力	• 增加市场份额 • 提高品牌知名度和意识 • 提高市场价值 • 增强创新过程的成功（如创新活动的整体水平，从想法、机会、创新、研发到价值创造）

4.2.2　信息技术可以用于驱动收益的增长吗？

拥有了合适的、灵活的信息技术基础设施，IBM 等公司就准备寻求推动收益增长的机会。尽管控制成本的努力可增加利润，公司（和为他们融资的投资者）承担不

起眼看着收益长时期停滞的损失。可以寻求信息技术促进收益的两种机会：

1. **信息技术可用于提高收益增产能力，这种机会包括：**

• **运用信息技术简化和改进收益产出的程序**。例如 IBM 重新设计其新产品开发流程，促使它更快、更成功地将新的盈利产品推向市场。Boston Coach 的快捷优化解决方案（fleet optimization solutions），促使它对快捷物流实施集权化管理，并进军新市场；而嘉信理财启动的在线和"自助服务"客户服务中心提高了现有客户的忠诚度，同时减少了服务和促进战略差异化的成本。

• **运用信息技术提高商业智能**。向产出收益的雇员提供即时、相关和可行的信息，促进他们制定更好的决策，以更有效、更有效率的方式完成工作。例如，Canyon Ranch 运用信息技术向销售、客服、营销专业人员提供即时可行信息，对这些人的业绩评估的依据就是驱动收益的增长。另一个案例是美国家庭人寿保险公司（Aflac）的客户关系管理（CRM）系统，该系统提高了其保险代理人的工作效率，促使他们将更多的时间用于销售，将更少的时间用于非增值型的工作，同时提供即时可行的信息（要更加详细地了解，请参见文本框"美国家庭人寿保险公司区域代理实行流动行销"）。

2. **信息技术也可用于研发新产品、服务或解决方案，或者为现存产品或服务大幅度地增值**。这种机会包括：

• **将信息技术嵌入现存的实物产品中**。这方面的例子包括波音公司制定的决策，即将开放标准的互联网系统和网络嵌入自己的"电子化"787 梦幻客机；还有美敦力公司的决策，即将数据控制、收集和储存能力嵌入它的起搏器中。尽管嵌入式信息技术可以改善性能，增加收益，实现产品差异化，提高市场份额，但更富有吸引力的利润市场是在公司启动新的信息技术化待售品或提高现存待售品的收益或市场份额时，亦即公司利用嵌入技术推动新的收入流时。

• **启动新的信息技术产品和服务待售品，驱动新的收益流**。例子有：苹果公司的决策，即启动它的 iTunes 服务待售品；波音公司启动它的 yBoeingFleet.com，帮助航空公司管理快捷营运，大幅度缩短了维护方面花费的时间，降低了整体运行的成本。

• **提高现存产品和服务待售品的价值，促使公司收取差异化的价格，或防止价格下降**。例如，耐克公司的 ID 网上服务，帮助客户自己设计运动鞋来满足特定的训练和时尚需求。

再来看一看 IBM 转变的经历，第二阶段（在 20 世纪 90 年代末）着力于驱动盈利的增长。鉴于整个行业正进入迅速增长的阶段，这种快速增长与互联网业务的扩大，以及基础设施的升级相联系。IBM 最初注重培养下列能力：满足高水平的需求，按客户具体要求设计解决方案，作为"同一个 IBM"进军市场。这需要公司重新设计并集权化其核心运行流程（即供应链，新产品的开发，客户的获得、保留和服务）。

美国家庭人寿保险公司区域代理实行流动行销

全球拥有 4 000 万个客户的美国家庭人寿保险公司（Aflac Insurance），需要确保它在日本的 10 万名区域代理和在美国的 7 万名代理，能够了解到实时、可行的信息。为此，首席信息官杰拉德·希尔兹（Gerald Shields）与业务合作伙伴联合研发了 AflacAnywhere 和 Mobile. Aflac 程序。今天的区域代理，其中很多是独立的销售代表，可以在几秒钟之内获得销户或理赔所需要的信息。一位代理这样评价："我因为这个程序节省了一个账户。"不必给公司打电话解答客户的问题，代理可以通过他的手机立即获得客户所需要的信息。首席信息官希尔兹说，"我们的目标是授权于区域员工，使他们更加成功"。他宣称商务案例是建立于主要的收入驱动力之上——使代理人的工作更有效率，也使公司能够吸引更多代理的加盟。希尔兹解释说，"我们想使我们的工作更能吸引住代理，因为我们对他们的帮助多于其他的保险公司"。

新产品开发程序率先实施以增加收益为目的的改进程序。基准研究显示，在85%以上的新产品研发当中，IBM 的营销时间至少慢于世界一流竞争对手 150% 以上，而 IBM 的开发支出与产出收益的比率超过同类中最好的 2 倍以上。到 1995 年，IBM 管理层已经简化并整合了新产品开发程序以减少营销时间，降低开发成本：废弃项目开支减少了 90% 以上，收益率的保证开支降低了 25%，新产品营销时间缩短了67%。总而言之，产品开发支出降低了 50%，每年凭借成本节省产生了 16 亿美元的收益，更重要的是，成功上市的新产品更新换代的速度加快了，由此产出的收益也随之增加。

在吸取了早期的后台管理再设计努力的教训之后，1995 年，IBM 也开始再设计和集权化其全球供应链程序。目标是规范和简化核心运行程序，使 IBM 以"同一个IBM"的形象进入市场。管理层解释说：

1995 年，我们的每个关键品牌自己解决采购、物流和订单过程。结果，我们整个公司都有这些零散活动的孤岛。1994 和 1995 年间，我们开始再设计和标准化这些活动。如果外面有人比我们更优质、更迅速、更便宜地完成这项工作，我们就将实物活动外包，保留战略、计划和管理的权力。例如，在物流方面，我们现在集中解决所有的计划和管理问题，但我们将所有的仓储和分销程序外包给第三方合作伙伴。此外，我们决定将多种软件产品退出市场，这些产品与我们的企业应用软件供应商竞争，同时也是我们的客户所使用的。相反，我们与以前的竞争对手，如 SAP、仁科公司（PeopleSoft）、希柏系统软件有限公司（Siebel）合作，以便我们能够在内部运行与我们客户使用的相同的软件。

在一年的时间里，采购成本下降了 20%，完成并确认供货单所需要的时间从平均的 48 个小时，减少到平均的 2.5 个小时。到 2000 年，94% 的商品和服务（相当于43 亿美元），是从全世界的 24 000 名供货商那里网上采购的，每年节省费用超过 3.7亿美元。并且，甚至在 1999 和 2000 之间年采购量增加了 60%，我们也没有增添新员工。更重要的是，控制供应链运行的能力促使 IBM 交付按客户要求定制的复杂解决方案。最后，制造、销售和营销、客户服务及顾问（利用这些信息制定决策的所有人员），都可以获得这些即时信息，以便于制定驱动收益增长的决策。

因为简化、规范、实时的信息技术化运行程序都可以提供信息，IBM 提供了帮助员工团队创建自己门户的工具和信息技术支持，这些门户会提供对支持决策的可行信息的连接和协调工作所需要的工具。IBM 全球服务顾问率先开发商业智能门户，以跟踪动态上不断改变的技术和客户需求。在几周时间里，以仅仅 25 000 美元的投资，顾问们创建了自己的门户，运用升级的信息和协调工具使咨询约定次数一年里减少了40% ~ 80%，每个顾问的收益增加了 20%，每位顾问对 IBM 的贡献率提高了 400%。此外，这种门户也用于改变大量的 IBM 在线学习培训项目，每年节省培训费达 3.5亿美元。

在 20 世纪 90 年代末，盈利能力的率先恢复和股本收益率的转负为正是成本节省带动的结果，IBM 自此扭亏为盈，盈利开始增长。但是每年的平均增长率仅为 5.7%，IBM 的收益增长明显落后于同行业其他公司的两位数增长。在这个时候，IBM 开始寻找途径，利用其资产以持续驱动效益，同时实现可持续的专有优势。

4.2.3 信息技术的使用能够增进资产效益吗？

正如我们在前面章节所看到的，资产效益决定了资产的每美元产出多少美元的收益，大多数公司通过计算"账面"财务和有形资产的美元总数来衡量资产价值。财务资产一般包括现金、可流通证券和应收账款，而有形资产包括尚未折旧的实物库存、实物设施、设备和软件。公司的资产负债表有一种被称为"商誉"的科目，一般是指捕获无形资产的价值。但是，尽管它时常指的是并购支付的价值（超过公司账面价值的价格），或者是知识产权和专利的价值，但它很少捕获公司内部无形资产的全部价值——尤其是在知识资产方面有大量投资的公司（譬如，员工的专业知识和经验，储存在数据库里有关客户和产品的专有信息），它也不会精确地反映与客户、供应商和合作伙伴之间牢固关系的价值，或增进人们对你公司好感并且保持客户忠诚度的强大品牌的价值。

当我们将注意力转向衡量信息技术资产效益时，考虑财务、有形和无形的信息技术资产是重要的。此外，当描述信息技术的商业案例时，必须解释信息技术对公司资产效益和对客户、供应商以及合作伙伴的影响。关键的信息技术资产种类包括：

1. **信息技术运行基础设施。**其包括实物数据中心、网络中心和呼叫中心，中间件，以及开发、运营、维护系统和解决方案的员工及运行系统。

2. **企业解决方案。**其包括 ERP 系统，CRM 系统，工资和人力资源系统，数据库管理系统，电子邮件系统和协调工具，开发、运营和维护这些系统和解决方案的员工及合作伙伴。

3. **专业化的商业解决方案。**其包括支持公司内部的具体商务活动或某个团队的信息技术系统，以及开发、运营和维护这些专业化解决方案的人员、合作伙伴和软件。

4. **具有管理能力的领导和管理系统。**

除了涉及的相关人员之外，第一种和第二种通常被视为有形资产，这种有形资产的价值可依据公司的资产负债表来评估。第三种和第四种通常被视为无形资产，它的评估必须由公司管理人员来单独进行。衡量信息技术资产的效益，是从计算一个公司或业务单元内部信息技术资产（有形和无形）的全部价值开始的。有形资产价值可以在公司的资产负债表中找到，或从 CFO 那里查找。无形资产价值的计算可以依据估计资产的市场价值进行。例如，信息技术人员的市场价值评估包括公司为聘用、保留和激励这些专业技术人员所支付的薪酬待遇和福利。如果你的公司不支付"市场比率"，那么真正的市场价值可能会更高。

当公司采取措施从同样的资产基础上推动更多的收益，或者是从账面中清理业绩较差的资产（通常通过关闭、贬值或外包）时，信息技术资产的效益得到提高。将传统的信息技术基础设施外包，这一向是公司采取的提高信息技术资产效益的普遍行为。大多数人将这种行为视为单纯从资产负债表中清除无生产力或业绩较差的资产（提高了资产效益比率），同时也降低了运行和维护那些资产的成本开支（提高了利润率）。但是这种做法发挥作用仅仅是在这两种情况下：外包没有提高成本（包括支付给外包合作伙伴的费用，以及协作与管理关系的费用），或者由外包合作伙伴业绩低下导致的收益降低。事实上，德勤咨询公司（Deloitte Consulting）2005 年对 25 家"世界级"公司所进行的调研（和在《加利福尼亚管理评论》中的报道）发现：25% 的公司已经识别了降低成本和提高绩效的方法，从而将外包的信息技术活动收回公司内部进行；还有 44% 的公司发现外包并没有造成成本的节省，一半以上的公司发现在最初合同中没有说明的隐藏成本。

但是，并非所有的信息技术外包合同都有缺陷。有些公司，如小产权公司 Tri*Source Title 的信息技术外包经验，证实了外包完全可以实现利润，而且这些利润甚至是当初订立合同时没有想到的。公司将信息技术运行外包给信息技术服务提供商后实现了可观的利润，对此，Tri*Source Title 的创始人理查德·布莱尔（Richard Blair）这样解释道，"我们几乎摒弃了传真，我们不必再对收到的每份产权进行数据输入，不使产权在混乱中遗漏。现在一切都以数据的形式进行"。公司的传统系统以往频繁出现网络瘫痪的现象得到杜绝，员工的生产率得以提高，"现在我的员工各司其职，提供第三方托管服务，支付付款，确保产权，提高收益。"除了提高员工的生产率之外，每份交易的成本下降了 20%，甚至在公司每个月处理的交易数量成倍增长时。尽管布莱尔声称他每年为公司外包的信息技术服务多支付大约 25%，但是生产率和灵活性的提高大大地抵消了增加的费用。

Tri*Source 的产权经验突出了信息技术资产价值的双重本性。尽管资产有其自身的内在价值，但更复杂的价值衡量标准涉及信息技术资产如何驱动财务和商业价值。交付一流的信息技术资产价值的能力是建立在开发和运行资产过程中的。当信息技术资产的设计做到了"精益和高可扩展性"时，它们通过降低费用、实现高水平的效益，以及提供可靠和可衡量的平台，为当前业务的增长创造一流业绩。当信息技术资产的设计也做到"敏捷和带来标杆效应"时，它们能够快速地定制或改变，以提供个性化的客户解决方案，或响应新的组织或行业需求。的确，信息技术资产如果不能够达到精益而敏捷的高度，时常注定外包的合作伙伴关系会以失败告终。由信息周刊（InformationWeek）2006 年对 420 家信息技术专业人员所作的调查，确认了服务瓶颈和缺乏灵活性是信息技术外包失败的关键原因。

如果资产的设计达到"精益并可扩展"，同时还是"敏捷并具有标杆效应"，那么公司可以调整它当前的业务，同时还可追寻新的业务创新机会。这些机会改变信息技术平台以增加规模和范围，被称为"信息技术的期权价值"（见文本框"证券期权与信息技术期权的比较")。鉴于大多数稳定公司里的信息技术资产绝不是"一流地"精益而灵活，因此信息技术的期权价值在投资以使基础设施现代化的过程中创造了极大的价值。

证券期权与信息技术期权的比较

用财务学的术语解释，证券期权授予所有者在某个固定日期前或当天（到期日）以提前决定的价格买进证券的权利（与义务不同）。决定价值的证券期权的重要特征是：（1）未来利润的性质（风险项目时常产生最高的收益）；（2）你必须行使期权的期限（时间跨度越大，期权价值越大）。同理，信息技术期权为管理人员提供了在技术的有效期内以较低的价格、更快的速度、更少的内在风险追求增值的信息技术化业务机会的权利（与义务不同）。决定价值的信息技术期权的特征为：（1）来自业务机会递增的价值（这些利益的价值依赖于商务机会的数量、种类和范围）；（2）从可能有更高潜在收益（正如我们在下面将要看到的，信息技术期权削减了未来投资的下降风险）的更大风险中寻求机会的能力；（3）获得价值的时限（记住，在技术的整个有效期内信息技术期权可能反复地被行使）。

回顾 IBM 通过实施集权化和减少数据中心、网络和信息技术人员的数目，从而每年节省 50% 以上的信息技术运行成本。然后公司将集权化的信息技术资产及其运行外包给 IBM 的全球服务中心，该中心通过向客户出售外包服务，平衡那些资产。例如，在 2003 年 9 月，宝洁公司（Procter & Gamble（P&G））与 IBM 签署了为期 10 年高达 4 亿美元的协议，将全球 80 多个国家的 98 000 名员工的以下业务外包了出去，其中包括工资表处理、利润管理、薪酬计划、迁移和安居服务、出差开支管理、人力资源数据管理。在此过程中，宝洁公司赢得了联络 IBM 与富达（Fidelity）、ADP，以及 Ceridian 的合作伙伴关系，向内部 IBM 雇员提供人力资源服务。单单在 2003 年第四季度，IBM 签署了超过 30 亿美元的类似外包协议，这些协议为未来几年提供持续的收益。2007 年，IBM 的全球服务业务单元（通过信息技术化的商务转变创建）收益共计 540 亿美元以上。这相当于 IBM 全部收益的 55% 以上和利润的 37%。

4.2.4 信息技术能用于创造可持续的优势吗?

公司如何创造可持续优势的问题，数十年来一直是争论不休的话题。尽管一些公司依据战略定位（例如，苹果公司掌上电脑 Apple iPod's 的产品市场定位），还有一些公司培养锁定行业参与者的能力（如沃尔玛公司传奇式资源能力），实现了可持续性成长，但是最终，可持续性必须基于一种能力——不仅是领先——而且是一段时间以来持续创新的能力。显而易见，我们已经看到了很多像 IBM 这样的公司典型，他们是同行业几十年来的领军人，然而后来出现了失误。

事实上，可持续的优势来自公司的商业模式——其战略和能力——与环境的机会和要求，更重要的是，与发展那种业务模式战略和能力相协调的能力。这种能力能够定义一段时间以来利益相关人崇尚的独享地位，开发独有的资源。经济学家将这种创新、生产力和日益增长的收益循环称为"良性循环"。请回头参照第一章以及图4—1。

如本模块前几章和本章中的多数例子所证明，信息技术可以充当商业模式协调和发展潜力的强大驱动力。可持续性的关键是开发信息技术能力来控制信息技术相关成本，交付创造价值的商务解决方案，促使长期和短期的商业目标实现。能够促进可长期持续的优势的关键信息技术能力包括：能力超群的信息技术领导者和员工，精益而敏捷的信息技术基础设施，牢固的合作伙伴业务关系，当前雄厚的信息技术资产和资源的强大管理能力，当前信息技术项目的投资组合和管理系统。本书的第二模块和第三模块详细讨论了对战略性信息技术资产的开发和管理。

4.2.5 开发信息技术商业案例

如上所述，定义信息技术机会的目标决定了可能实现的财务目标的种类——从成本节省，收益增长，资产效益，到可持续性优势。这些财务目标依赖于信息技术对战略和能力的驱动力大小。

但是好的商业案例不仅仅是一套模型。正如商业计划一样，信息技术商业案例的描述必须富有吸引力，并能解答三个问题。在文本框"商业案例惯用语的组成部分"中介绍了优秀商业案例的关键组成部分。

● **为什么是这个呢？** 这种逻辑合理吗？我已表达清楚这是一个值得寻求的好机会吗？这种机会能使公司实现当前或未来的重要目标吗？定义的这个商业案例所运用的语言和模型，与商业筹资优先原则相一致吗？

● **为什么是现在？** 项目进度如何？实施和为投资者交付价值将需要多长时间？项目进度如何适应业务需求？

● **为什么是你呢？** 为什么现在是你拥有优势抓住了这个机会？你与关键的利益相关人关系融洽吗，你有你需要的政治权利、信誉和赞助吗？你拥有制定决策所需要的热情和义务，将项目"愿景化为现实"所需要的艰难决断能力吗？

商业案例惯用语的组成部分

幻灯1——管理层提要：对你计划要利用的问题或机会，提供的高水平总结。利益为什么重要，对谁来说重要；要实现的商务目标，你设想的解决方案；当你交付它们时，利润及目前的进度；团队专业知识。使它适合你的听众和会议的目的，让听众了解在会议期间你需要完成的任务。

幻灯2——用户和问题描述：描述你正在细心处理的用户和问题（"痛处"）或机会。重点突出潜在的未来用户和期权。

幻灯3——项目描述：解释你将要交付的解决方案，它将如何解决用户问题或机会。对新的技术，或如何实现你的解决方案差异化提供高水平的描述（避免技术方面晦涩而难懂的术语，让读者参考技术附录和/或对关键技术更详细描述

的部分）。

　　幻灯 4——项目团队：描述团队，包括项目承办人、合作伙伴、供应商等。重点突出项目和商业的相关专业知识、经验、能力和联系。

　　幻灯 5——替代选项：讨论可考虑的替代选项，以及不选择它们的原因。

　　幻灯 6——利益相关人和利益：展示关键利益相关人，他们的期盼，他们将要得到的利益。讨论你如何确保买进和吸引必要的资源和支持。重点是采用和使用的潜在障碍，描述你将克服它们的方法。

　　幻灯 7——运行：在持续进行的业务和信息技术系统运行和维护中，识别你需要的关键能力和资源。

　　幻灯 8——财务和模型：提供高水平的业绩模型和财务预测，识别你预测背后的关键假定。显示有关重要假定的最佳/最差脚本，讨论利润和费用预测的关键假定的变更影响。讨论迄今募集到的融资和未来的需求，确保需要资金的时间，资金的用途，投资者开始看到他们投资回报的时间。在你的叙述或附录中提供更详细的财务数据和商业模式驱动力。

　　幻灯 9——实施、状态和带动作用：讨论关键里程碑（譬如，开发截止期、贝塔测试、启动、后续项目），它们的实现时间，复查的时间安排。如果介绍给投资人，包括融资协议、投资者的回报目标、本幻灯预计的回报数额。讨论当前的状态，在实施的第二阶段你计划完成的活动，所需要的资源（包括财务），在获得那些资源时你的进展。

　　幻灯 10——风险：讨论关键的风险区域和管理方法。证明你理解各种风险（包括业务/战略、用户采用、技术、资源、实施和财务数据），以及管理各种风险的能力。

　　关闭幻灯：这时，返回你幻灯开头（或者它的变异形式），总结你已经开发的商业案例，然后开始讨论并解答问题，讨论问题，最终实现会议的目的。

　　来源与索引：添加准备商业案例时使用的关键数据来源，包括分析师报告、公司报告、采访记录和其他文件。

　　附录：提供有关商业、技术、基本输入/输出系统、财务等细节。

4.2.6　结束循环

　　战略是通过项目来实施的。定义能够吸引投资的富有吸引力的商业案例，是实施商务和信息技术战略的关键。但接受融资仅仅是第一步。实施这个项目，按进度交付，然后进行实施后的评审工作，对维护信用和接受未来的融资是很关键的。实际上，定义商务案例模型，以至于它们可以得到核实和审计，是构建稳健的商务案例方面最合适的因素之一。对许多信息技术管理人员来说同样富有挑战性的是，如何确认被商务获取的利润。

　　Forrester 分析师最近对 400 多位信息技术管理人员所作的一份调查发现，2007

年，仅仅有37%的公司完成了信息技术项目的实施后评审。此外，尽管大多数信息技术筹备委员会评估和许可了项目筹资，并监控关键项目进度的实现，但没有几家适当地解释了商务案例假定的不确定性。因此，用风险管理和项目融资方案解决所有的项目，仿佛用于创造商业案例的假定绝对是人尽皆知的。如果检验证明假定是错误的，项目范围或前提条件必须中途改变，很多管理人员也没有停止使用或修订项目融资。

良好的商业案例是用于获得筹资、指导实施、核实所实现的商业利润的动态文件。它认为假定有不确定性，预先阐明不确定性的关键领域。脚本计划用于确认最佳/最差的商务案例。最重要的是，商务案例在整个项目期间必须更新。

4.3　小结

在一个随需应变的环境下，权衡承担着不同的角色。权衡手段应当引发一系列行动和决策，而不是仅仅提供一流的业务简介。它需要各种类型的权衡措施，显示商务目标的进展。

——乔治·贝利（George Bailey），2004

当我们进入21世纪时，有关信息技术改变商业并推动提高商业业绩的潜力，给人们带来的欢欣与鼓舞从来没有如此地振奋人心。但是在充满了不确定性和变化的时代，对信息技术促进的商业创新的迷恋，与动荡不安的21世纪一起到来，实力雄厚的经销商和新的进入者全力打拼，努力诠释可持续的专有成功地位。尽管大多数人赞同，自20世纪90年代早期到中期被引入商业领域以来，基于互联网的技术已经以迅雷不及掩耳之势取得了进展，但开发常规标准和健全的商业技术通常需要时间，将新技术融入公司内部适当的计算机、网络和系统这个"传统"挑战已经成为必须要解决的问题。要实现"网络经济"的宏伟愿景，构建业务和衡量业绩需要新的方法。本章探讨了管理人员试图在日益增长的波动性和不确定性当中，开发信息技术商业案例所面临的挑战。IBM从破产的边缘到行业领军人的嬗变有助于诠释业务转变的道路。管理人员在试图预见信息技术投资的价值时应当考虑下列问题：

1. 你公司的商业模式因素——其战略、能力、为执行战略所创建的基础设施——可以为所有利益相关人（譬如，客户、供应商、员工和投资人）创造的价值，你对它们之间的联系理解到什么程度？

2. 你对组织和行业里驱动商业绩效的关键因素理解得有多详细？必须采取什么措施来降低成本，提高收益，改进资产效益，实现可持续的优势？信息技术的使用如何改进公司商业绩效？

3. 你有一个可以用于定义信息技术项目商业案例的程序和模板吗？你的程序确保商业案例是一个提供公路交通图（不仅为投资决策的制定，而且为项目的实施和实施后评审）的"活着的文件"吗？

4. 你定义过商业利益以使实施后评审更加容易吗？对于目的在于实现商务目标的项目，当项目开展并进行实施后评审时，你能够动员公司与你一道确认并修补商业案例吗？

5. 你具有确保项目迅速有效完工所需要的政府支持吗？项目领导人具有将工作完成所需要的资源、权利和责任感吗？

6. 你考虑过限制项目规模的方式了吗？记住"80/20 法则"，你可以时常用 20%的努力实现 80%的利润。不要努力将不关键的、难以实施的特征和功能包括进整体项目成功的商业价值中。

7. 有效的信息技术项目管理过程一直在实施吗？你能不留情面地管理"项目蔓延"，同时不忽略在实施期间出现的好点子吗？

8. 在运行和维护当前的信息技术业务方面，你花费了多少成本？一般来说，执行新的信息技术化商务产品、服务或解决方案占用多长时间，花费多少成本？放缓信息技术化商务创新的关键瓶颈和提高成本的关键性活动是什么？

9. 你的信息技术资产效益如何？你是否已经采取措施，确保你正在开发和提供对今天和未来的业务创新有必要的、精益而敏捷的基础设施？

10. 审计你公司的商业模式，寻找使用信息技术驱动商务模式绩效的机会。

第 2 模块

IT 商务

罗伯特·奥斯汀（Robert D. Austin）

公司在实施其商业模式时，对信息技术的依赖性达到前所未有的高度。如果没有稳健的管理，实现运行绩效的框架体系、战略、投资、计划和创新——不管多么有预见性、精明巧妙、周密细致或是富有创意——都不可能创造商业价值。近几年来，计算机技术方面取得的进步导致了主要方面的变化，体现在公司如何运用 IT 来实施其具体计划。新的技术带来新的机会，也带来了新的风险。对机会和管理风险的认识，需要在 IT 提供的服务模式和管理方法上不断创新。今天 IT 业务经理需要现代化方法和技术来装备自己，以应对众多新挑战，同时还要完成旧有的义务。

本模块里的章节重点论述第一线运营问题，检验变化中的技术基础设施如何影响商务、管理框架，以及必须如何改变，如何抓住机会以及缩小风险。本模块由四章组成。第五章介绍的是现代 IT 基础设施的基本组成部分，提到了在本模块的后半部分详细论述的管理问题。第六章阐述 IT 能力的健全性，着重阐述系统可得性和安全问题。第七章探讨计算机技术进步可能导致的新的服务模式，并讨论管理这些服务的框架，包括由外部合作伙伴（借助外包）提供的那些服务。第八章阐述的是项目管理问题，项目管理对 IT 能力的交付和升级仍然是十分关键的。本文为进一步探讨如何完成价值创造最为重要的一步——实施，奠定了基础。

5

信息技术基础设施的理解

信息技术全部支出的 75% 用于购买基础设施。难道现在还不是你该去了解网络基础设施的时候吗？

信息技术基础设施处于大多数公司运营能力的核心地位。IT 方面的变更因此导致业务运行方式的根本变化。因为很多公司依赖于这些技术，所以这种基础设施的巧妙管理已被视为至关重要。

最近的技术进步已经导致 IT 服务提供方法的巨大改变。一段时间以来，依赖低成本的计算能力促使编程更加分散化。互联网工作的技术（Internetworking technologies），为联系同一网络上的每个人提供了低成本的方式，也为满足商务计算的需求提供了新的可能。位于商务核心的运行机制不断发展。新技术补充、改进旧的系统，并将这些旧系统互相联系起来，产生了具有更新更复杂的运行特点的基础设施。

基础设施的改进带来了许多利益。几年前大家几乎想象不到的信息技术在今天已变得很普遍。过去的服务能够以新的、对顾客更负责的方法提供，新的服务提供方法下的成本结构优于旧的。新信息技术服务的出现孕育着新的商业模式。进行行业结构调整以实现更高的效率和生产经营能力是一种长期趋势；尽管存在偶然的技术市场衰退现象，但这种趋势仍将继续和加速发展。

基础设施的改进带来利益的同时也带来了挑战。在本章和后面三章中，我们将阐述与正在改变的基础设施紧密联系的挑战。我们重点关注实施的具体问题。伟大的愿景倘若没有实现，那么它的价值就微乎其微。如果新的商业模式和系统在关键时刻可以依赖，它们就可以说是成功的。如果新技术不能与大多数公司中仍存在的旧技术一起有效协调地运行，那么它们提供的新价值是有限的。更重要的是，信息技术基础设施在很大程度上决定了公司独具特色的能力，有效率的基础设施提高了这些能力，而效率低下的基础设施则损害了这种能力。在今天的环境中，由技术水平低下的员工在两三年前制定的，看似不重要的一个信息技术决策，可能在许多方面被证明是具有决定性作用的因素。比如，制定制胜策略，敲定某项销售业务或者某项交易，或者在竞争挑战中获胜。

过去在制定 IT 基础设施决策方面还是存在着相当大的局限性。例如，当公司采用一门技术，但这门技术经过市场的检验是失败的。这样一来，公司会面临着一堆问题：较差（或没有）供应商的支持，很差的商业运作能力，不能轻易被关停或替代但维修费昂贵的基础设施。基础设施决策的制定非常困难，因为它们介于商业和技术的模糊中间领域。在这个领域，技术问题与商业问题紧密地交织在一起，无法清楚地依靠某一方面来做出关于基础设施选择的决定。一般的普通经理时常不由自主地"将这个问题提交给技术人员"，但这往往是错误的做法。决策过程中的技术层面对非技术经理来说似乎是陌生的，但技术人员也会遇到商业方面的问题。基础设施管理的最深刻挑战，体现在对技术以及商业方面职责的理解和分派，即要把商业和技术领域联系起来。只有这个心愿成功实现的时候，我们才能清楚地认识到技术变革对商业会产生多大的影响，管理优先权应当如何转变，以及我们怎样才能减少影响日常运营的风险。

5.1 变革的驱动因素：芯片更优质，传输管道容量更大

1965 年，英特尔的创始人之一高登·摩尔（Gordon Moore）说过，每 18 至 24 个月计算机芯片的运算速度就会增加 1 倍，而它们的大小和成本却大致相似。他预言这种趋势将延续下去，并给人类社会带来深远的影响。21 世纪的台式机、掌上电脑或者掌上设备，其中蕴含的计算能力远远超过摩尔时代所观察到的（见图 5—1）像房间一样大的机器的运算能力。同样重要的是现代设备的低成本。过去稀缺的、价格昂贵的因而被集中控制的计算能力现在变得非常充裕、价格便宜，并被广泛运用到从普通计算机到微波炉的各个地方。

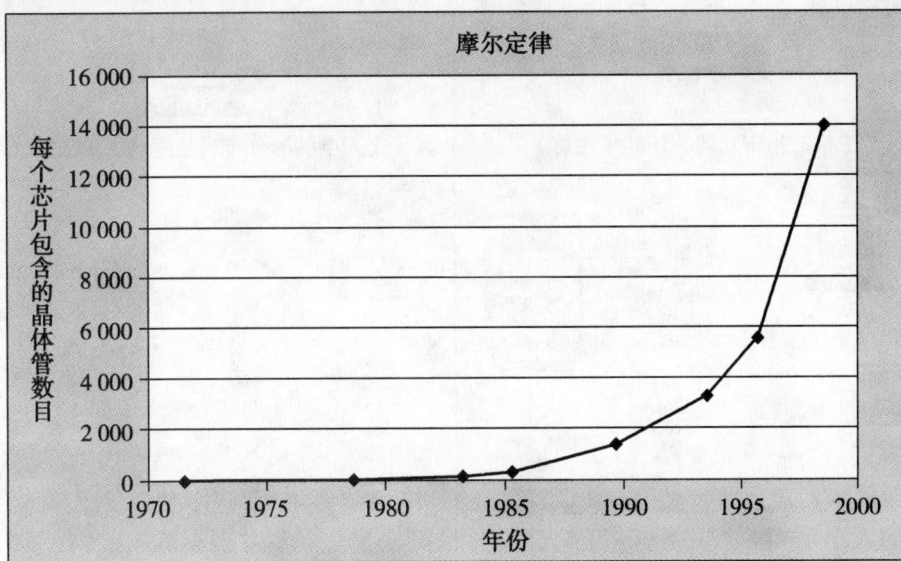

图 5—1　摩尔定律的图解

资料来源：Adapted Mark Seager from Microprocessor Report, 1995, and Aad Offernan, "ChipLisi 9.9.5." July 1998, http://einstein et. tudelft. nl/ ~ offerman/chiplist. html. See http://www. physies. udel. edu/wwwuser/watson/scen103/intel. html, April 20,000, George Watson, University of Delaware, 1998.

在 20 世纪六七十年代，计算机集中处理的网络构架（见图 5—2）广泛流行。专业化数据处理人员通过笨拙的穿孔卡片、电传打字机和计算机终端来控制大型主机。在这种情况下，计算机并未实现人机交互式处理，程序运行常常中断，数据需要成批地处理，甚至一天只进行一次处理。访问主机的设备是"哑巴"的，它们没有人脑固有的能力，而是仅仅作为访问复杂大型主机的暗箱。主机提供所有运算和存储功能。各主机之间信息共享的偶尔需求导致了早期计算机网络的开发。早期的网络非常简单，它们只要在大型主机之间建立起一些通信连接。

摩尔定律带来的冲击打破了以主机为基础的集中处理模式。1971 年秋的《电子新闻》（Electronic News）上，一则 Intel 4004 芯片的广告夸口说，Intel 芯片开创了"集成电子元件的新时代"，宣布出现了以芯片为基础的计算机。但好景不长，随之

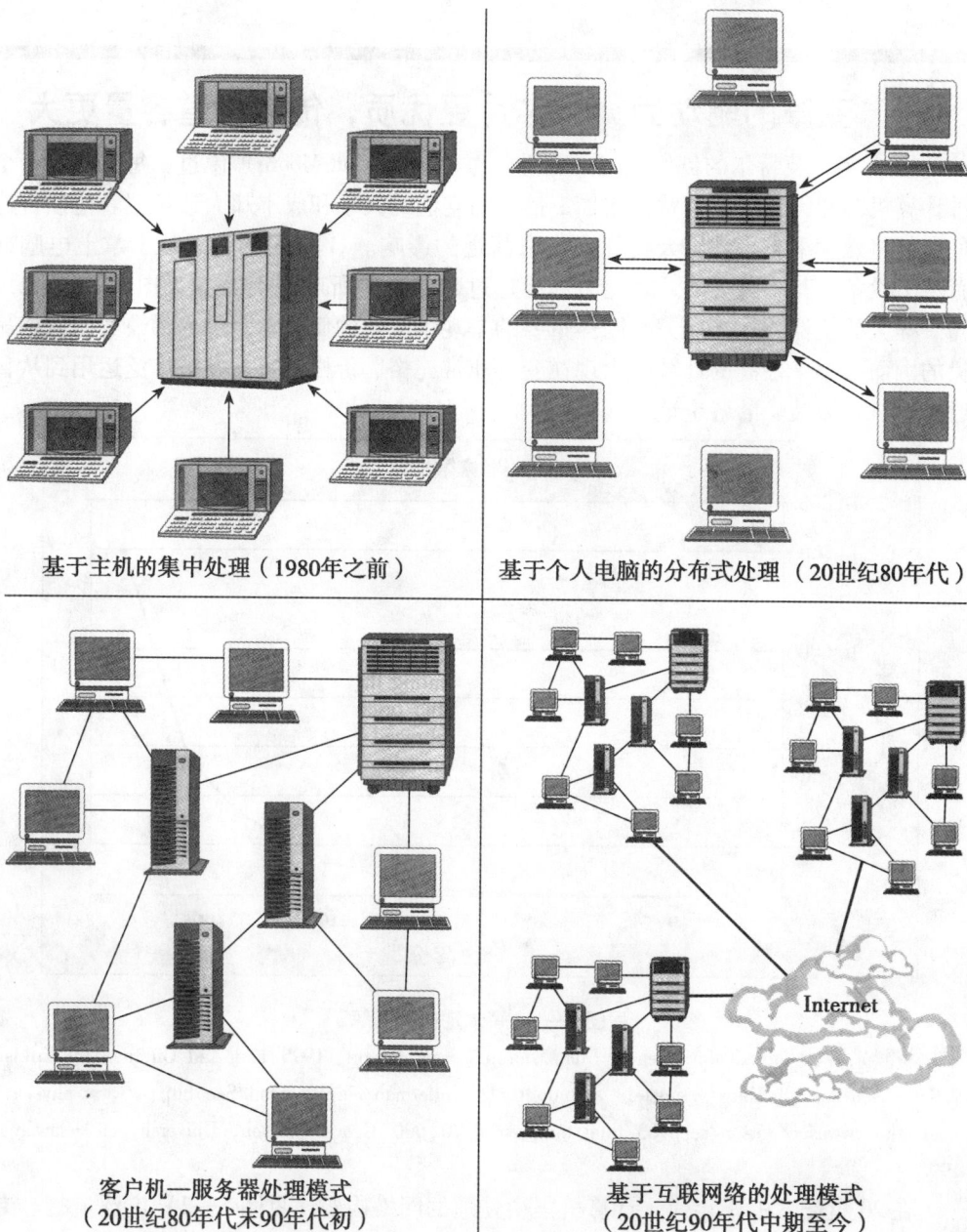

基于主机的集中处理（1980年之前）　基于个人电脑的分布式处理（20世纪80年代）

客户机—服务器处理模式　　　　　　　基于互联网络的处理模式
（20世纪80年代末90年代初）　　　　　（20世纪90年代中期至今）

图 5—2　公司信息技术基础设施的演变

而来的可编程的 Intel4004 芯片，迅即为第一批具有真正商业功能的个人台式计算机器——个人电脑打下了基础。当 1981 年底，IBM 的个人电脑面市，没有几个人意识到它对商业计算方式的改变有多迅猛和彻底。

　　随着个人电脑的出现，计算机处理由数据处理专业人员操作的集中式处理，扩展到单个组织和一般的商业用户。财务分析人员利用个人电脑编制电子数据表，市场营销人员利用电脑来设计和分析他们的数据库。工程师采用计算机的制图程序包来编写用于专门目的的个人电脑程序。随着计算机处理任务的大量增加，对数据处理人员的依赖已经成为遥远的记忆。

当那些新近经过授权的计算机用户寻求共享信息时，出现了新的通信基础设施——局域网（LAN）。局域网允许商业计算机用户共享电子数据表、文字处理以及其他文档，共同使用打印机获得他们工作的硬拷贝。随着用户对计算机处理需求的增加和基础技术（这种技术从根本上不同于早期大型主机技术）的发展，个人电脑和局域网变得越来越复杂。客户机—服务器模式就是个人电脑和局域网模型的顶点：更高性能但仍属分布式的电脑（服务器）与更加精密复杂的网络和台式个人电脑（客户机）连接在一起，提供过去由大型主机完成的信息技术服务（例如，薪水册、订单管理和销售支持等）。

20 世纪 90 年代初，商业应用的因特网、Web 网及其基础协议（网络之间传输数据的规则）的异军突起，促使商业变革走向新的阶段。TCP/IP 协议就是所谓的传输控制协议和因特网协议的简称，它为局域网内传递信息提供强有力的标准，并使更加广大的广域网内所有计算机的连接成为可能。这些因特网技术是由美国国防部（DOD）研究开发出来的（20 世纪 60 年代着手研究以用于美国与前苏联对抗的冷战时期），美国着手开发让敌军无法探测到的、无需通信线和通信站点的通信网络。由于这些协议是用公共基金开发的，所以 TCP/IP 和其他因特网协议就成为公开的标准，而不归任何个人或组织所有。因此，计算机能够以低成本连接起来，用很少的、自助式连接方式便利了全球广域网的快速扩展。

起初，因特网主要用来交换电子邮件和大型数据文件，此外带有图形用户接口的网络使得因特网通信对非计算机专业人员非常有价值。正如个人电脑使得广大非计算机专业人员能够获取信息处理技术一样，网络使得获取网络资源（如远程数据）和能力（如网络间合作）成为可能。根据 Metcalfe 定律，网络用户数目的增加提升了网络的使用价值，"网络的有用性的增长是连接到网络上的用户数的平方"（见图 5—3）。

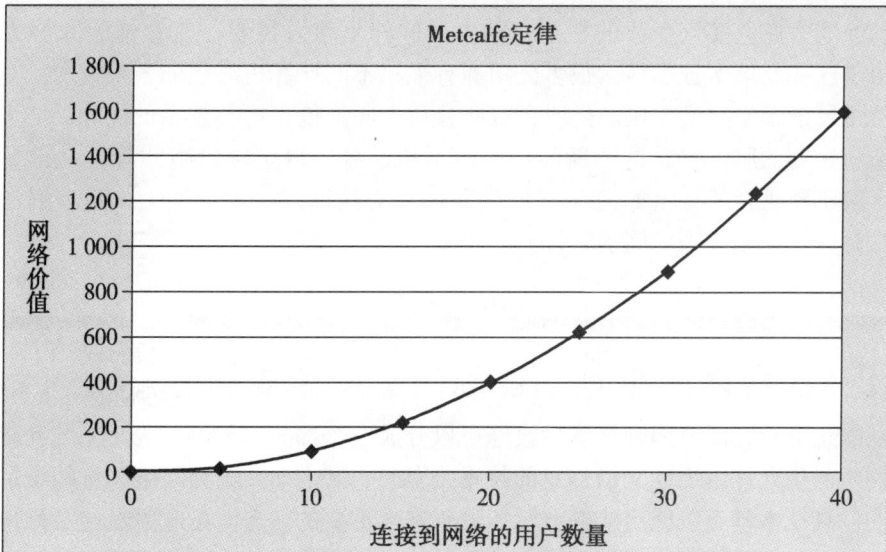

图 5—3　Metcalfe 定律的图示

那么，如果计算机的用户数增加，计算机所发挥的商业潜力就越大，而网络容量也随之扩展。比起处理芯片运算速度的变化趋势，网络容量沿着一条更陡直的曲线变化（见图5—4）。低成本的高性能芯片和大容量通信"管道"加速了性质不同的计算机基础设施的连接。

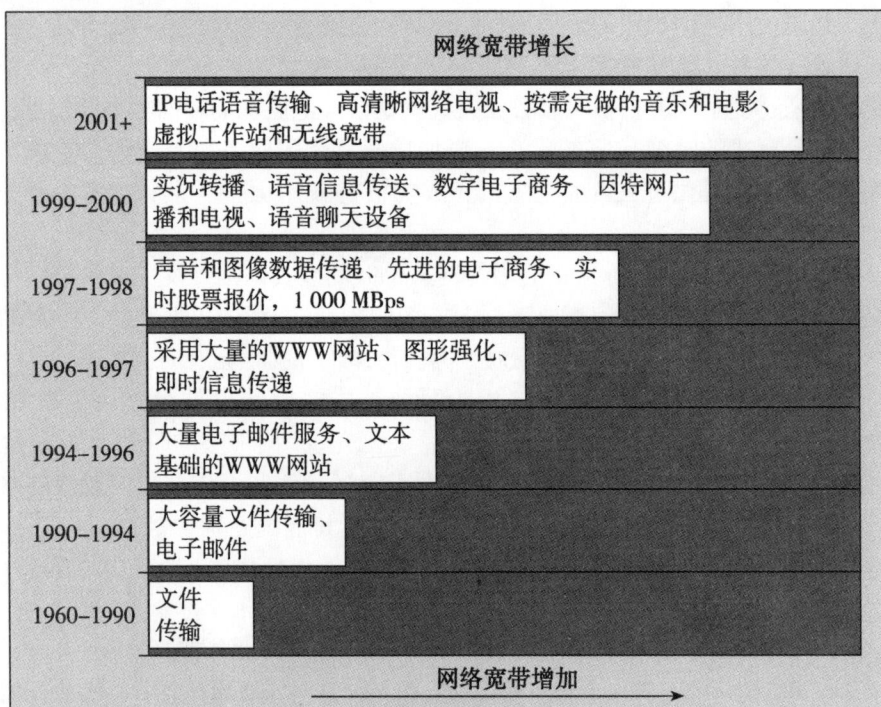

图5—4 网络带宽的迅猛增长

资料来源：Adapted from http：// www. stanford edu / ～ yzarolia / Challenges. htm.

这些相关指标的变化趋势——运算能力成本以及计算机之间交换信息的成本降低——已经成为商业前景变革的根本驱动力，这种驱动力我们一直在体验并努力去理解。由于这些变革十分迅疾，很多公司拥有来自不同计算机时代的各种技术。一些公司仍然主要依赖于大型主机。同时，有些公司大胆地抢占更新技术的优势，把大型主机改造成企业的服务器，这种新旧技术的不断融合使得基础设施的管理变得更为复杂。了解不断更新的技术如何与"传统"体制对接以改变商业能力，是理解如何管理好信息技术基础设施的前提条件。

5.2 因特网网络基础设施的基本组成部分

从概念上看，因特网网络基础设施可以分成三个部分：网络、处理系统和辅助设施。网络是指允许组织间交换信息的技术（软件和硬件）。随着网络容量的增加，网络作为信息技术基础设施组成部分承担着越来越重要的任务。处理系统包括硬件和软件，它们合起来为组织提供处理商业业务的能力。这些硬件和软件系统对最近兴起的因特网网络时代感兴趣，因为它们正在被重新设计，以更好地利用因特网网络技术提供的各项优势。辅助设施指存放和保护计算机和网络设备的物理系统，它们是网络基础设施不可缺少的组成部分。随着人们对网络基础设施的实用性、易得性及安全可靠性要求的增加，它们的重要性正在与日俱增，而更大的网络容量使得新的辅助设施模式成为可能。

这些基础设施的每个组成部分都给我们带来了机会和问题，这需要管理者去了解并能够有效地解决。表5—1列举了因特网网络设施的核心支持技术，并确认了每个组成部分引起的一些重要的管理问题。这些组成部分的演变中蕴含着的重要内容，是因特网网络在安排和管理这些组成部分的过程中创造了更大程度的自由。享有更大限度的自由为降低网络基础设施的成本、生成新的网络能力、带来新的商业模式创造了机会，但是也构成了新的挑战。这正是我们要理解网络基础设施设计和管理活动的意义。

表5—1　　　　　　　　　　　　因特网网络设施的基本组成部分

	核心技术	关键的管理问题
网络	光纤学、电缆系统、DSL专线、卫星通讯、因特网网络硬件（路由器、转换器、防火墙）、数据传输软件、身份验证和政策管理、监控	<ul><li>如何选择技术和标准</li><li>如何选择网络伙伴</li><li>如何管理合作关系</li><li>如何确保可靠性</li><li>如何维护网络安全</li></ul>
处理系统	业务处理软件（由SAP和Oracle公司提供的企业管理系统或者是更有针对性的解决方案，有时是在本公司内部开发的），服务器、服务器应用程序、用户设备（个人电脑、手提电脑）以及移动电话	<ul><li>选择需要内部生产或外包的系统</li><li>如何利用、扩展和修改</li><li>企业系统管理软件或更好的综合管理软件</li><li>与传统系统的关系</li><li>如何处理应急事件</li><li>如果从"灾难"中恢复</li></ul>
辅助设施	公司数据中心、收集数据中心、管理服务数据中心、数据存储中心	<ul><li>内部和外部网络管理</li><li>选择适合公司的辅助设施</li><li>如何确保可靠性</li><li>如何维护安全性</li><li>如何最大化能力效率，减少环境方面的影响</li></ul>

5.2.1　网络的技术要素

网络的组成部分可以分解成几种技术要素，这些技术要素是管理人员必须了解、安排和维护的关键组成部分。虽然构建这些组件的内在技术不用更新换代，但是网络管理人员需要制定有关下列几方面的设计、管理和改善方面的决策。

1. 局域网

顾名思义，局域网（LAN）能够为物理位置邻近、连接在一起的计算机提供通讯方式（见图5—5）。局域网技术定义了针对局域网内通信问题解决方案的物理特征以及计算机之间的通信协议——规则（用于设备之间的"对话"）。

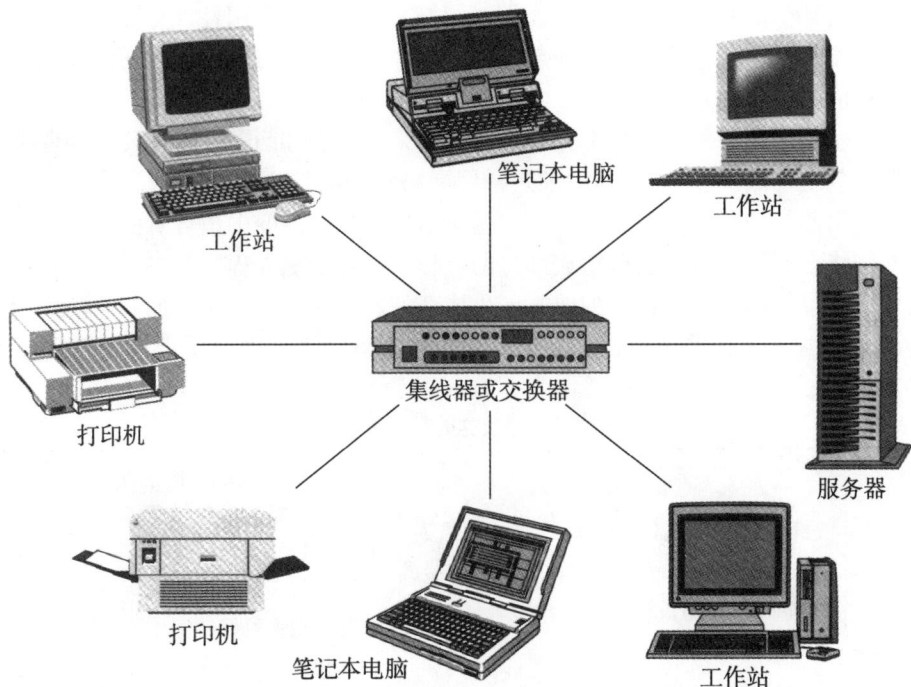

图5—5　简单的局域网

2. 集线器、交换机、无线连接点和网络适配器

集线器、交换机、无线连接点和网络适配器，使得计算机在局域网内连接起来。在局域网中，集线器和交换机充当中间连接点，位于同一个局域网里的计算机电缆连接进这个点中。无线连接点将无线设备连接到集线器和交换机上。集线器只是简单地连接设备，但是交换机在复杂性和能力方面各不相同，从非常简单的到大型而且高深的都有。复杂的交换机将各个局域网和大型网络彼此连接起来。网络适配器物理上安装到一个局域网的每台计算机上，将计算机传送的信息编译成能够通过局域网传送并且能被接听的计算机理解的语言。网络适配器也接收来自其他计算机的信息，并把它们编译成互相连接的计算机所能够理解的语言。

局域网网络协议如何发挥作用

一个局域网上的计算机"通信"问题就如学生在教室里沟通交流一样。在学生们谈论的过程中，教室里的空气（以太网）自然地起到了传递声音的作用。但是如果两个学生同时讲话，就不能够确保他们交流的效果很好。为了避免教室里出现这个问题，我们利用了一些控制交流的协议——规则。这套规则可以约束我们的互动情况。一套可能的规则或许要求学生按照次序发言。为了保证发言的有序进行，我们可将按一定形状制作的小物件（"标志物"）沿着房间传递。任何人在手持令牌时才有发言的权利，别人必须听他的发言。这些规则与电脑使用的规则非常相似。电脑是通过令牌环协议，利用局域网电缆线连接的以太网下的计算机通信规则的。常见的以太网协议还是略有不同。在以太网中，计算机用户：

（1）有话说的时候发送出信息；（2）在发送过程中会听到网络中片刻的沉默。如果有两台或者多台计算机同时向外发送信息，计算机会察觉到这一点——它们察觉到这一"冲突"——并停止发送信息。每一个都可以等待随意的一段时间，并且重试。以太网协议能够很好地安排计算机传递信息，只要计算机安排传递信息的时间短于可以获得的时间，这种以太网协议就会运作得很好。

3. 广域网

顾名思义，广域网就是从物理的角度，提供计算机与远程的其他计算机进行信息传递的一种通信方式（见图5—6）。广域网可以说是网络之间的网络，促使许多局域网连接起来，进行沟通。广域网技术定义了远程计算机和通信设备之间进行对话的解决方法和标准的物理特征。有时，我们把一个公司物理范围内的界限称做内部网。对于延伸到公司范围之外的商业合作伙伴的广域网，我们称之为外部网。不管它们是内部网还是外部网，我们在建立互联网络时选择不同的技术和标准，涉及成本和数据传输能力的比较，还要考虑到可靠性和安全性。

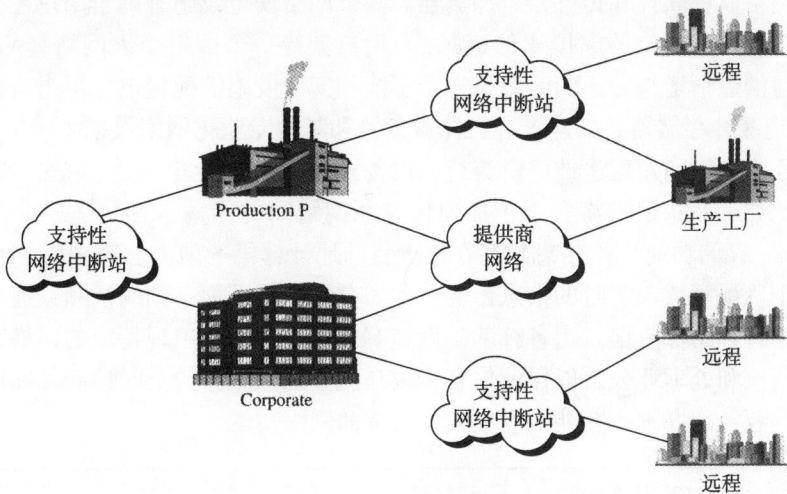

图5—6　广域网图例

一个互联网络的类比

请想象一条有上百万辆汽车在其上行驶的、复杂的高速公路系统。高速公路上有几组属于同一旅行团的车队，正驶往相同的地点。但是每个司机只知道他们行驶的目的地。他们没有地图，也没有方向感。车队的每个成员也不想总是紧靠在一起。在高速网络中的每一交叉口都有行程安排指示站，汽车可以在这里停靠，查看行程安排指示站通往的目的地，并将被告知，"请试着走这条路"。每一个行程安排指示站可能会指引汽车从不同的方向前往同一个目的地。最终，尽管有一辆汽车到达目的地，但它还等待旅行团的其他成员到达，最后他们仍然共同做有用的事情。这看似非常简单，但是对信息如何通过互联网络进行传输却做出了相当精确的类比。

4. 路由器

路由器是使得因特网连接成为可能，并将信息远距离传播的设备。路由器可以收听局域网上的通信，并识别局域网内计算机和局域网外计算机的信息传输。收听的路由器先把信息传送到其他路由器。每一路由器都知道通过更大网络传送的信息的大致目的地。当信息通过一系列路由器中间"站"时，逐渐地被传送到对目的地计算机的位置记录最为详细的路由器上。最后，通过该路由器把信息传送到目的地计算机的局域网，并完成了信息的传递。像交换机一样，路由器的种类多种多样，既有简单的也有复杂的。它们就像胶水一样能够把不同网络彼此连接起来，在网络设计中路由器的安装有很多种程度的自由。

5. 防火墙和其他安全系统及安全设施

计算机基础设施管理员应该十分关注跨网络传输信息的安全性和保密性，许多网络系统和基础设施解决了这些烦恼。防火墙在企业组织内部网络中充当安全警卫的角色，保护企业内部网免遭外部的侵扰。因为防火墙并不是尽善尽美的，所以网络管理员也要利用计算机的入侵检测系统（IDS），这种检测系统包括各种软件工具和硬件设备，如网络监视软件和传感器、探测器。其他网络安全设施有助于用户在公共和私人网络中开通一条安全的虚拟"隧道"，为用户创造一个虚拟个人网络（VPN）。随着安全威胁的逐渐增加并不断升级，安全系统和安全设施的配置也变得越来越复杂。

6. 高速缓冲存储器、加速器、媒体服务器和其他专业化网络设备

随着互联网络商业用途的广泛流行，设备开发的定位也集中在完成这些特定网络功能上。比如，一些设备将有助于加速信息在网络间的传输，有时是通过"高速缓存"（例如，存储功能）把信息暂存在接近目的地计算机的地方。其他特定目的的设备将有助于确保高效、实时的信息传输，比如在以因特网为基础的视频或远程电话会议中传输声音和图像数据。当各种基础设施有了进步时，将出现特定的网络系统和设备来管理信息和处理业务，以保证信息传输和业务处理服务的及时性和准确性，加速基于信息的业务的办理，并能够完成其他大量的网络功能。

5.2.2　处理系统的技术要素

信息技术基础设施的处理系统包括许多技术要素，管理人员必须理解、安排和维护这些技术要素。虽然组成处理系统因素的基础硬件和软件存在极大的变化，但是管理公司处理系统的人需要制定下列设计、管理和改善方面的决策。

1. 客户设备及其系统

如今人们最容易想到的客户设备就是个人电脑。但在最近几年，开发出各种各样的客户设备，包括掌上设备、无线电话，甚至是自动化组件。客户系统是指运行于这些设备之上的软件，它们用来完成商业功能，管理与其他计算机的通信，处理特定的、低水平的客户机操作（比如存储信息）。顾名思义，客户时常处于网络中别的地方提供的信息技术服务的接收端。商业用户主要通过客户设备和系统来体验互联网络基础设施提供的服务。不像过去主机时代下的终端，现代客户端不是被动的聋哑人，它们往往能够完成其商业功能，甚至在脱离网络的情况下。移动用户通常既可以在网

络连接的状态中，也可以在没有连接的情况下使用客户端。客户端软件必须以一种能够为用户带来商业利益的方式，间断地监管连接好的设备和系统。

2. 服务器及其系统

服务器在网络基础设施中发挥的作用，大体上与早期时代的主机相似。虽然服务器依靠微型计算机技术，但仍能够处理大量商业业务所需要的繁重程序，并允许大量的计算机用户共享信息。服务器提供了许多信息技术服务，客户通过网络接受这些服务。服务器系统包括履行各种商业功能（比如订购或者存货管理）、管理来自其他计算机的业务（比如获取数据来更新存货信息）和进行一些低水平设备操作（比如存储信息）的软件。实质上，客户端执行前端的业务处理（与用户互动）业务，而服务器完成后端的业务处理（复杂的运算或者和其他后端计算机的通信）。服务器在物理位置上常常处于数据中心，由中心操作人员来管理，就如过去的主机模式。服务器及其系统是为特定应用和具体目的而设计的，其中包括数据服务器、网络服务器和应用程序服务器（见图5—7）。运行于分布式、专门服务器的软件系统，其设计必须与过去在同一设备上进行所有处理的大型主机系统有很大的区别。

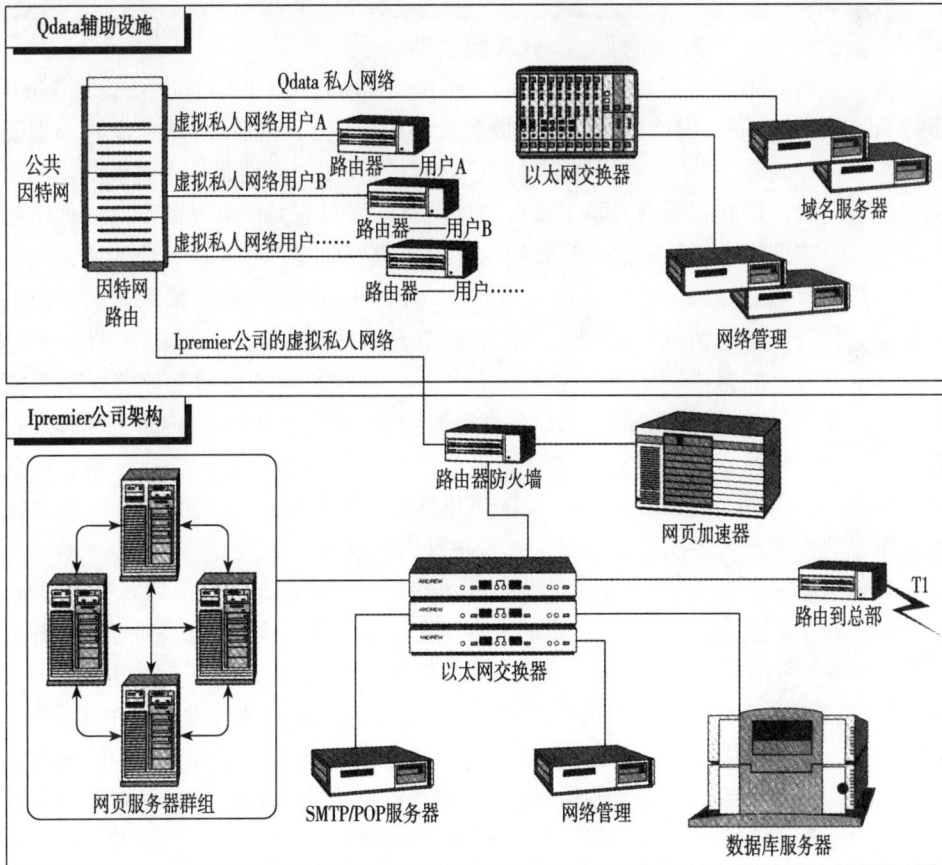

图5—7 可能的电子商务配置的服务器

资料来源：Robert D. Austin, Larry Leibrock, and Alan Murray, "The iPremier Company: Denial of Service Attack（A），" Hardvard Business School Case No. 9 – 601 – 114.

3. 主机设备及其系统

主机在现代信息技术基础设施中仍旧占据很大部分的比重。在许多公司中，主机仍然处理大量关键的商业业务。有些主机采用了现代高性能的设备，就像具有很高处理能力的服务器一样，并和互联网络协同运作。其他较早时期遗留下来的主机也运行一些商业功能。当具有计算功能的基础设施联系更加紧密时，传统的主机系统也变得更加复杂。互联网络世界的公开协议并不是过去主机通信的内部原有语言。主机制造商已经开发出新系统，使得传统主机与因特网的通信成为可能。这些高级的系统允许用户利用新技术去访问主机上的信息，比如网络浏览器。但是在传统主机与互联网络之间的接口并不总能克服与不同技术相关的兼容问题。比如，一些主机仍然提供批处理工作。现在互联网络系统和更加现代化的主机系统的设计，时常能够进行实时的运作，能够处理任何时候发生的新订单。这可从根本上解决运作不兼容的问题，并促进替换原有的传统系统，但是这需要时间和金钱，无法在很短时间内完成。在任何遗留有过去主机的网络中，它们的使命已经发生了改变，以便它们能够作为实时业务处理器的角色高效率地发挥作用。

开放源软件

很多公司运用"开放源软件（Open Source Software，OSS）"系统，如 Linux运行系统或者 Apache 网络服务器，开放源软件成为它们信息技术基础设施的重要组成部分。开放源软件既不是采购来的也不是自己开发的，而是从志愿者团体那里免费获取到的，这些志愿者协同工作，通过网络开发具有共同利益的产品。你可能会认为，由非正规组织的志愿者开发的软件不能很好地发挥作用从而成为协调的信息技术基础设施的一部分，但是开放源软件（以 Linux 和 Apache 最为著名，但是还有其他典型）运行情况良好。它的性能在重要的衡量标准上（如可靠性、安全性和速度方面）时常优越于商业化开发的对手。专家们将开放源软件的优质功能归功于开发它时所运用方法的极端透明性。商业公司将它们的软件内部工作程序视为机密，而开放源开发者使它们的"编码"为每个能够看到它的人所获得。如此多的专家——也可能达到成千上万名软件开发者——能够"受到引诱"发现系统的工作原理，因此大多数问题引起了注意并得到迅速修补。

当公司运用开放源时，他们无须支付许可费用。尽管据此可以节省大量的资金，但是开放源设备的运行确实需要一定的成本开支。有些商业软件供应商曾经认为开放源软件的运行费用比商业软件更加昂贵（例如，设备的支持人员可能需要接受再培训）。开放源软件的批评者还指出对谁"隐身"在由志愿者团体开发的软件后面的担心（如果出现了差错，你应当给谁打电话?）。并且，要确保开放源系统中的所有组件都不由商业公司拥有，开放源的批评者对这个难度也表示担心（如果专有的软件能够成功进入开放源，这可能给使用该软件的公司带来法律问题）。开放源软件的热情倡导者反对这些指责，他们认为很多规模大、知名度高的公司，如 IBM 和 Novell，现在会为开放源软件提供支持（因此，成为"隐身支持者"）；而且，开放源软件开发过程是透明的，确保开放源软件中不会有专有软件出现。

4. 中间设备

中间设备是指包括信息处理与列队系统、协议、标准、软件工具箱和其他系统的大杂烩，它们将有助于客户端、服务器、主机和其自身的系统在互联网络中及时、协调地工作。中间设备通常在服务器上运行，可以被看作服务器系统的一部分，但它对网络基础设施的运转协调具有重要作用，并值得单独列举出来。许多管理者对中间设备知之甚少，对它的理解就更是不足，这就是网络基础设施管理存在困难的典型例子。很少人能够既了解技术又懂得商业需求，所以他们无法在中间设备领域做出聪明的决策。然而日渐复杂高深的中间设备对提供信息技术的很多新方法来说是十分关键的，譬如那些有时被称为软件的一项服务、设施或按需定做的网络运算。中间设备领域就是重要的"网络服务"技术通常运行的地方。中间设备在提高现代信息技术的灵活性、容量利用、效率方面发挥着越来越大的作用。

5. 基础设施管理系统

每一公司必须有其自身的计算机基础设施管理系统。这些系统监控网络系统、设备和网络的运转是否正常。这些管理系统包括两种系统：一是在用户遇到计算机或网络问题时，能够提供帮助；二是向各个组织机构的计算机提供新的软件。基础设施管理系统的质量将影响公司能够从其计算机基础设施投资中获得的价值。如果没有强有力的基础设施管理系统，昂贵的互联网络可能出现让人迷惑的问题，比如，大量商业业务处理可能涌向一台计算机，而其他计算机却空闲起来。

6. 商业应用程序

计算机用户经常并直接打交道的是商业应用层面的基础设施。大多数公司安装有数量巨大的商业应用程序。许多应用程序是由信息技术人员为使用它们的公司专门设计的。其他的应用程序是程序包，范围从很小的客户应用程序，比如电子数据表程序，到需要花费上千万美元和好多年时间来开发的大程序包，比如企业资源计划系统（ERP）。顾名思义，商业应用程序提供实际的商业功能。在实际意义上，使商业功能的提供达到这种顶层水平，是互联网络基础设施的职责。

5.2.3 辅助设施的技术要素

信息技术基础设施中的辅助设施也可以分解为多种技术要素。一旦房地产管理者陷入非技术类的一潭死水，辅助设施管理将成为公司基础设施管理的重要方面，主要原因是它保证系统能够每周 7 天、每天 24 小时正常运转。同时，人们越来越多地认识到提供这种水平的运行功能引起极大的环境成本：计算机和其他信息技术基础设施耗费了日益增多的耗电量，加重了电力供应的负担，同时也加重了温室气体扩散效应。此外，计算机系统的制造和处理都对环境造成了影响。结果，公司处理系统管理人员都将面临着以下方面的设计、管理和改善的决策问题。

1. 建筑物和物理空间

置放计算机基础设施的建筑物和房间的物理属性，将会影响到设备和系统是否能够正常运转，以及其管理的效率和效果（见图 5—8）。在辅助设施管理中，以下几个方面都很重要，在管理物理结构时都需要考虑：辅助设施的空间大小、它重新

配置的难易程度、其物理属性以及多大限度地保护计算机基础设施免受外部的
干扰。

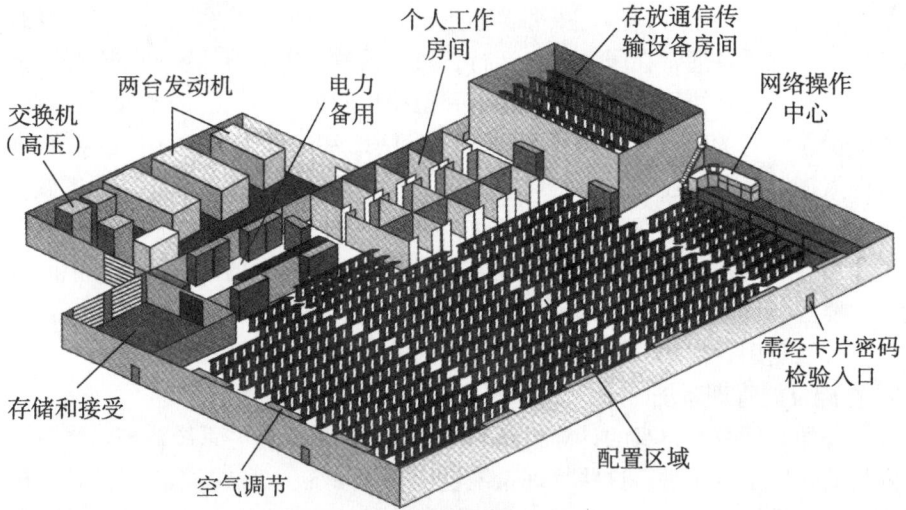

图5—8　现代数据中心

2. 网络管道和连接

辅助设施内的系统与外部更大网络连接的方式，将影响到信息技术基础设施的功效。在这些管理因素中，管理者们必须考虑物理网络连接中的这些问题，即：一是在网络的线路连接上存在的冗余数量；二是选择连接到外部网络的合作伙伴，并决定合作伙伴数目；三是从网络服务供应商租来的数据线容量。通过对成本支出、带来的效益、可行性和安全性进行权衡后，我们将对此做出判断。但多数情况下，我们是根据与顾客、供应商和其他商业伙伴的关系来做出决策。

3. 电源

没有了电，计算机就无法运行；没有了计算机，许多业务就无法正常运转。确保公司在需要电力的时候能够取得电，是基础设施管理人员需要关心的大问题。的确，连接到充足、价格可承受的电源可能是选择数据中心位置决策中要考虑的关键因素。在电力方面的决策中，我们需要权衡电力支出和电力剩余。计算机网络系统可以从许多电力设施、长期性的电源供应商、备用发电厂以及私人电厂获得电力。连接到清洁、可持续或有替代性的电源显得越来越重要。运用更省电的设备也会降低设施的电力需求。决定哪一种措施值得投入，这就是管理的主要问题。

4. 温度和湿度控制

计算机是精密的仪器，它们无法适应温度和湿度方面的大幅度变化。保护计算机免受环境因素的影响，是我们在大多数情况下以或多或少的成本追求的另一目标。循环水方式，或者是可以冷却并蒸发性冷却的"灰色水"，有助于在降低环境影响的情况下实现理想的控制。正如电力一样，管理应该做出决定，衡量应该为额外程度的计算机保护而支出多少。

> **信息如何在因特网之间传送**
>
> 　　首先，信息被分割成许多数据包。每一数据包都有一个"标题"，标题注明数据包的"顺序号"，以及数据包的发送站和接收站的 IP 地址。IP 地址由 4 个从 0~255 之间的数字组成，中间用小数点隔开（例如，19.67.89.134）。数据包通过路由器（用于跟踪 IP 地址的特定计算机）传送，通过可得的数据通信线把信息传送到通往目的地址方向的其他计算机。这一过程一直重复，直到数据包找到一条传送到目的地的路线。数据包在目的地等待其他数据包送达。在一组里的所有数据包都到达的时候，所有被发送的信息通过运用数据包标题中的顺序号又进行了一次调整。如果在一定时间内有一数据包没有到达，接收信息的计算机就会向本组里其他数据包的标题查到起始地址，发送请求信息，请求发送端重新发送该数据包。

5. 安全

　　我们还需要保护计算机设备和系统不受恶意的攻击，包括直接的物理破坏和基于网络的破坏。基础设施物理上的安全问题要求有控制其他人员访问计算机的设备和方法，如设有安全警卫、笼子和装上门锁。网络安全——更复杂的领域——包括许多工具应用的问题。来自黑客的攻击和入侵问题变得越来越严重。就如其他辅助设施因素一样，安全问题也包括对计算机保护水平和成本支出做出权衡。

5.2.4 　因特网网络的运行特点

　　总而言之，因特网网络技术具有不同于其他信息技术的运行特点。这些特点以多种方式决定了我们在因特网网络基础设施管理中将遇到的挑战。因特网网络技术的运行特征不同于以前时代的计算机技术，因为它们所发挥的作用和管理方法不同，包括以下几个方面（见附加特征）：

1. 因特网网络技术是基于公开的标准

　　TCP/IP 标准是因特网网络技术主要的、共同的计算机语言。TCP/IP 标准定义了计算机发送和接收数据包的方式。因为该标准是用公共基金开发的，所以是公共所有的，不属于任何人，即标准是公开的，不是专有的。任何人都可以免费使用 TCP/IP 标准，因特网网络不用依赖于由私人公司开发和推销的因特网解决方案。相对于从供应商购买新技术，减少对专利技术的依赖给因特网带来了巨大的经济效益，这也有利于共同使用网络技术，并增加竞争性。相对于私人拥有这些专利技术，它们的价格更便宜，性能更好。公开标准和解决方案已经成为管理者和开发人员在因特网交流中的一种风气。这种风气有利于公开其他重要标准，比如超文本传输协议（HTTP），该标准应用于网页内容的传送。

2. 因特网技术的不同步运行

　　通过因特网进行信息传送，不是像打电话一样利用发送者和接收者之间专门和双向连接的方式。相反，包含地址信息的数据包被发往目的地，有时在发送方和接收方之间没有提前进行任何协调。网络服务能够快速地交换信息，比如 Web 网，但是需要信息发送方和接收方同时连接到因特网中。但这种通信方式并非同步的，除非建立专用的连接线路。对于其他网络服务，比如电子邮件，并不要求在发送方发送信息时接收方的计算机也连接到网络上。这就如邮寄信件一样，电子邮件接收方有自己的邮箱，该邮箱存储发送到该地址的所有电子邮件。与一般的平邮信件不同，电子邮件能够在瞬间被发送到全球各地。

3. 因特网信息传送有内在的反应时间

组成因特网网络的计算机有不同通信容量的连接方式。在携带信息的数据包通过不同路径传送往相同的目的地时，一些数据包通过通信容量较大的通信线路快速地到达目的地，有些则沿着较窄的连接线路缓慢地把信息传送过去。共同组成一个信息的数据包不是在同一时刻到达目的地的。因此，在信息传送中，从信息的发送到信息的最后一个数据包到达目的地之间的等候时间是变化不一的。

由于一定程度上通信容量是无法预期的，所以等候时间——通常被称为等待反应的时间——是很难预期的。管理人员的工作就是采取行动把等待反应时间控制在人们可以忍受的范围内。至少，他们可以确保两点之间网络传送容量足够大，避免等待反应时间过长而让人无法接受。新的路由技术给我们提供了更多的选择，在狭窄的网络连接中，它们能够把要求优先传送的数据包移到等候传送列队表的前面，优先传送这些数据包。但是因特网网络技术一定程度上无法预期等待反应时间，我们在网络系统设计和管理中必须考虑这个问题。

4. 因特网网络技术的分散化

根据美国国防部的传统认识，计算机网络不能存在于有任何缺陷的地方，由于这一点，因特网网络就不设有中心通信控制点。连接到因特网网络的计算机也不需要经过任何控制授权中心的授权，现在因特网网络技术也是这样。事实上，除了分配TCP/IP地址的机构之外，没有一家统一授权机构来监督公共因特网的开发和管理。结果，个体和组织机构负责管理和维护各自的基础设施，同时，这并没有阻碍整个网络的运行。

5. 规模化的因特网网络技术

由于可以选择不同的路径来传送信息，因此，连接到因特网就如同连接到其他计算机一样简单。总体上，去掉某一传输路径对因特网的影响不大（数据包可以通过路由器选择其他路径）。新增加的路径可以和原来已经超负载的路径一样工作。而且，因特网网络技术允许对子网络进行相对简单的重组，如果一个网络区间已经超负载，可以把网络分成许多更有利于管理的子网络。总的来说，这些新的技术将比大多数其他网络更有可能扩大网络容量。

5.3 因特网的兴起：商业的需要

谷歌的首席执行官艾里克·斯密特（Eric Schimidt）博士认识到，高容量的网络使得我们在与远程计算机进行通信时，就如同和一台近在咫尺的计算机通信一样。因此，如果带宽足够，计算机的物理位置并没有多大作用。在网络运行上，一台计算机和其他计算机连接的通信路径是不可辨别的。网络本身也成为整个网络以及连接的所有计算机的一部分。用 Sun Microsystems 公司的一句口号解释："整个网络变成一台计算机。"

组织内部以及组织之间的网络连接正在增加，放置处理器的物理地点变得越来越无关紧要，这种想法具有重要的实用价值。设备之间、部门之间、公司和客户之间的网络连接得到改进，当各方互动时，意味着我们能够更快地实现网络的经济价值。因特网网络基础设施将成为我们实时地创造和获取更大价值的工具，因为交易能够更快地展开和完成。由于放置处理器的物理区域越来越不重要，信息技术服务的外包、合作伙伴关系和行业调整将是有可能实现的。伴随着网络带来许多有益的结果，也产生了一些不足：给企业和顾客之间的交易带来复杂性、不可预期性以及新威胁的产生。最后，企业管理人员将不得不去理解这些强有力的、广泛应用的网络的商业价值。

5.3.1　实时运行基础设施的出现

在大型主机时代，由于计算机缺乏运算能力，就需要把商业业务集中起来批量处理。例如，我们每天只能一次性地成批给信用卡账户升级。如果一位长途跋涉的普通旅行者需要重新激活已经错误停用的信用卡，那么他必须等到对这种信用卡一天一次的成批处理后使用。当处理能力和通信能力越来越富余时，成批处理的必要性大大降低。在启动一项业务和完成其处理的过程中出现的耽搁时间已经极大地缩短了。在拥有了实时的因特网网络基础设施后，顾客会享受到更快的服务，而不是要等几小时、几天甚至几周之后，实时基础设施的经济价值也立刻体现出来。我们将在下面讨论实时基础设施带来的潜在利益。

1. 更准确的数据，更好的决策

在大多数大型组织中，不同地点的人需要访问相同的数据。最近，各个组织机构不得不在许多地方备份有相同的数据。但是，保持不同地方的数据同步是很难做到的。如果数据的各个备份存在差异，将会导致错误、无效率，甚至做出很糟糕的决策。虽然充足的通信能力并不能完全消除多个数据备份的需求，但是可以减少备份数量。此外，这也将更容易保持各个数据备份的同步。首次，我们可能把基于大堆财务数字和经营数据的大型企业很好地运作起来，其中的财务数字与经营数据是与企业的真实情况完全保持一致的。

2. 提高业务处理的可视性

过去的信息技术是以专利技术为基础的，计算机之间的通信能力往往很差。所以，要看到系统的订单或者其他交易的处理过程很困难。例如，公司销售部门的人员无法访问到生产制造的信息，也很难获取订单状态的信息。新技术是以公开标准协议和可兼容的办公后台管理交易系统为基础的，这保证用户能够同时看到交易程序的每一步骤以及采购和订购过程，并且可以超出特定系统的界限，甚至超出本公司的界限，看到伙伴公司的交易系统。

3. 提高业务处理过程的效率

提高业务处理过程的效率直接来源于增强业务处理过程的可视性。在生产制造过程中，如果工人能够看到可供应货物量和订单数量，那么他们就会持有更少的调节性库存储备（"适当"的存货），这足以应付生产销售的不确定性。持有更少的调节性库存储备将减少营运资金，缩短生产周期，提高投资回报率（ROI）。举个例子，负责销售轻便收音机的管理人员，当他注意到橙色的收音机销售情况不好时，他就会很快减少收音机混合色中的橙色。

4. 从制造和销售模式转变到感知和响应模式

实时的网络基础设施是对顾客的需求做出快速反应的前提条件，对顾客需求做出快速反应的业务处理是以"感知和响应"为原则，而不是过去的基于制造和销售的原则。其中根本的理由是，如果网络基础设施接近于实时地运转，那么我们能够根据实际的顾客需求来完成增值性的活动，而不是仅仅基于预测的顾客需求。感知和响应组织会避免由于需求预测的错误而带来损失，它会使计算机仅仅对于实际上的客户订单做出反应。最著名的案例是戴尔计算机公司，戴尔计算机公司根据订单来组织生产制造，保证了公司对实际的顾客需求做出正确的反应。现在，有许多制造行业和服务行业的其他公司正转向这种感知和响应模式，这样做的还有一些制造非常复杂的产品的公司，比如汽车制造公司。

在许多公司，尤其是转向实时系统的老公司，它们重新设计其业务系统，以便能够更好地利用计算机能力和网络容量。通过实施 SAP、Oracle 等公司生产的大型企业系统，一些企业已经更新业务处理系统的基础设施。其他的企业通过连接他们认为最好的供应商提供的最佳产品，已经设计出最好的业务处理基础设施。不管采用哪种方法，公司的目标是清除那些无法实时处理公司业务的网络基础设施，让公司从实时业务处理中实现即时的经济利益。

公司重新设计业务办理和通信系统以进行实时运行，如果成功那就会上升到新的、重要的发展阶段。当一个公司有能力实时地运行其信息技术系统时，它不仅能够更快地创造价值，而且为充分利用共享的、公共的基础设施——因特网创造了更多的选择，虽然只是为了公司自己的利益。

但在基础设施实时运作中也存在一些缺点。允许业务实时处理的同一种特点也促进了危机的增加。公司的网络基础设施连接到公共网络，虽然增加了网络的利用率，但是也使得自己更容易遭受到来自外部的威胁。尽管缺陷并不会超过基础设施带来的利益，但这些缺陷必须加以了解并妥善管理。

5.3.2 系统运行受到更大的威胁

1987 年 10 月 19 日，道琼斯工业股票平均指数下跌了 500 多个点，这是道琼斯指数在 20 世纪最大的下跌。22.6% 的下滑比率几乎是大萧条前 1929 年出现的道琼斯指数下跌 12.9% 的两倍。与 1929 年不同，1987 年的市场很快就复苏了，在指数大幅下跌两天内又出现了回升，并在 1989 年 9 月回到了下跌前的水平。然而，我们需要为这些突发事件寻找某些恰当的解释。

许多人指出，1987 年股市大幅度下跌的主要原因在于，计算机化的程序交易中存在大型机构投资者进行股票买卖。在程序交易中，计算机能够在没有人干预的情况下自动地进行交易，也正是在这些时候，某些诱发性状况出现在市场中。没有人预料到在这些没有人参与的交易处理中，自动交易将导致更多自动交易的链式反应。自动交易本身能够创造市场交易条件，在这种市场交易条件下将产生更多的自动交易，更多的自动交易又带来了更多的自动交易。就这样一直延续下去，在链式反应的过程中，我们既无法预期又难于理解急速的级数递增结果。

这个例子说明了，扩展到因特网网络的实时计算机处理存在着令人难解的一面。虽然我们解决了批处理时代存在的反应时间迟滞的问题，许多业务在没有操作员指令下能够自动地进行处理，但是潜在的计算机处理的链式反应也可能产生许多我们无法预期的结果。在计算机实时处理带来一些有利方面（如价值的创造更加迅速）的同时，它也带来了一些不利因素。故障和错误传播得更快，可能造成更大的影响。因为快速复杂的交易过程引起的诊断和矫正问题，给公司，真正地说是给人类的认知能力带来了挑战。描述正在发生或者刚刚发生的事故的后果是很困难的。

因此，21世纪的信息技术基础设施必须更少地受制于那些容易引发链式反应的故障和错误，或者在故障和错误发生时能够更加容忍它们。实时的网络基础设施需要每周7天、每天24小时保持运行。即使你做了最佳的打算和计划，仍然会有一些不可预料的事情发生，所以对此负责的管理人员需要预先详细地考虑在事故发生时应该怎么办。有效的"灾难恢复"要求公司能够预期到哪些事故即将发生，虽然我们无法准确地预料事故的性质和实践中公司应做出的反应。更为险恶的事故类型——恶意的攻击也需要我们做出详细的应对计划。网络基础设施管理人员必须预期并保护计算机系统免于被那些富于创造力同时又心怀恶意的个人——黑客所利用。

过去的技术不允许外部访问系统，除非经过特别授权，因而因特网网络系统很难建立起来。因特网网络技术发生了变革，允许人们访问网络资源，除非被禁止访问。因为网络技术发展的方向不是定位于商业运用，而是为了支持研究人员团体的通信交流。因此，支持商业关系的安全措施要求对一些基础技术做出更新。此外，广泛的因特网网络连接——每台计算机与其他计算机连接起来——使得每台计算机都可能成为遭受攻击的目标，也成为对其他计算机发起攻击的潜在地点。

一台计算机一般只要连接到因特网几分钟，就能够完成计算机站点检索，并探明哪些计算机容易被入侵和攻击。许多故意的入侵并无恶意，就如学校的学生搞个恶作剧。但是最近的证据表明，更严重的网络犯罪已经开始利用因特网创造的可能性。系统受到威胁是真实存在的，甚至来自于搞恶作剧的人。损坏性的攻击仅仅是简单警告的开始。当因特网和网络的商业价值更加突出，计算机安全问题不再仅是技术人员需要去解决的技术麻烦，而变成了战略上的基础设施问题时，就需要更高级别的公司管理人员来参与规划。

5.3.3 新的网络服务提供模式

在早期电力时代，公司拥有和管理自己的电厂。后来，由于专业化和技术的提高，使得我们可以通过更集中的电力供应模式来可靠地传输电力。于是公司就开始选择从外部供应商购买电力。相似的转变也存在于信息技术产业。

在今天的公司，随着网络的可靠性增加，放置计算机的物理地点越来越无关紧要，以前由内部信息技术部门提供的服务，现在可以从外部的因特网网络服务供应商中获取。这种改变是由最基本的经济力量所驱动的，这些经济力量包括缺乏信息技术专业人员和努力减少成本。如同其他产业的成熟过程一样，网络服务业出现了新的共同模式：标准化和技术水平的提高，允许由私人公司专门提供网络服务，并成为公司价值链的一个环节，最后导致网络服务的规模经济和更高的服务水平。

这种转变就如同从电话自动应答设备到语音信箱的变化，公司购买了电话自动应答机，并连接到私人电话上。当电话自动应答机出现中断时，将由公司自己来修理或者替换该设备。信息存储于各种设备中。相反，公司如果拥有了语音信箱，当然也需要每月向服务供应商支付一定的费用。提供服务的硬件由服务供应商所拥有，放置在一个多数语音信箱用户不知道的中心位置。当语音信箱出现故障时，由服务供应商来修理。由于用来提供网络服务的基础设施比较集中，服务供应商容易访问，所以维护语音信箱变得更加容易和更加便宜。语音信箱信息的潜在可感内容不是存储在客户端计算机桌面上，而是由服务供应商来保存和管理，并确保其安全。

通过网络来提供服务，这种转向的过程是循序渐进的，目前远没有完成。当支持网络服务的基础设施成熟时，其经济利益变得更加富有吸引力。即使实际中的应用软件功能无法从外部获取，外部基础设施管理还是发挥了很大作用。比如，一个公司可以选择从供应商拥有的信息技术主机设施中租用空间，而不是选择投资于基础设施来建立一个数据中心，甚至就如公司内部的软件管理一样。

当信息技术服务模式向外扩展时，服务传送依靠于服务供应商和其他合作伙伴数量的增加。但这也意味着，重要服务的可靠性如同服务供应商的服务链条一样是最脆弱的。要保持可靠的服务提供，寻找一个强有力的合作伙伴，并管理好彼此之间的关系是很重要的。

如果不能被公司旧有的信息技术基础设施所兼容，那么我们就无法让新的、提供新功能和降低成本的服务模式实现所有潜在的功能。最佳情形是，通过网络来获取服务，直接实时地更新数据，公司只要安装最基本的操作系统即可。不幸的是，我们很难达到这个水平。如何把新的服务和过去存在的信息技术及其组织系统很好地结合起来，这个问题引发出"如何管理好过去遗留的基础设施"的话题。

5.3.4　管理好"过去遗留的基础设施"

很少公司是最近才成立的，所以它们存在着早期计算机时代遗留下来的大量基础设施，当转向新的技术时，我们需要对这些基础设施进行管理。遗留的系统给公司带来了挑战，它们往往是过期的、孤立的和专利技术的系统。然而由于这些系统每天都在运行，对公司来说，它们仍然很重要。把新的基础设施融合到旧有的、复杂的基础设施中，或者反之亦然，这带来了巨大的挑战和不确定的结果。

但是旧有的系统并不是公司需要管理的唯一内容。甚至可以说，更重要的是公司的业务流程、组织机构和文化。改变公司的信息技术基础设施不可避免地对公司运作的其他非技术方面产生巨大的影响。新的技术将改变公司员工的工作方式和交流方式。管理者必须决定，需要公司文化在多大程度上影响到基础设施的设计，或者基础设施在多大程度上改变了公司文化。在许多公司中，管理者会努力确保新的基础设施不会对公司的文化和业务流程带来约束。在其他一些公司，管理者把信息技术看做一种"带来压力的东西"，促使对公司的组织结构进行改革。在这两种方式下，公司都可以很好地运作，但是实际中的问题和需要做出的决定往往很复杂。

5.4 因特网网络基础设施的前景

支持移动中的数据包在因特网中传输的最基本技术，在 20 世纪 60 年代末就已经出现。我们用来访问因特网的技术（例如个人电脑、电子邮件和网络浏览器）在最近 30 多年来才出现并成熟。虽然因特网网络基础设施在这两个领域中都发生了重大变革，但是在第三个领域，因特网网络技术发生的变化更加迅疾。

市场的平稳运作和其他商业交易活动都假定，因特网网络基础设施仍然还没有完善。我们已经提过其中的一些。市场不可能容忍不可靠或者无效的网络基础设施的存在。例如，金融服务公司的客户不能容忍由于无法进行股票市场交易所带来的损失。同理，商业交易在网络基础设施存在安全隐患的情况下也无法繁荣起来。正如我们所见，因特网在可靠性、有效性和安全性方面已经做得很好，也将做得更好。但是支持商业的其他更精细方面的技术仍还没有完善。

最后，因特网网络技术必须能够支持几乎所有面对面的商业业务。例如，如果你要召开一个视频会议，就需要购买足够容量的带宽以保证会议能够像面对面一样有效地进行交流；这并不是在任何地方都能做到的。考虑另外的例子：在商业活动中，你需要确保你打交道的人不会出现这种情况——他开始时对你说了一些话，后来又否认说："和你打交道的人不是我。"在一些网络中，仍然很难做到防止"否认身份"。总体上，支持财务往来的基础设施的各种要素能够有效地运行；这些因素集中于上面提到的、基础设施变化最快的第三领域——因特网网络技术。

在当前的历史时期，一切都在变化，我们需要明确以下两个方面：一是我们如何在因特网中传输信息；二是我们如何利用网络资源。公司如何能够长期地进行实时业务处理，进行业务谈判，建立商业链条以及处理账务，这可能要依靠一些还未开发的标准和技术。

5.5 小结

因特网网络基础设施包括现存的客户端和服务器系统、从外部购买的新服务以及过去遗留的系统。它们有着更加鲜明的特点，这些特点在 21 世纪将进入我们的视线，它们与有机的组织互动，共同发挥作用。它们在组织设计上提供更多的自由空间，包含大量以复杂方式互动的小型组件。其中有些组件在公司外部，不完全受公司内部管理人员的控制。对公司业务的总体影响是，在当前运作环境下存在更多固有的不确定性。但是，由于存在更多可选择的管理不确定性的方法，因此我们至少可以做些弥补。关于经过计划的系统能够取得怎样的效果，我们的预测能力是有限的，但是选择如何更好地理解即将出现的基础设施，这将会影响到支出的增加或者减少。并不稀奇，我们的管理框架正在发生变革，在这一管理框架下，我们能够发现基础设施运作中的不确定性，并能够反映新出现的基础设施不确定和递增的性质。

在本章中，我们描述了因特网网络基础设施的技术、功能和组成部分，以及它们的变化方式。我们解释了当前这些变化如何产生新的利益，并带来挑战和威胁。大多数公司在信息技术方面的支出大概有75%用于基础设施投资。如果你们就像大多数公司一样，75%的比例将达到公司资本支出的一半，那么管理人员可以采用下列问题来评估新技术的出现对他们公司运行能力的影响：

1. 因特网公共基础设施对公司业务运行有多大意义？我们是否能够利用这种设施实现利益最大化？我们在多大程度上仍然依靠专有技术？

2. 我们公司的业务多大程度上能够达到实时运作？在转向获取实时价值的过程中，我们还能够获得多少创造价值的机会？

3. 我们公司是否从因特网网络技术所提供的建造结构和运行自由的选择上抢占了先机？我们是否考虑到额外的选择自由会增加设施的内在复杂性和风险？

4. 我们是否足够积极主动地开发新的服务提供模式？

5. 我们是否已经根据因特网网络技术所提供的新的更具适应性的网络能力来重新检查管理框架？更重要的是，高级业务管理人员是否对基础设施设计和计划决策很了解，并发挥积极的作用？

6

信息技术服务的安全性和可靠性

基于网络的电子商务的出现，推动了能够安全可靠地远距离传送信息的全球网络的拓展。现在的因特网网络的内在可靠性是基于 20 世纪 60 年代美国国防部开发的技术，当初政府大力倡导这门技术是为了抵御军事进攻。其内在可靠性的关键是"冗余"，即网络两点之间的信息传输可能经过相当多的路径。因为因特网网络技术自动地将网络问题编定程序，这样就很可能成功地完成传输。

不幸的是，公司基础设施的各组件并不一定牢固可靠。例如，处理系统的可靠性就依赖于其设计和管理方式。对于因特网网络而言，其系统可靠性核心在于冗余；然而，通过冗余来确保可靠性是需要一定代价的。这意味着购置额外的设备（计算机、交换机、软件、发电机等）以防止网络出现故障。每个额外增添的"冗余"设备都减少了断供的可能性，但每个增加的设备也增加了开支方面的负担。

我们需要付出多大的代价来购买多大的可靠性，这是一个管理方面的决策，它受许多因素制约，其中最大的因素是商业因素。订单管理系统出现 15 分钟故障，损失将会是多少？如果是 3 小时或者 12 小时，又会是多少？发生这些故障的可能性有多大？电子邮件系统和人力资源系统是否会出现这些方面的故障？业务不同，这些问题的答案也不同，一些系统失灵的损失是无形的，很难去估算。如果你的零售网站停止运行两个多小时，我们也许能够估计公司的直接收入损失会是多少，但是很难估计有多少顾客会在挫折造成的盛怒之下一去不复返。

冗余系统比非冗余系统要复杂，而且这种复杂性必须得到管理。公司需要确立把这些冗余要素整合到公司整个基础设施的规章制度：后备支持系统和设备如何从网上购买，问题如何诊断，哪些问题需要首先解决，谁负责对这些事件做出响应。由于处理这些事件的效率是亲身实践的结果，所以演练的频率和形式也是一项重要决策。查理·贝罗（Charles Perrow）在《正常的意外事件：与高风险技术为邻》（Normal Accidents：Living with High Risk Technologies）中指出：在存在高技术风险的时代，极其复杂的系统出现失灵是不可避免的情况。贝罗写道，典型的预防措施，比如增加冗余度，会增加复杂性，产生新的事故种类。因此，我们在努力使基础设施的设计更加牢固可靠的同时，也使得运作管理更加困难。

管理者必须提防针对计算机基础设施进行的恶意威胁。恶意威胁是专门设计来破坏公司业务经营的，它和事故造成的系统失灵很相似，都会带来可能的费用损失和非预期的连锁反应。攻击、入侵、病毒和蠕虫在进入其他系统时都是非法的用户，它们的设计者（通常是富有创意的）编出这些程序就是为了制造混乱。

恶意威胁的挑起者，通常被称为"黑客"，既可能是恶作剧者，也可能是犯罪团伙，甚至是国际恐怖分子。针对恶意威胁的系统安全维护可以说是一场装备竞赛，一场为抵御精良武器攻击而不断提高防御性能，利害关系重大的竞赛。有些公司害怕成为攻击目标是有特殊原因的。但是，即使是最不起眼的公司也不能单单依靠低调行事（通过默默无闻而寻求安全感）作为防御措施。目前攻击日益趋于自动化、系统化，通过破坏因特网上结构松散的路径，寻找到脆弱点并任意进行损坏。

在系统实时运作、全球网络连接和客户盼望持续不断地提供服务的年代里，可靠性和安全性显得尤为重要。确保系统每周 7（天）×24（小时）正常运行的技术在不断改进，但是基础设施能力一点一滴的进步都伴随着增加基础设施复杂性以及管理问题的挑战。再把恶意威胁掺杂进来，我们可以看到，21世纪的基础设施管理人员确实应接不暇。如果在基础设施设计和维护中做出错误的决定，或者对事故进行不正确的处理，那么将严重损害一个公司的业务。

6.1　有效性运算

在讨论计算机基础设施的可靠性时，常常考量具体的信息技术（IT）服务或其系统的有效性。若一个系统的有效率为98%，是指系统正常运转时间平均为98%，即发生停工或失去效用的时间为2%。在一天中，98%的有效性相当于只出现不足半小时的故障，这个数字对一些系统和公司而言可能是可以接受的。

公司对故障的容忍由其所运行的系统和环境所决定。大段时间出现故障，比如说每4天出现2小时的故障，比起故障总时间与之相等，但每次断供都不超过3分钟来说，也许更是一个问题。故障是否在预期的时间发生也很重要。总是发生在凌晨3点、持续半小时的故障也许算不上什么问题。一些系统的断供是需要有计划地安排的。比如，系统也需要每晚正常关闭一段时间，把其所有数据文件拷贝到备份磁盘中。但是在实时的基础设施世界中，有计划的断供越来越少，而无计划的断供通常没有很好地表现。

在现代环境中，一个系统98%的有效利用率，通常是指在任一给定时间里，系统能够正常运行的时间达到98%以上。这里存在着一个很重要的根本性假定，即计划内的故障即使不被消除，也需要最小化。而且，对于实时的基础设施来说，98%的比例是远远不够的。事实上，今天的基础设施有效性通常用一连串的"9"来表示。"5个9"意味着99.999%的有效性，即在每24小时的一天中，故障时间少于1秒，或者在3个月里故障时间少于1分钟。当然，要使系统保持如此高的有效性，需要很高的冗余度以及高度精细的运作管理，这并不奇怪。

如果我们考虑到由多个组件组成的系统有效利用率或者服务有效性会达到什么程度，那么我们将更深切地认识到，实现基础设施的高度可靠性是非常困难的。大部分的通信服务是由许多组件联合作用来提供的，而不是单一的组件。比如，通过因特网网络把业务从一个服务器传输到另一个服务器，该项服务可能需要两个或两个以上的路由器，以及一个或一个以上的交换机，并且两个服务器必须同时运行。每个设备都有各自的有效利用率。因此，服务的总体有效性通常要低于单个组件的有效性。随着组件数量的增加，服务的有效性会急剧地下降，很多管理人员并不理解这一点。下面我们来讨论这个问题。

6.1.1　组件串联的有效性

假定你有5个组件串联，共同负责提供一项信息技术服务（见图6—1）。假定每个组件的有效率为98%，即我们提到的组件每天平均的停工时间为半小时，服务有效性的计算简单易懂。

若要服务正常持续地进行，5 个组件必须全部正常运行。在既定时间内一个组件正常运行的可能性为 0.98（即 98% 的有效性），这样 5 个组件全部正常运转的概率就是：

$$0.98 \times 0.98 \times 0.98 \times 0.98 \times 0.98 = 0.9$$

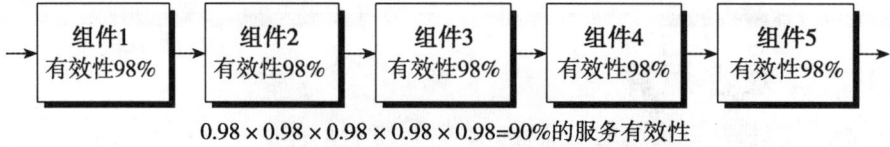

组件1 有效性98%	组件2 有效性98%	组件3 有效性98%	组件4 有效性98%	组件5 有效性98%

0.98 × 0.98 × 0.98 × 0.98 × 0.98=90%的服务有效性

图 6—1　串联的 5 个基础设施组件

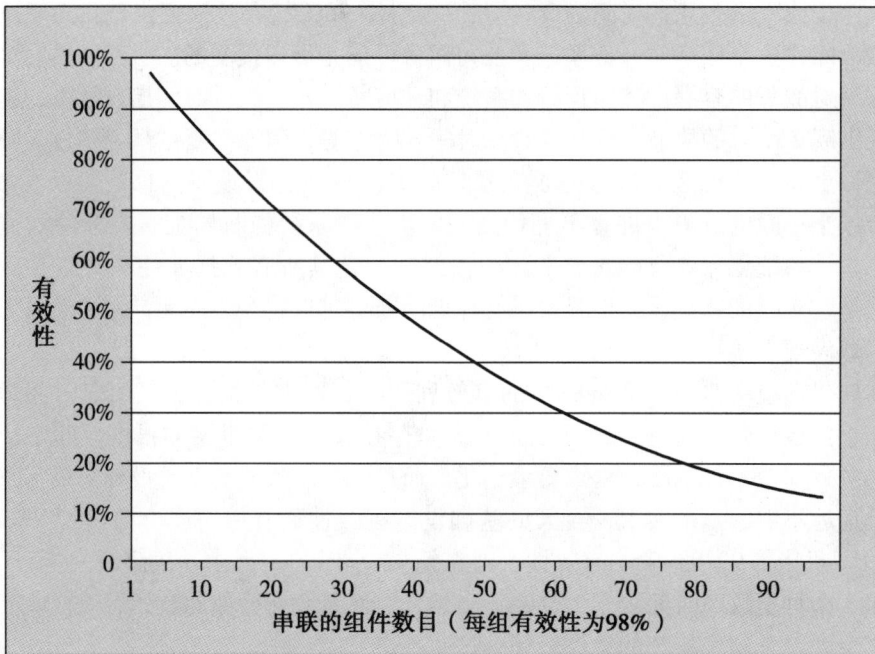

图 6—2　串联起来的组件降低了基础设施总体的有效性

整体服务有效性 90% 也就意味着有 10% 的时间是无效的，即每天有将近 2.5 个小时不能正常运行。如果我们考虑到这样一个事实，即大部分的服务项目是建立在 5 个以上设备的串联基础之上的，那么我们可以看到，服务的有效性随着系统链条上的组件增加而大幅度下降。

图 6—2 展示了系统可靠性随着组件增加而不断下降的过程（假定每个组件有效利用率是 98%）。请注意，当我们将 15 个设备连接起来时（这在现在的信息技术基础设施中不难想象），故障时间超过了 25%。颠倒这种联系，会得出一个重要的结论：如果要使由 10 个组件串联的基础设施服务的总体有效性达到 99.999%（5 个 9），服务的提供依靠 10 个组件，那么每个组件的有效性平均必须达到 99.9999%。这就是说，10 个组件中的每一个组件，每年只能有 30 秒的故障发生时间。30 秒时间对于重新启动大部分的服务器是不够的。即使只有一个服务器，一年中需要多次重新启动，这也会打破 5 个 "9" 的有效性。那么，我们如何才能达到 5 个 "9" 的有效性呢？答案就是冗余度。

6.1.2　冗余度对有效性的影响

假定你在提供某项信息技术服务时，5 个组件是并联的（见图 6—3）。各个组件都是相同的，它们中的任一组件都可以完成支持该项服务的任务。正如前面的例子，每一单个组件都具有 98% 的有效性。对这些平行的组件总体有效性的计算也十分简便，易于操作。

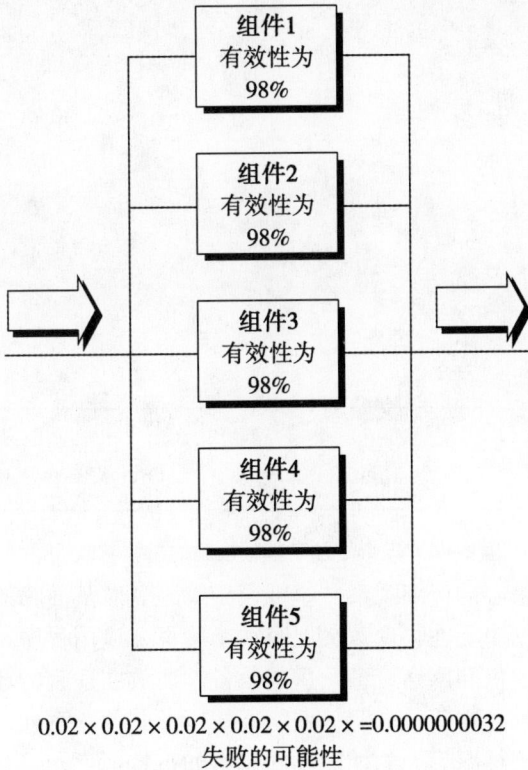

$$0.02 \times 0.02 \times 0.02 \times 0.02 \times 0.02 \times = 0.0000000032$$
失败的可能性

图 6—3　并联的 5 个组件（每个组件的有效性为 98%）

因为任一单个组件都能支持这项服务，那么只有 5 个组件同时出现故障才会导致这个组合的基础设施失败。假设在任何时间里，单个组件出现故障的可能性是 2%（98% 的有效性意味着 2% 的故障时间），这样组件 1 和组件 2、组件 3、组件 4、组件 5 在同一时间出现失效的可能性为：

$$0.02 \times 0.02 \times 0.02 \times 0.02 \times 0.02 = 0.0000000032$$

这些并列连接的组件的总体有效性就是 99.99999968%，即 8 个"9"的有效性。图 6—4 为我们展示了这个过程：98% 有效性的组件并联起来的总体有效性如何增加。当然，这些并联的组件不可能单靠自己完成某项服务，要完成某项服务必须把串联的组件和其他组件连接起来。然而，从这个例子与上个例子我们可以看到，在一个组件达不到 5 个"9"的有效性要求时，几个串联起来的组件可以解决这个问题。

6.2 高有效性的辅助设施

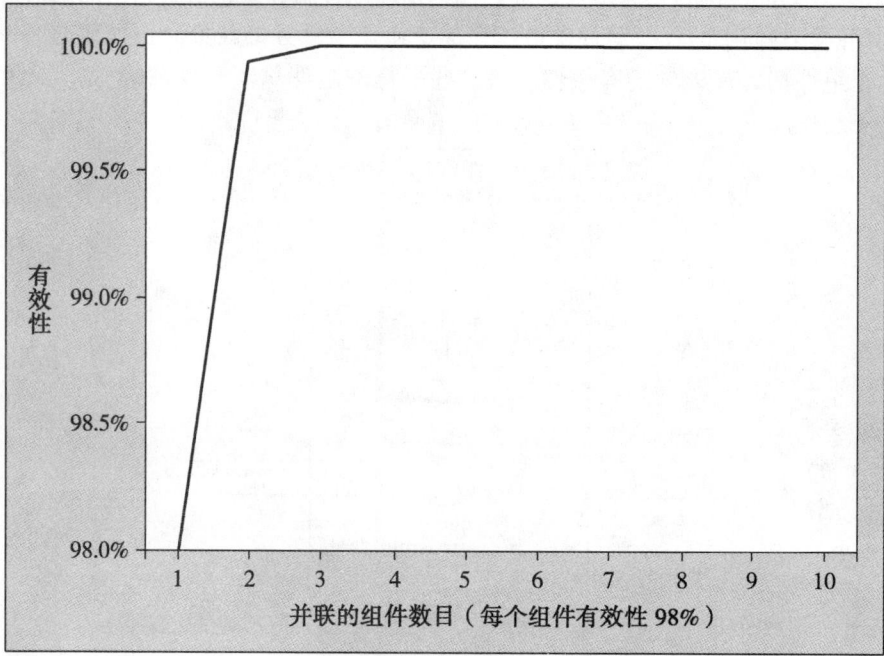

图6—4 冗余增加了基础设施的总体有效性

通过对现代数据中心的仔细观察，基础设施管理者对其面临的有效性决策问题将有个具体的认识。数据中心在物理意义上容纳了网页、应用程序、数据库和其他服务器，以及存储设备、主机和网络设备。这些设备需要放在适宜的环境中才能可靠地运行。管理者需要提供物理空间、电源、网络连接以及其他一系列支持服务。尽管设计上有诸多变化，但今天技术领先的辅助设施具有如下特征：

6.2.1 不间断电源供应

高有效性的辅助设施能够为其容纳的每台计算机处理器提供足够的电源，每台计算机连接有两条电源线（高效的计算机处理器都有两个或两个以上电源接入口）。辅助设施内部的电源分配是充分冗余的，即使向辅助设施供应电源时出现中断，仍然有不间断电源供应（UPS）来提供电源。同时，与外部电源连接的辅助设施也是冗余的，通常辅助设施要和两个或两个以上公共电力网连接。柴油发电机则作为后备的电力供应；现场发电机的燃料箱保持能够供其运转一天或者更长时间的燃料。为了防止出现持续时间较长的电力供应中断，辅助设施管理员制订了一个计划，确保发电机优先取得额外的燃料（比如，通过直升飞机运送）。高端数据中心可能就地从一个电厂获得主要电力供应，把当地公共电力网作为第一优先选择，柴油发电机作为第二优先选择。UPS利用了无电池和循环使用的技术。

6.2.2 　物理安全性

安全警卫在防弹的飞地站岗，定期地巡逻辅助设施并保护着入口。闭路电视监视着关键的基础设施，并让我们从一直受到精心保护的安全桌面看到基础设施的每一个地方。访问基础设施区域需要经过附有照片的身份识别，并且按照提前安排的名册出现。从外界进入该区域需要有一个封闭的缓冲区。警卫要打开和检查人们带入辅助设施的各种物品（如盒子、设备等）。数据中心所处的建筑物必须专门使用，不得与其他业务合用。存放高端设备辅助设施的建筑物需要经过"加固"，抵御外部的破坏、地震和其他灾难事故。先进的出入系统要求进入的每个人经过多重的单人缓冲区（hostageproof），并检查其身上是否带有金属和易爆物品。来宾在到达和离开时可自动地接受检测。生物测定扫描技术，比如视网膜扫描仪、指纹读取仪器和声音识别系统，控制着对数据中心区域的访问。动作传感器进行录像监视，并把辅助设施围护起来。

6.2.3 　气候控制和灭火装置

辅助设施要包括足够的取暖、通风和空调设备（HVAC），使得大气的温度保持在适合计算机和网络基础设施正常运转的特定范围之内。可移动的冷却设备将有利于散热。综合灭火系统包括烟火探测器、警报器和泡沫灭火器（不会喷出损坏基础设施的水）。

6.2.4 　网络的可连接性

与因特网主干网供应商的外部连接是冗余的，至少包括两个主干网络供应商，并分别通过独立的线路连接进入内部网建筑物。拥有数据中心的公司要与主干网络供应商签署协议，确保其从发送点到目的地的数据传输，能够利用该供应商私人网络通信容量的很大比例，比如50%，这就能避免连接到很拥挤的公共因特网。一个24×7开放的网络运作中心需要大量网络工程师来监视基础设施的连通性。冗余的网络运作中心是指另一网络运作中心，它能够提供与主要的网络运作中心质量相同的服务。

6.2.5 　帮助桌面和事故响应程序

无论是在白天还是晚上，顾客都能够联系到提供帮助的辅助设施工作人员。辅助设施包含那些对意料之外事故的响应程序。事故自动处理系统又与提供相似服务的系统——服务合作伙伴站点结合。因此，那些需要交互提供服务的复杂事故也能够被迅速确定，并得以解决。

6.2.6 N+1 和 N+N 冗余

大多数现代数据中心，至少把关键组件保持为"N+1"水平的冗余度。N+1意味着每种类型的关键组件至少配备一个备用组件。例如，在主要电力供应出现断供时，如果一个辅助设施需要4台柴油发电机来满足电力需求，那么N+1的冗余度要求辅助设施拥有5台柴油发电机，其中4台投入运营，另一台闲置以备用。如果基本组件的数目，即N+1的N不大，那么N+1冗余度将极大地提高基础设施的有效性（你可以用上文论述的关于可能性的计算来证明其合理性）。

数据中心正常运行级别见表6—1。

表6—1   数据中心正常运行级别

正常运行级别	有效性
级别1	99%到99.9%
级别2	99.9%到99.99%
级别3	99.99%到99.999%
级别4	99.999%到99.9999%

一些公司追求更高水平的基础设施冗余度。"N+N"冗余度，需要在任何时间内运营2倍多的关键组件。例如，某种辅助设施需要4台柴油发电机才能满足电力供应，如果要达到N+N冗余度就需要有8台柴油发电机。N+1冗余度辅助设施可以提供有效利用水平达到99.9%的服务，而N+N冗余的辅助设施提供服务的有效利用水平能够保证达到99.999%（5个"9"）。辅助设施有时按照其能够支持正常运行时间的水平来进行分类。第一级别的数据中心使用N+1冗余，正常时间内辅助设施有效利用率达到99%～99.9%。第二和第三级别数据中心呈现更高的冗余，它们分别确保辅助设施的有效利用率达到99.9%～99.99%和99.99%～99.999%。第四级别的数据中心是当前常用的最高级别的有效利用水平，需要N+N或者更高的冗余，并确保辅助设施正常运转时间有效性在99.9999%～99.99999%的区间内。第四级别的辅助设施每年的停工时间只有几秒，大多数用户不易觉察到。

理所当然，高水平的有效性需要高额的成本。一个独立的网站有效性从99%增加到99.999%，可能需要额外数以百万计的投资。建造一个有效性为99.999%的数据中心，比起建造99%～99.9%有效性的数据中心，其成本要高出许多倍。

与信息技术基础设施设计相关的管理决策，要对其有效性和额外组件费用的支出进行权衡。图6—5为我们描绘了一个公司实际采用的电子商务基础设施布局图，该公司提供以网页为主的信息技术服务。我们会注意到其中很多基础设施组件是冗余的：防火墙装置、网页服务器、应用程序服务器和策略服务器。虽然如此，我们仍然会看到，交换机和数据库服务器并不是冗余的。这是为什么呢？

尽管你不能从图6—5中发现答案，但其交换机和数据库服务器都有内置的冗余，两者都有冗余的电力供应。此外，交换机也有冗余的模块。图6—5中表明，数据库服务器连接到一系列磁盘，这些磁盘可以同时向两个独立的磁盘写入数据。然而，会出现两个组件都发生故障的情况。因此，我们要思考的问题是：在其他组件都有冗余的情况下，为什么管理者允许这两个显而易见的中心组件（交换机和数据库服务器）不需要冗余？

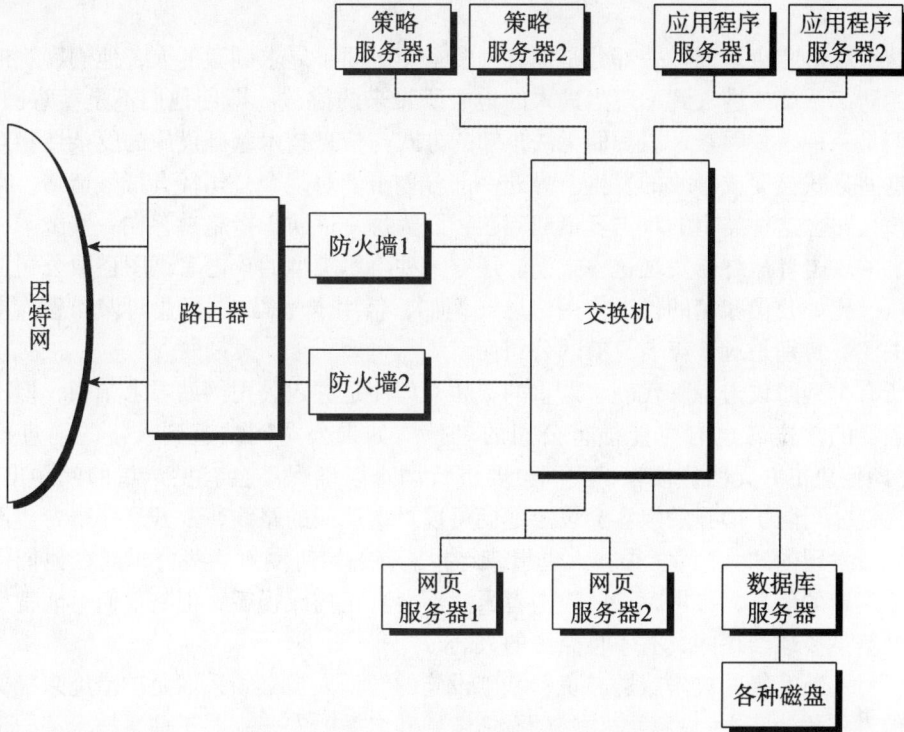

图6—5　有代表性的电子商务基础设施

原因可以归结为一个词语：资金。因为这两个非冗余组件的花费占到了这种基础设施成本的近一半。如果对交换机和数据库服务器进行冗余配置，总成本将会增加50%。基础设施管理者做出一个审慎的决定，即把冗余添加到这两个组件的内部。该决定是否合理还要依赖于公司的经营业务，然而多数人做出了这样的选择。

6.3　保护基础设施安全，防止恶意威胁

前美国国家安全协调员、基础设施保护者和反恐怖主义官员理查德·克拉克（Richard Clarke），时常斥责那些投资咖啡多于投资信息安全的公司，"如果公司在信息安全方面的支出仅仅和咖啡一样多，那么公司将会遭受入侵，而且是咎由自取"。

现今，公司领导人越来越关注安全问题。2001年9月11日，恐怖分子袭击美国，将人们对信息安全的关注提升到一个新的高度。但是甚至在此以前，一系列态度明确的攻击、病毒和蠕虫已经引起人们对安全问题的关注。

威胁是严重的。2007年，由计算机安全学会（CSI）进行的一次调查中，46%的公司和政府机构表示，他们最近12个月内遭遇到安全事故的威胁。几乎1/5的公司表示他们经历过具体地指向他们组织的"有针对性的攻击"。威胁还在进一步扩展。作为最大的经济损失来源之一，利用计算机进行欺诈造成的损失首次超过了病毒攻击。客户和财产数据的失窃造成的损失，两者结合在一起，远远大于病毒攻击所造成的损失。

这些攻击者会是谁？一部分是拥有太多空闲时间、寻求刺激的人，他们喜欢摧毁别人的防御系统或进入到不应当进入的地方所带来的挑战。即使他们不是蓄意破坏，但他们是一种未知因素，以我们无法预知的方式与信息技术基础设施的复杂性相互作用，这些方式会促成事故的发生。另外一部分攻击者对某个公司怀有抵触情绪，存心加害该公司。这种类型的攻击者最成问题，因为每一道防护措施总存在一些纰漏，坚持不懈的攻击者最终会发现这一纰漏。还有一种险恶类型的攻击者试图盗取公司的专有数据，比如公司存储的他人信用信息（例如，信用卡号码）。行业间谍和恐怖主义值得关注，特别是对于声名显赫的公司而言。

所有类型的攻击者都代表着严重的威胁，即使是进入公司网站寻求刺激，但不是蓄意破坏的攻击者也有可能损害公司的名誉（如果公司网站遭到入侵的消息被传出）。即使攻击并无明显损害，我们也要进行调查以确保不会有更严重的问题出现。许多入侵公司防护措施的黑客会设定他们可以再次返回的路线，并开启一扇希望不被管理人员发现的"大门"。很多人也想彼此共享有关如何侵入某些公司或在他们侵入后留下通道的信息，寻求刺激的攻击者虽然不会真正构成损害，但是他们可能把如何攻击的信息传递给那些具有不良企图的人。

面对不断升级的攻击威胁，负责基础设施的管理人员必须采取防护措施来确保公司与信息相关的资产——数据、基础设施组件和名誉的安全。对于信息技术基础设施安全问题，一个尺度未必适应所有情况。所以具体的防护措施要依据公司的具体状况、业务、基础设施技术和公司目标而确定。要采取合理方式确保信息技术基础设施的安全，首先要对各种威胁有详细的了解。

6.3.1　威胁的分类

黑客总是不断发明新的方式来蓄意破坏。攻击多种多样，各种类型之间有细微的差别。有些威胁是常见的，经常会在实践中遇到；而其他则是假定的威胁，理论上可能存在，但还没有被发现过。尽管攻击威胁种类繁多，但是我们可以粗略地分为三类：外部攻击、入侵、病毒与蠕虫。

1. 外部攻击

外部攻击指破坏计算机基础设施或者降低其服务质量和速度，但是实际上没有访问到计算机基础设施内部的攻击活动。最常见的外部攻击是"服务中断（DoS）"攻击，服务中断攻击通过向基础设施设备发送过量信息，使基础设施设备（通常是网页服务器）陷入瘫痪。攻击者向目标设备发送数据包的速度大大快于目标设备能够处理的能力，每一数据包在开始时看起来就像和计算机进行真正的"对话"，计算机对对话的开始响应像通常一样，但是攻击者突然中止这种对话。紧接着，网站的资源通过开始大量的虚假对话而受到损耗。图6—6比较了连接网络的计算机对正常对话和DoS攻击的处理。

如果攻击总是来自于因特网中的单一地址，那么发现它就比较容易。网络监视软件能够自动地读取数据包的发送点IP地址，认识到攻击的信息来自于同一个地址，并在攻击的信息到达目标之前过滤掉这些信息。然而，攻击者在遭遇这种防护措施时，他们会选择发送来源于不同因特网IP地址的数据包，或者看起来像来源于不同地址的数据包（见图6—7）。分布式的服务中断攻击（DDoS）通过各个自动运行的程序进行，这些程序秘密地存在于连接到因特网的计算机（大量的僵尸组成了僵尸网络）上，计算机所有者没有为了预防入侵（大量通过DSL和电话线调制解调器上网的计算机进入到这些未受保护的领域）而采取安全措施。一旦把这些程序植入到没有警惕的用户计算机上，这些程序就在预先确定的时期或时刻向目标网站发送大量数据包。因为泛滥的信息是来自于不同地址，网络监视软件很难察觉到。这种信息泛滥是一种攻击。聪明的攻击者可能通过在数据包插入虚假的文件来源信息，误导目标网站的过滤软件，从而虚拟一场分布式攻击（在数据包中加入虚假的数据来源地址，被称做"哄骗"，见图6—8）。

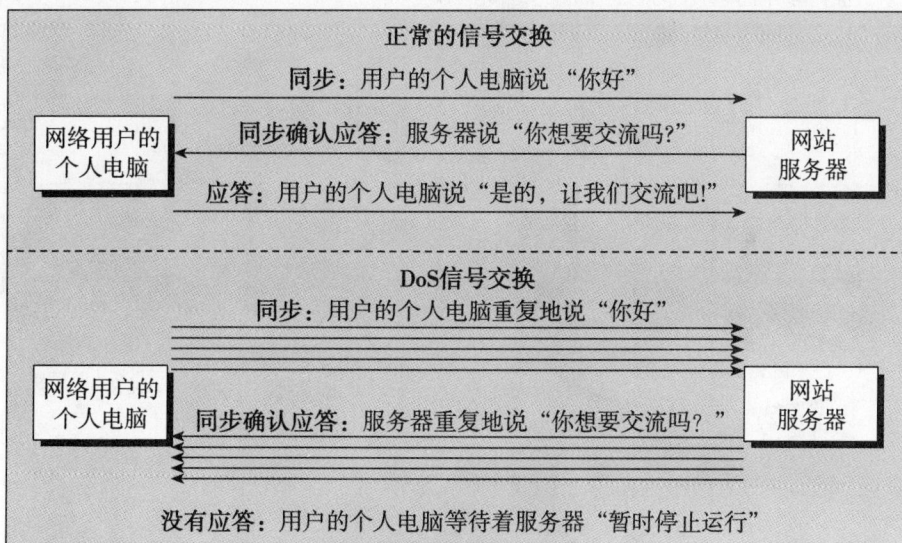

图6—6　正常信号交换和DoS攻击的比较

资料来源：Robert D. Austin, "The iPremier Company, （A）, （B）, and （C）: Denial of Service Attack." Harvard Business School Teaching Note No. 602 – 033.

不幸的是，DoS攻击其实是件非常容易的事情。攻击程序可以从网上资源下载，应用攻击程序几乎和发送电子邮件一样容易。攻击者不必是编程专家；实际上，许多攻击者是"脚本编写新手"，这些相对简单的计算机用户运行其他人编写的程序。虽然分布式的服务中断攻击（DDoS）和哄骗性攻击有更大的困难，但是它们也不需要什么技术和方法。如果计算机用户没有使计算机免遭恶意的使用，那么无意中便为攻击者提供了帮助。

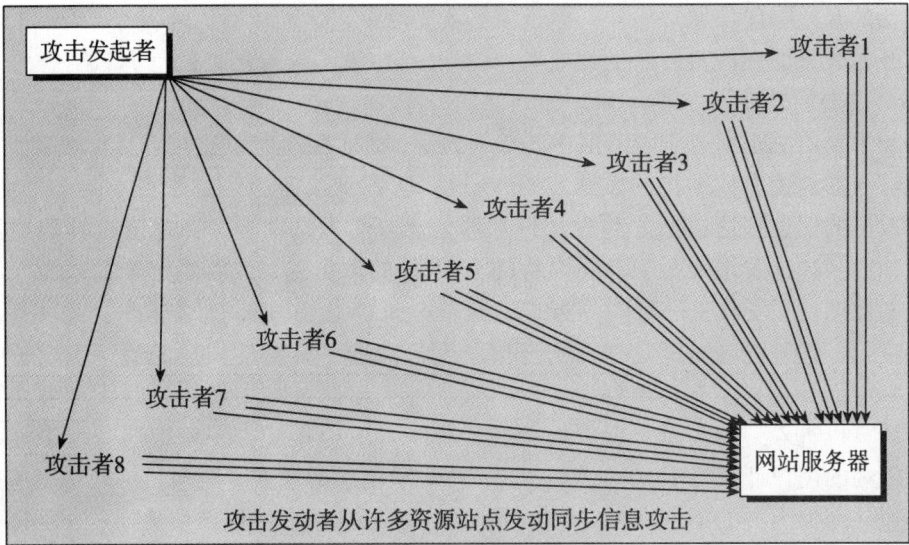

图 6—7 分布式的服务中断攻击

资料来源：Robert D. Austin, "The iPremier Company, (A), (B), and (C): Denial of Service Attack." Harvard Business School Teaching Note No. 602 – 033.

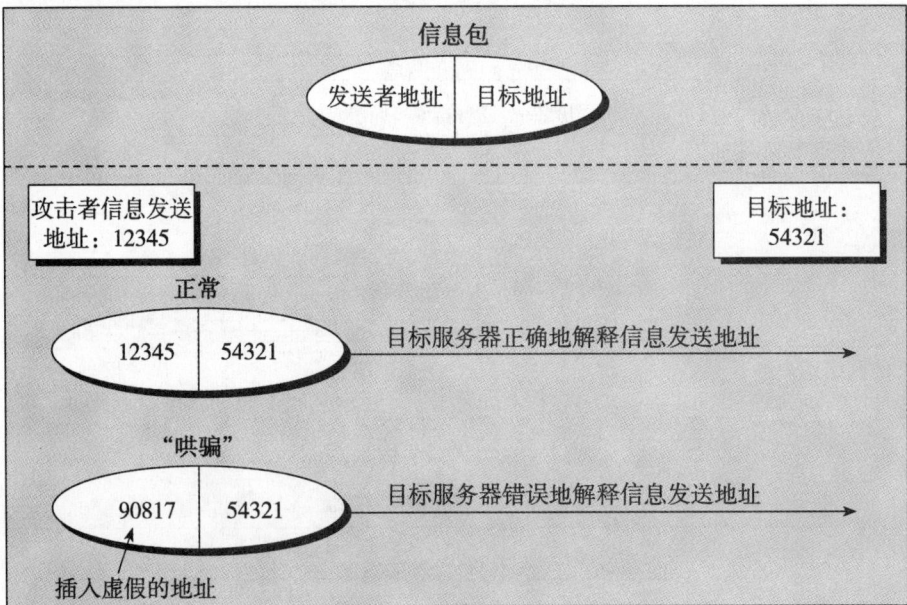

图 6—8 "哄骗"

资料来源：Robert D. Austin, "The iPremier Company, (A), (B), and (C): Denial of Service Attack." Harvard Business School Teaching Note No. 602 – 033.

> **就像旅游车路过一家快餐店：DoS 攻击的比拟**
>
> 　　当你在高速公路主干道行驶的时候，你是否曾在一家快餐店门口停下车来，却发现那里有一辆满载游客的旅游车正把车上的游客卸放在快餐店前面？快餐店由于突然而至的生意而手忙脚乱。一次 DoS 攻击就像这样，甚至更惨。在一次 DoS 攻击中，就像旅游车带来的游客聚集在快餐店前面排着长长的队列，并与队列前面的收银员交谈，最后却决定什么都不买。而那些真正想买食品的顾客却被堵在队列的后面。快餐店其实在那些伪顾客身上浪费了很多资源，而且很难把这些顾客与真正的顾客区分开来。

　　DoS 攻击是很难防御的。大多数防护措施都依靠监视系统，因为它能够检测已经被识别的攻击模式。但是攻击者改变他们的攻击模式，相对来说比较简单。攻击模式可能和正规的电子商务往来非常相似。一种慢动作的 DoS 攻击——这种类型的攻击一直以来被称做"减缓服务速度"的攻击，看起来几乎和实际的电子商务往来一样。虽然这种攻击并不会造成断供，但是影响了基础设施的性能，浪费了公司的资源，降低了顾客的满意程度（见附加特征）。

　　现在，有些非常活跃的市场里，可以买卖稳定的攻击用平台（通常未引起怀疑的网络里的个人电脑，会感染用户不知道的"恶意软件"）。轻微的 DoS 攻击已经减少，部分原因是，黑客们不太情愿浪费具有资金价值的"资产"（当平台被使用后，被感染的个人电脑作为攻击平台时将会变得失灵）。

2. 入侵

　　与来自外部的攻击不同，实际上，入侵者通过各种各样的方法获得了访问公司内部信息技术基础设施的权限。有些方法包括取得用户账号和密码。大多数用户账号和密码是很难猜测的，用户账号一般由固定的习惯字符组成（例如，John Smith 的用户名可能叫做 jsmith）。许多人用出生日期或者孩子的名字作为密码；更多的人使用相同的密码来作为许多应用程序的密码，这意味着入侵者能够同时获取该用户许多系统的密码。几乎没有人经常改变他们的密码，通常我们也可以在别人往计算机显示器输入密码时知道密码，或者在办公大楼后倾倒的垃圾中发现密码。"社会工程学"这一词语描述了一些技术含量低，但是非常有效的黑客技术，这些技术会让人们自愿地泄露特别授权的信息。在接到假扮成公司网络工程人员听起来很正规的电话呼叫时，许多人泄露了密码。

　　也存在利用高科技侵入公司防护区域的情况。黑客通过自然通道访问一个网络，利用"探测器"软件偷听网络对话，获取密码；因为网络通信往往要通过多个局域网（LAN），探测器不必连接到通信起始的局域网上就可以获取密码。或者入侵者无须首先获取密码，它可能利用软件开发时遗留的漏洞而非法访问系统。在有些情况下，软件开发出现的错误允许黑客欺骗公司的计算机，并在其上运行自己的代码，或者导致错误，使得黑客可以控制公司的计算机。软件存在着易遭受攻击的漏洞，这是很常见的。在广泛应用的软件系统中，我们每天都可以发现新的漏洞，有时好人发现了会通知供应商修补这个漏洞，坏人发现了就会利用这一缺口进行破坏。计算机采用"时点监视"系统来探测是否存在入侵的漏洞——每几分钟一次连接到因特网上。黑客应用能够系统地检测 IP 地址的自动运行程序，该程序能够向其主人报告可能存在可利用漏洞的 IP 地址。

一旦入侵成功，入侵者将享受与合法用户相同的权限来访问和控制其他系统和资源，如果得到授权，他们就可以盗取信息、删除或者变更数据，或者破坏网页（内部网和外部网）。他们能够使用公司内部的地址，并假扮成公司的代表。例如，冒名顶替者可以发送信息取消某个重要会议，或者发布丑闻，这些丑闻看起来好像来自于公司内部的资料。入侵者还可以在公司的计算机上运行程序，并以此为基础来攻击其他公司的计算机。或者他们可能在公司计算机内存入"定时炸弹"———一些看似无害的编码，但在将来的某个日子会酿成惊天大祸。

由计算机入侵造成的最令人头疼的问题是，我们不知道潜伏在公司防护区内的入侵者将要做些什么。公司发现自身系统或者网络遭受入侵需要很长时间。黑客一般会掩盖自己做的手脚。他们可能对系统做些微妙的修改，开启一条隐秘的通道，把一个小型文件添加到磁盘驱动器上，或者稍微更改一些数据。如果受害公司要发现入侵者是否做了手脚或者做了什么手脚，那么它可能需要很大的费用，然而这又是必需的成本。如果公司不确知系统安全遭受了多大程度的侵害，那么它将很难决定怎样去告诉那些信任公司的顾客、商业伙伴或者其他人关于数据安全的情况。如果你不了解那些你本该了解的基础设施状况，那么这会使你在公共关系中遭到惩罚；也许更糟糕的是，在你对公司的系统安全做出保证后，结果却证明系统的数据特别不准确。

3. 病毒与蠕虫

病毒与蠕虫指那些能够自我复制并自我扩散到其他计算机上的恶意程序。这些病毒和蠕虫的破坏力一般很小，比如破坏网站或者服务器的网页，清除计算机磁盘的内容。虽然人们对病毒与蠕虫的确切定义有不同见解，但是往往依据它们通过网络复制能力的大小来辨别。简单地说，病毒需要用户的帮助（经常是无意中的）才能复制和繁殖（比如打开电子邮件的附件或者打开一个网页），通过这种方式在网络间自动地复制和传播。

对于病毒和蠕虫攻击的最大担心也就是它们能够不断地汇入其他类型的攻击并更加自动化。例如，红色代码蠕虫（Code Red Worm）在网络间传播，自动地侵入有某些漏洞的系统，存入某些程序，对其他计算机发起 DoS 攻击，并以指数次方的速度在网络间自我复制。虽然红色代码蠕虫对受感染的系统造成的破坏力很小（损坏网站），但是它所引发的可能性意义重大。黑客对公司的攻击只是以人为的速度传播，但是这种自我繁殖的自动攻击可能以更快的速度造成严重的破坏，并且可能向任何目标传播。

在未经授权情况下侵入 TJX 公司，数以百万计的信用卡和身份证记录遭遇风险

2007 年 1 月 17 日，TJX 公司确认它们的计算机系统经受了一次"未经授权的侵入"，该系统用于处理和储存大部分商店的客户交易信息，包括信用卡、借记卡、支票和货物返还收益交易。尽管公司早在 2006 年 12 月中旬就发现系统遭到入侵，但是直到 2007 年 1 月才正式宣布。这在公众中产生了消极的影响和猜想，认为它们明知自己存在安全问题，但是不想妨碍一年里的购物旺季。佛罗里达州执法部门官员后来报告说，从 TJX 公司窃取的信息已经在 2006 年 11 月以 800 万美元礼物卡的方式被欺诈性地使用。

TJX 公司报告说，在察觉之前，侵入行为持续了 7 个月时间，自 2006 年 5 月中旬至 12 月的交易数据遭到访问。一个月后，该公司承认黑客可能在 2005 年 7 月就曾侵入它们的系统，在当年随后几次中访问了早至 2003 年的交易记录。据估计，被访问的信息有 4 570 万张信用卡和借记卡号码，以及 455 000 笔货物返还记录，包括客户方司机的驾照号码、军人证号码或社会保险号码。

TJX 公司承认它无法核实此次入侵的整个范围，部分原因是黑客访问了已经编码加密的软件，并且可能已经获取破译客户信息的方法。除此之外，在公司的正常程序中，TJX 删除了入侵时至公司察觉之间的很多交易数据，使得了解受到影响的卡片的全部数量成为不可能的事情。2007 年 5 月，真相大白，TJX 公司有一个过期的无线安全加密系统，在使用无线网络时没有在计算机上安装防火墙和进行数据加密，也没有正确地安装它所购买的另外一层安全软件。结果，窃贼能够获取在手工操作的价格核对设备、现金出纳机和公司计算机之间传送的数据。

这种侵入对 TJX 公司及其客户所造成的影响是巨大的，该公司很快面临着美国和加拿大的多家银行提起的诉讼，因为这些银行要重新为零售商换发损坏的信用卡。在当年的晚些时候，法庭传唤文件控告，受到窃贼影响的账户数目多达 9 400 万户，受影响的全部账户高达 21 500 万户。在 2007 年夏天，美国特工处发现，TJX 公司客户的信用卡号码在东欧电脑窃贼手里，他们翻版制造了高质量的假信用卡。此后不久，他们截获了南佛罗里达州有组织的诈骗连环案，追回了大约 20 万张失窃的信用卡号码。

TJX 公司不得不拨出 10 700 万美元的资金储备，以解决 Visa 公司和受数据安全侵入影响的客户的诉讼。对客户赔偿的提议包括对于遭到身份窃取以及文件替补成本、商店收据票券以及折扣机会的赔偿。TJX 公司在处理侵入事件方面的全部开支估计在 5 亿 ~ 10 亿美元之间。

6.3.2 防御措施

防御黑客的问题是很困难的，来自病毒的威胁呈多样性、复杂性，并且有不断演变的趋势，安全性只是高低程度问题，并不是绝对的。不存在比较公司各种防御措施好坏的高明方法，也不能在对公司计算机系统检查之后宣布其基础设施是安全的。但是有些防御措施组合起来应用还是很有效的，它们应用在重要的网络、计算机及其系统中。公司能够在其重要的网络、计算机和系统周围搭建起几道防御工事，这些防御工事就像古城堡的堡垒一样，可以抵抗恶意的力量，只允许友好人士访问系统。为此，信息安全要素时常包括安全措施、防火墙、识别、加密、补丁与动态管理、入侵监测与网络监控。

1. 安全措施

为了保护计算机资源不遭到非法使用，公司首先必须明确哪些访问是"不合法的"。好的安全措施明确规定人们不应当做什么，因为这些内容对计算机是危险的，也规定了人们应该做些什么才能确保计算机安全。好的措施也解释了公司为什么决定不提供某些服务，因为安全风险超出了该项服务产生的收益。

安全措施解决如下问题：

- 为使用公司的系统，允许用户设定哪些类型的密码？他们应该在多长时间内改换一次密码？
- 允许谁拥有公司系统的账户？
- 在计算机连接到公司的网络前，需要激活计算机上的哪些安全特性？
- 允许哪些服务在公司网络内运行？
- 允许用户下载哪些内容？
- 如何强化安全措施？

因为安全措施不可能预见用户将要做的每一件事或者由此可能引起的所有情形，所以它们只是现存的措施。那些遵照安全措施的用户可以访问到计算机系统，但不允许他们利用计算机技术语言写入文件。从用户的立场上来看，这也必须是合理的；用户视为不合理的安全措施通常会遭到忽略或者推翻。

2. 防火墙

防火墙是用来阻止未经授权的用户访问公司内部计算机资源的硬件和软件。公司所在地以外的计算机用户往往有合法的需求来访问公司的计算机。例如，正在外面出差的公司雇员，可能需要访问以前工作中使用的网络。因此，防火墙的主要功能是促进公司内外之间合法的信息交流，同时阻止不合法的交流。

防火墙通常位于一个网络的最外端，典型地在公司内部网络和外部公共网络之间的连接点上。在来自公司外部的信息包传送到公司内部设施之前，防火墙会对这些信息包进行过滤。防火墙阻止那些和公司安全措施不一致的信息包进入公司内部网络，并显示出受到攻击，或者以其他理由显示有害。另外，还可以使用"岗哨"计算机，它把来自于外部的、未经允许直接进入的信息包截留下来。

防火墙通常还有其他作用。它们通过不允许特定类型的信息经过内部网络来加强安全措施，但在过滤那些想进入公司网络的病毒方面还是能力有限。防火墙通常位于一个内部网络的不同部分之间，把一个网络分成不同区域，这样那些入侵者在入侵一部分网络时，便不能同时进入其他部分网络。防火墙也向外部爱打探者隐藏内部网络设置，并当做一种电子防伪器来使得外部入侵更加困难。

防火墙不能提供万无一失的保护。每一种设计都有其自身的弱点，有些弱点无法及时地发现。它们无法防御恶意入侵，也无法防御绕过防火墙进入网络的行为

（比如绕过防火墙，通过未经授权的拨号调制解调器进入一个网络）。我们最好把防火墙看做所有防御策略的一部分。虽然防火墙减少了风险，但是并没有消除风险。

3．识别

识别是对各种技术和软件进行描述，以便能够管理那些访问计算机基础设施的人。在很多时候需要识别。主机识别管理着对特定计算机（主机）的访问；网络识别管理着对某地区网络的访问；数据识别管理着对特定数据项的访问。主机识别、网络识别和数据识别几乎总是一起组合应用。当识别与复杂的、有利于管理的目录技术（这些目录技术能追踪用户身份和访问权限）一起使用时，访问控制是多层次的，允许对网络基础设施实行多层次的访问控制。

强化识别可以采取一些措施，就如规定密码使用期限和限制密码的形式以便更难被猜测一样。例如，公司要求密码每周至少更换一次，必须由 8 个以上的字母组成。强化识别最低限度上由哪些要素组成，是一个有争议的问题，但是简单的用户名和密码识别并不能够满足专家安全测试的要求。通常人们认为，强化识别不仅要求用户名/密码，还要加上其他方面，比如认证识别或者生物界定识别（比如可变光阑检测）。

4．加密

加密使得那些想中途截取电子通信内容的人无法读取。现在的加密技术很完善，保护计算机系统免受大量潜在攻击者的攻击。合法的接收者通过称作密钥的数据能够解密通信内容。在发送事务中，接收者通常拥有用于解密的密钥。就像密码一样，密钥需要秘密保存，免于被外人发现、小偷窃取、不安全传送以及其他各种技术敌对势力得到。如果密钥容易被攻击者获取，那么加密并不是好办法。如果密钥是秘密的，不管黑客是否可以弄懂加密运算法则本身，加密都能为信息内容提供很好的安全。通过在公共网络连接的两端都加密，公司就能有效地扩展其私人安全网络（这种网络扩展叫做虚拟私人网络）。

数字证书

数字证书类似于当面商业交易中为了确认身份的正式证明文件。当一个人在零售商店签下支票，商店可能要求其出具身份证明。为了提供证明文件，人们往往出具驾驶执照。商业机构认可驾驶执照，是因为它们信任通过严格程序检验身份的发放机构（管理车辆使用的国家机关），也因为驾驶执照很难伪造。数字证书与驾驶执照很相似，也是一种经过数字签名的文件，并有可信任的第三方中介机构在背后对签名人身份做出证明。虽然数字证书可能由于被欺骗而错误地签字，然而实际上它比一般证明文件更不容易被伪造。相对于没贴照片的驾驶执照，数字证书也是一种更好的不记名"身份验证工具"；当然，也可能提交数字证书的人并非是证书所真正代表的那个人。

加密不能隐藏网络传输的每一信息。黑客能够从传输模式中获取有用的信息，比如信息的大小，或者发送地和目的地地址。加密也不能阻止攻击者侵入和改变传输中数据的内容。攻击者也许不知道他们对数据做了些什么样的修改，但是稍微的修改就会带来很大的破坏，特别是在目的地接收者的计算机要求传送的数据必须按照特定的

格式到达时。

5. 补丁与动态管理

数量巨大的攻击是利用系统的弱点，在攻击进行时该弱点的补丁（补救方法）已经存在。这种类型攻击的成功有时意味着管理方面的缺陷，但是也存在大量其他因素，比如信息技术人员不足而不能及时对现存系统进行修补，或者缺乏对系统补丁可能带来的负面结果的正常关注。追踪各类型公司基础设施的系统、它们的安全缺陷、可利用的补丁和补丁是否被利用绝不是一件小事。最后，对已知的弱点攻击时常常会是成功的。

确切地知道哪些软件正在运行，以及是否修补过的另一个重要理由是：在受到一次攻击后，辨别攻击者对公司的哪些基础设施进行了修改是很重要的。发现文件大小已经改变，或者找不到本来存在的文件，是受到入侵的明显信号。最好的做法是保存各种文件的详细记录，这些文件应该保存在产品计算机上，包括文件大小甚至是文件"指纹"。可悲的是，许多公司都没有这方面的尝试，有时是因为表面上看来非常充分的业务理由。例如，管理者匆匆忙忙去应付一个顾客影响的问题时，可能不由自主地越过一些正规的动态管理程序。结果，在正规的有关文件的信息中存在一个漏洞，让我们无法知道什么文件和程序应该存在于公司的系统中。

公共—私人密钥加密和数字签名

公共—私人密钥加密使用了一种数学运算法则，这种运算法则带有一个有趣的特点：如果我们使用一种独特的密钥来把无格式文本文件信息转换成加密的形式，那么在信息到达目的地时，我们也需要用不同的独特密钥把加密的信息解密还原成无格式文本文件。通常，其中一个密钥是公开的，另一个是保密的。如果信息使用公共密钥加密，那么发送信息将是安全的；接着只有拥有私人密钥的人才能解密该信息。反过来，我们可以使用相似过程对信息进行数字"签名"。如果公共密钥能够成功地破译信息，那么只有拥有私人密钥的人才可能给这种信息加密过，因此，信息必然来自于拥有私人密钥的人。

---

6. 入侵监测与网络监控

入侵监测与网络监视的结合有助于网络管理者识别到什么时候他们的基础设施正在受到或者已经受到攻击。网络监视能够自动过滤在公司网络界限外部攻击的通信。复杂的入侵监测系统包括硬件探针和软件诊断系统，它们对公司网络所有活动进行记录，并重点标示出那些值得怀疑、需要进一步调查的活动。实施正式的动态管理将为我们提供对公司系统配置基准的描述，以及由入侵监测系统记录的信息，这些将有利于公司尽快地修复那些受到入侵的地方。

6.3.3 安全管理框架

保证公司基础设施的安全包括许多方面：设计决策、运行方针、程序开发和严格的执行。随着技术的不断发展，信息安全也需要不断发展。然而，下列信息安全管理原则仍然实用。

1. 制定审慎的安全决策

这一点似乎无须赘言，但是太多的公司凭借盲目乐观和模糊的安全意识来制定安全决策。在公司寻求与因特网的连接或者利用因特网时，这些都是不妥当的方法。对信息安全的无知不是一种战略，也不是借口。管理者们必须自我充实与安全相关的知识，并承担起信息安全决策的责任。

2. 把安全看作一个动态目标

一股以数据为武器的隐秘力量不断寻找新的方式来攻击。公司必须保持牢固的防御（做一次安全检查）能力，定期地雇用外部服务公司来检查公司的防御系统，查找面对新威胁时的脆弱点。的确，公司必须与有关威胁的信息资源保持连接，比如计算机紧急反应团队（CERT）（www. cert. org）。信息安全并不是公司努力一次便可以一劳永逸的东西。

虚拟私人网络

虚拟私人网络（VPN）利用加密技术创造一个通过公共网络的连接，这扩展了公司私人网络范围。虚拟私人网络通信两端——例如，远程用户和公司内部网络的一台计算机——在发送信息端把通信内容加密，打包成数据包，然后发送到目的地。接收方收到信息，把数据包还原并解密。虚拟私人网络允许一个安全的私人网络扩展到公共网络的任意点上。然而，也存在不利的一面。如果攻击者能够访问虚拟网络的其中一个节点，那么，公司的网络遭到攻击时仿佛来自于公司内部。因此，尽管虚拟私人网络有效地扩展了安全，但是也增加了安全管理任务的复杂性。

---

3. 进行规范化的变革管理

对基础设施各种产品进行修补是很重要的，但是如果快捷的正式程序不能使后来遭受攻击的系统恢复功能，那么利用非正式程序的成本最终可能会更大。公司需要知道哪些基础设施一直在运转，需要一个有条理的程序，在对基础设施测试和使用状况了解的情况下引入基础设施动态管理。不按照这种程序管理是不计结果的行为，最终将会让管理人员付出代价。相反，不能及时地在受到攻击的地方安装补丁，也将使公司冒不必要的事故风险。最好的做法是在动态管理程序允许下及时地安装补丁。

4. 指导用户

要确保用户了解其特定活动存在的内在危险，比如和他人共享密码，以及绕过防火墙，通过拨号调制解调器连接到他们在公司的台式电脑。帮助他们理解为了保证安全在一些情况下会给他们造成不便，将他们列入安全维护队伍。

5. 尽你的财力，利用多级别的技术防御措施

在主机和网络上使用安全措施，当它们被开发出来时购买相应的技术，任何一家公司都支付不起无限数量的安全技术，但是管理者必须确保自己对安全受到侵犯造成的后果进行了彻底而全面的考虑。管理者必须对各种安全措施设置适当的优先级别。

6.4　对基础设施的有效性和安全性的风险管理

对于信息技术基础设施的有效性和安全性，公司在经济实力上不可能具有同样积极主动地解决每一威胁的能力。即使他们具有这种能力，这样做也没有什么商业意义。相反，我们需要注重风险，描述各种威胁的可能性及潜在的破坏性。降低风险的管理活动，必须首先考虑到活动的成本和潜在的收益。

图 6—9 说明了如何依据基础设施管理风险的概率和重要性，来判断项目的潜在缺陷。图右上角事件代表发生的可能性大、成本高，降低这种风险显然是非常重要的。其他象限的风险也必须依具体情况设置优先顺序。设置这些风险优先顺序的一种方法是，计算与这些象限中的事件相联系的预期损失，即用事故的概率乘以其发生的成本。对于较高的期望损失值给予优先考虑。不言而喻，图中左上角和右下角的事件比左下角概率低、成本低的事件应优先实行风险管理。

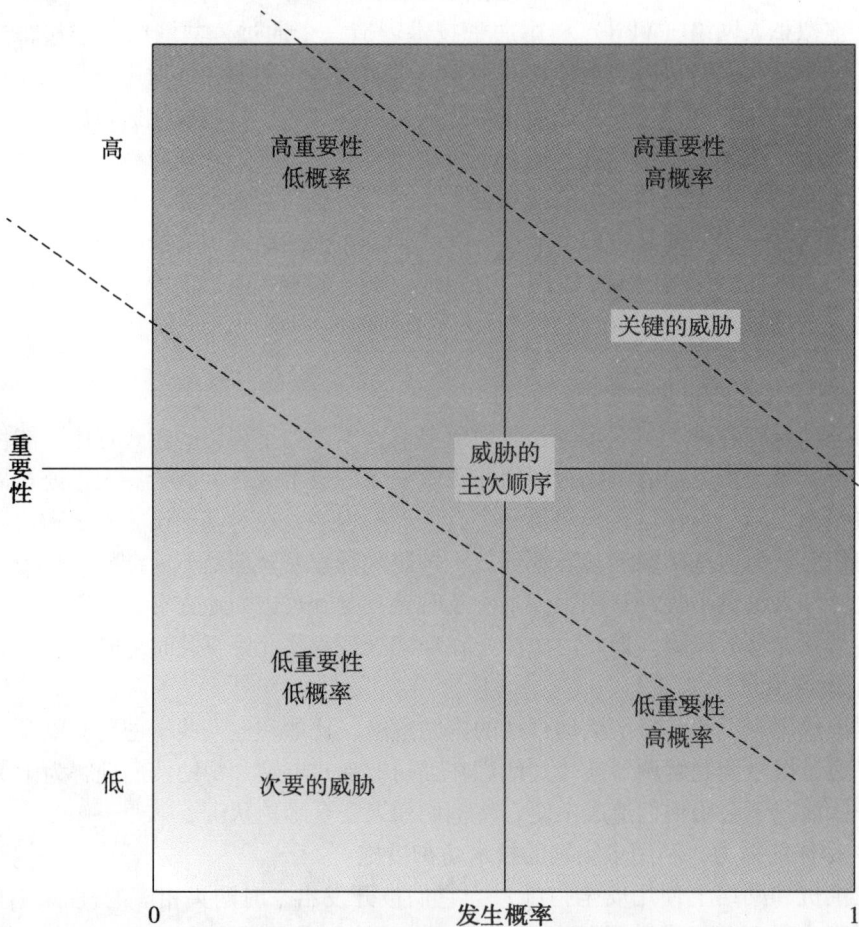

图 6—9　基础设施风险管理：重要性和概率

然而，对于大多数公司来说，风险管理的逻辑性更加复杂。管理者对风险的态度是很复杂的，不能仅仅根据事件发生的概率和成本来决策。例如，管理者可能不喜欢成本很高的事件，但是该事件发生概率很小，并且其预期损失（概率乘以成本）也很小。或者说管理者害怕某特定事件发生，因为该事件发生的成本超出范围。更大的困难在于，我们在一些情况下很难评估事件发生的成本及概率。就如我们所说的，一些事件包含的无形代价是很难预测的，对其发生概率的评估也是不容易的。

此外，有些风险不能明确地进行管理。大多数公司对成本变动的各种活动过程会做出选择，同时各种活动的风险大小也是变化的。有时并不存在产生重大风险的活动，有时所产生的重大风险带来很高代价。因此，在分配好各种风险优先顺序后，我们需要考虑另外的评价步骤来决定是否采取措施。这一步骤不仅要考虑预期损失，而且还要考虑减少和消除风险的成本。

与新技术相应的新的基础设施能力将在风险管理中产生新的问题。虽然新功能带来了收益，但是也带来基础设施有效性或者安全性方面的新风险。因此，管理者在决定提供新的服务时要考虑其风险管理。一项新的服务能带来业务——例如，合作电视会议技术——增加了基础设施的复杂性，同时也对各方基础设施的有效性和安全性带来挑战。基础设施管理中，总是要在其稳定性、技术性能特征或者多样性之间做出权衡。例如，高级别权限的用户登录到计算机，我们要对其活动的细节做详细的记录，这将有助于公司更快地检测到入侵行为。但是登录降低了系统性能，达到一定程度用户就会抱怨，或者我们需要添加额外的硬件。

考虑一下前面说到的基础设施配置：在图6—5中，如果一个商业公司购买了一些冗余的组件，但它只在一点存在失败。该公司是否需要购买另一价值65 000美元的交换机？我们能够评估相关的成本和概率，接着计算当前的单个交换机闲置的预期损失。第二个交换机极大地减少了转换系统失灵的预期损失。如果由于购买第二个交换机引起的预期损失减少超过65 000美元，那么购买另外的交换机将是值得的——在理论上是这样的。然而实际中，其他因素对此也有一定的影响。可能公司没有多出的65 000美元资金，管理者并不相信意外事件发生的成本和概率，或者他们有更紧急的地方需要这65 000美元。不管管理者做出什么样的决定，利用风险管理思维方式来仔细考虑问题，将增加公司实现商业目标的机会。

6.5　事故管理和灾难修复

不论公司基础设施的有效性和安全性有多高，管理者都必须能够预测到事故的发生。基础设施事故显示出少见的商业挑战：需要在紧张的时间压力下及时地解决各种问题。虽然事故很少发生，但是当真正的事故发生时，问题往往非常重大。管理者在危机中的不同行动对公司的生存会产生巨大的影响。我们在公司活动中进行事故管理，包括事故发生前、事故发生中和事故发生后管理。

6.5.1　事故发生前的管理

管理者在危机中可以采取的举措范围，很大部分是由管理者在危机发生前做出的决策所决定的。危机发生之前的如下活动将有利于事件的管理：

合理的基础设施设计方案。如果基础设施设计关注到运行失败的可恢复性以及容忍度，那么与事件相关联的损失将更可能减少。

按运作程序严格执行。变动管理程序对问题诊断更有效，但要具有基础设施配置的基本知识。万一数据丢失，数据备份程序将有利于保护数据。有计划地对基础设施进行检测将发现其潜在的问题或者弱点。

仔细的存档记录。如果程序和配置能够仔细地保存下来，那么微机管理者不需要再对关键细节做出推测。可靠的存档节约了时间，并增加了处理危机的确定性。

稳健的危机管理程序。事件管理程序将引导管理者做出问题诊断，帮助他们避免陷入决策制定陷阱，并规定了在事件发生时谁应参与问题解决活动。如果没有对每一遇到的问题应该怎么办做出规定，那么危机管理将是件很难的事情。危机管理总是包含着创造性，但是管理者将以熟悉而有用的程序作为基础，进行有效的创新。

演习事故发生的反应。对事故进行响应的演习，使得决策制定者在真正危机发生时更有自信和效率。即使事故发生的情况与演习的方式不同，演习也让管理者对真正的危机做到了更熟悉和更有准备，能够临时制订解决方案。

这些准备看起来是最基本的一些措施，但是很多公司都没有实施。现在有一种更关注其他紧急商业问题的趋势，诸如增加收入、利润、产品性能和顾客要求，并把其优先顺序放在没有人愿意考虑的假设问题之上。对事件做出反应的人员在这一领域也没有经过训练。然而，当管理者不能预见有效性和安全性问题时，他们必须为此承担责任。好的基础设施管理者会花时间对那些高代价的事件做好计划。

6.5.2 事故发生中的管理

当面对正在发生的危机时，决策制定者除了要解决危机内在非常严重的技术难题之外，还要克服许多心理障碍。这些障碍包括：

- 情绪反应，包括困惑、否认、畏惧和恐慌
- 痴心妄想和群体思维
- 政治策略，寻找借口逃避责任
- 贸然下结论，无视与个人愿望相反的事实证据

了解上面的心理陷阱将有助于决策制定者避免危机情形的恶化。

危机中，管理者们需要面对的另一难题是"公共关系恶化"。有时管理者也不愿意承认问题的严重程度，因为当严重事故发生时，他们不愿意采取通知其他人（顾客、公众）的行动。例如，直到有确切的证据证实遭到入侵后，电子商务公司的管理者才可能想要关闭所有的在线零售业务以打击黑客。而关闭的话，将不得不向新闻界做出解释，并会引起顾客恐慌。很明显，做出这种决策的风险性相当高。

6.5.3　事故发生后的管理

事故发生后，基础设施管理者往往需要重建部分基础设施，有时清除原来所有设施并重新组建，是确保基础设施恢复到事故发生前情形的唯一办法。如果原来的配置和程序预先精心地保存下来，那么基础设施的恢复将会非常迅速。但是如果对系统配置的记录不够准确，那么重新组建基础设施将会遇到重重阻力。要解决的问题面临着尽快恢复网上业务的时间压力，重新组建过程不得不迅速完成。而且，如果存在变动管理缺陷——例如，系统发生了变动，但是并没有把变动内容记录下来——那么基础设施重建将导致原有功能的丧失（产品出现非正式变动之前解决过的问题可能再次发生）。

为了避免将来出现同一类型的事件，管理者需要了解发生过的事情。准确地描述导致一个事件发生的原因有时是困难的，但是不管成本多大我们必须这样做。通常，一个公司没有告诉其商业伙伴某个故障的性质，以便其商业伙伴预计该事件最终会对他们产生的影响。所以，最好公司能够把事件发生的原因向商业伙伴、顾客或者新闻记者、公众解释清楚。然而，在事故发生后对之做出解释的关键是向外界表达公司对保护受托信息的认真态度，如果保护基础设施的后续步骤被定义为周密、细致、"不冒险"，那么一次可能的入侵并不会引起公共关系的恶化。

6.6　小结

保持基础设施的实时正常运转这一挑战极其严峻并且是不断发展变化的。在本章中我们描述了基础设施管理活动的框架和概要。如果规范、努力地据此实践，我们成功的机会将大大增加。在基础设施管理中忽略这种事故的发生，或者不能采取有效的行动，将会带来可怕的经济后果。我们已说明，在有效性的计算方面需要增加基础设施设计的复杂程度，在冗余性的计算方面要增加基础设施能力，这些也带来运作的复杂化和管理上的挑战。我们概要地描述了信息技术基础设施存在的一系列恶意威胁，并提出在事故发生时降低威胁及事故管理的一些建议。管理者可以应用下列问题来评价他们对 21 世纪基础设施管理挑战的准备情况：

1. 我们的系统需要达到多大程度的有效性？我们在有效性方面的基础设施投资是否符合要求？

2. 我们是否足够地注重安全问题？我们当前的基础设施有多大安全性？我们怎样评估动态变化的基础设施的信息安全问题？信息技术人员是否接受过足够的训练？我们怎样来比较各个一流组织机构的信息安全性？

3. 我们是否有足够的安全措施？是否需要商业管理者和信息技术管理者一起来制定这些措施？用户会知晓和理解这些措施吗？他们接受这些措施吗？这些措施如何实施？

4. 我们是否制订出响应基础设施故障的计划？这些计划我们是否定期地履

行？是否对员工进行过事故响应方面的培训？把基础设施故障相关信息传达给外部的伙伴，比如顾客、合作伙伴、新闻界或者公众，我们该采取什么样的计划和对策？

5. 我们是否对基础设施的有效性和安全决策实施风险管理？我们处理假定性问题的方法是否经过仔细考虑，有条不紊并且经得起推敲？公司的总经理是否要对公司基础设施的有效性和安全性负责？

7

各种信息技术服务提供的管理

20 世纪 90 年代商用因特网出现之前，每个公司通过运用公司内部的专有技术，完全依靠自身来完成那些现在凭借公共因特网就能处理的事情。这种方法技术成本很高，而且结果不尽如人意，理由有以下几点：

• 为了接近业务伙伴和顾客，每个公司必须开发自己的通信基础设施，但是这种过程需要基础设施方面的大量重复性投资。技术的多样性时常使得想要与之建立联系的商业伙伴和顾客感到困惑不解。

• 各种技术之间不能有效互通。很多公司一直沿用复杂的软件程序，这些程序除了作为那些不相容系统的桥梁之外别无他用。

• 对专利技术的依赖，意味着公司受到某个特定技术供应商的牢牢牵制。一旦紧密地依附于这家供应商，公司几乎就没有讨价还价的能力，并完全听凭技术供应商追求利益最大化的支配。

安装来自不同供应商的硬件和软件，如果遭受性能和可靠性方面的双重困扰，那么信息技术管理者似乎掉进一场必输的游戏中，并因此一直受到公司管理者的指责，因为他们购买的信息技术基础设施性能不好、很差或者根本无法工作。

建立在开放基础上的可访问公共网络的出现，改变了公司构建信息技术能力的方式。目前，通过与公共基础设施连接，公司系统获得了使用权。与过去的信息技术基础设施的建造方式相比，新方式在许多方面都有了很大提高。例如：

• 公司能够和所有的商业伙伴及顾客共享同一通信基础设施。顾客和商业伙伴能够使用相同的界面（通常是指网页浏览器）进行交流。这种完美的交流方式极大地减少了复杂性和困惑感。

• 由于使用公开传输控制协议/网际协议（TCP/IP）标准，各种通信技术之间能够很好地相互协调。连接各个系统的软件应用简单，符合标准，而且不贵。在有些情况下，甚至可以免费取得。

• 公司不会紧密依附于特定供应商提供的技术，事实上，多家供应商之间存在着竞争。竞争使得供应商开发出价格更低、性能更好的技术。

公司能够综合大量供应商提供的各种技术，并期望这些技术能够无缝连接。信息技术管理者仍面临着艰难的任务，但不再是从前"必输的游戏"。

与公共网络的可靠、安全连接，为获取信息技术服务提供了新的选择。过去由信息技术部门提供的服务，现在能够实时地从服务供应商那里获得。这是一种外包形式，但是它不同于大规模的外包程序。随着通信技术的进步，以及更加兼容和模块化，公司能够从外部服务供应商取得更多的、规模更小的信息技术服务。同时，从订购服务到取得服务的时间，以及提供服务的合同期限变得更短。在未来的"网页服务"设想中，从外部取得更多的服务是非常符合逻辑的，我们能够按照各种价格从外部取得各种服务功能，甚至在你需要进行货币兑换时，你能够实时地进行自动交易。

尽管还没有能够把设想转化为现实的必需标准和基础设施，但是主要的信息技术供应商，比如 IBM 公司和微软公司，表示愿意承担这项任务。无论如何，从外部取得不断增加的服务是一种不可抵挡的潜在趋势。它能使公司依靠自身逐渐改进的基础设施，为管理当局带来有利的服务功能。例如，当改进涉及的是一系列小步骤，而不是大举措的"要么全有要么全无"的步骤时，投资和执行风险管理就更容易。逐渐的改进也有助于对基础设施的测试和掌握、了解。

日益增多的信息技术服务的提供也使得创造新商业模式成为可能，这些模式如催化剂一样推动了信息技术服务供应行业的重组。日渐突出的现象是，信息技术服务的提供是通过大量的服务合作伙伴，每个服务合作伙伴必须性能良好，提供可靠而又安全的服务。与服务提供商合作意味着，信息技术管理人员必须相当谨慎地选择并管理好与商业伙伴的关系。然而，管理好与服务供应商的关系就意味着共享信息——"虚拟整合"。如果要做到信息共享，就要求公司战胜技术上的通信挑战和做好激励设计。

在合作提供服务的过程中，服务水平的合同为调整合作伙伴之间的奖励计划奠定了基础。但是，正像我们所看见的，成功地管理这种关系远远超出了对服务合同的管理。

当发展后的服务供应模式连接到公司系统中时，出现了多样化的信息技术基础设施。在许多公司，遗留下来的系统仍然发挥着重要的作用，而且还必须支持这些系统。大多数公司在支持客户服务中，倾向于利用不同类型的基础设施。逐渐增加的移动电话和个人数字助理（PDA），而不仅仅是个人电脑，成为人们与信息技术系统进行商务处理的工具。多样化的服务供应模式和技术带来了提供信息技术服务的复杂性，正像我们所看到的，产生了管理上的挑战。毫不令人吃惊的是，这就需要新的思维模式来管理多样的、分布式的、复杂的信息和技术资产。

7.1 新的服务模式

自从个人电脑和客户服务器出现以来，安装并运行在个人电脑或者服务器上的终端用户软件也被成功设计出来。需要储存的文档和其他形式的数据通常保存在个人电脑的硬件，或者连接到服务器或主机上的存储设备。在这种方案中，人们运用的软件和提供服务的设备之间有着密切的外在通信联系。人们可以指着邻近的一台计算机说："那台服务器运行的是我们的电子邮件。"

然而，随着可靠性和容量高的网络出现，从商业的角度来看，运行安装在本地的软件和数据储存不再是唯一的选择，也不一定是最好的选择。能够在距离很远的辅助设施上运行的软件逐渐被设计出来，它们为服务供应商所有。一直在公司使用的软件在遥远的地方也可以共同运行。服务器在应用程序和用户间共享，所以将特定的设备与特定的信息技术服务关联起来，这变得日益困难。这样的服务提供方案创造了效益和灵活性方面的优势，但它们也给管理带来了挑战。

在一些方案中，终端用户公司并不拥有提供服务的基础设施，而是按月支付已经绑定的服务费用，这里面通常也包括技术支持服务。当出现故障时，商业用户给另一家公司打电话，而不是向它们内部的信息技术部门请教问题的解决办法。即使实际的应用软件程序不能从外部获得，在其他方面增加外包也是重要的。例如，一家公司从供应商所有的主机基础设施中租入空间，而不是自己投资建造数据中心，或者还有可能雇用外部的专业化公司来监管其侵入探测系统，并防备高深的新型安全威胁。这种"逐渐增加的外包"的好处包括下列几条：

专业化信息技术工人的短缺问题：增加外包，通过降低公司需要雇用的内部职员，帮助公司克服了信息技术人员的缺乏问题。这点对于难以吸引和留住技术人才的中小企业尤其重要。

减少进入市场的时间：以网络为基础的服务供应模式能帮助公司迅速获得新的能力。例如，已存在的公司可以立刻使用外部主机的零售包，把产品销售到必须购买基础设施或者更新软件的网络上。

转换到 24×7 的实时运行：正像我们在第 6 章讨论的，消费者期望公司的网站和支撑系统永远是有效的，实时运作要求公司一直在线。但是许多公司，其装备还没有达到如此高的有效运作水平。高有效性就要求在多余的基础设施上进行巨大的资本投资。由于专业提供商有能力通过顾客扩大投资规模，所以它们能获得只有在巨大投资下才会有的规模经济效应。事实上，专业供应商常常在有效性和安全性上进行投资，这正是一些单个公司所不能承担的。

良好的现金流状况：传统意义上，信息技术的投资者在前期往往需要巨大的现金费用来支持以后的生产活动。同时，由于信息技术收益的延后性，又有很大的收益不确定性（因为项目的高失败率）。以订购为基础的信息技术服务有不同的现金流，公司按月支付费用，以购买过去由内部系统提供的等值服务。由于受前期购买的限制，回报的现金流将更快。这个优点对不能负担巨大的前期投资以获得信息技术服务的中小公司尤其重要。图 7—1 对传统信息技术投资的现金流和以订购形式从外部基础设施获得的现金流进行了对比。

信息技术服务链成本降低：集权化服务的供应可以通过很多方式降低维护成本。伴随从中心服务器提供的服务功能化，新的版本软件得到升级，降低了升级个人电脑对维护人员的需要。这种提供服务的方法也降低了盗版软件的危险（和成本），原因在于软件从来不是借助物质载体来分布的。另外，因为服务实时地提供给了用户，所以也没有为发行人和系统管理员所使用的对物质媒介（如光盘驱动器）的管理。供应商也注意到了在使用资源上规模效应所带来的节省，这可以通过降低价格来传递给顾客群。

使应用软件全球通行：当信息技术服务通过网络进行供应时，顾客的地理位置不再重要。对于任何一个具有网络浏览器的计算机来说，有权使用服务的用户都可以使用服务。流动的雇主能够进入同样虚拟的空间中而不管他在哪里。由于信息技术服务基础设施的地理不确定性，调动一个工人从一个地方到另一个地方的成本得到了大大节省。这个好处连同不断改进的客户服务提供方式（如手机和 PDA 等），提供了更多创造新价值的机会。

容许实现这些优势的网络供应模式可能采取不同的形式。现在很多公司的某些管理职能，如人力资源利益管理，通过网络服务，在拥有专业知识的供应商那里采购。很多雇主运用网页浏览器来访问财务服务公司的网址，来管理他们的退休计划或捐助投资。借助"软件化服务（SaaS）"模式，许多公司向客户公司提供销售队伍自动化服务，这就造成一种需求：向供应商按月支付费用，租借软件功能，并通过网页浏览器获得这种功能。数据可以在服务提供商的中心管理位置得到安全可靠的储存。

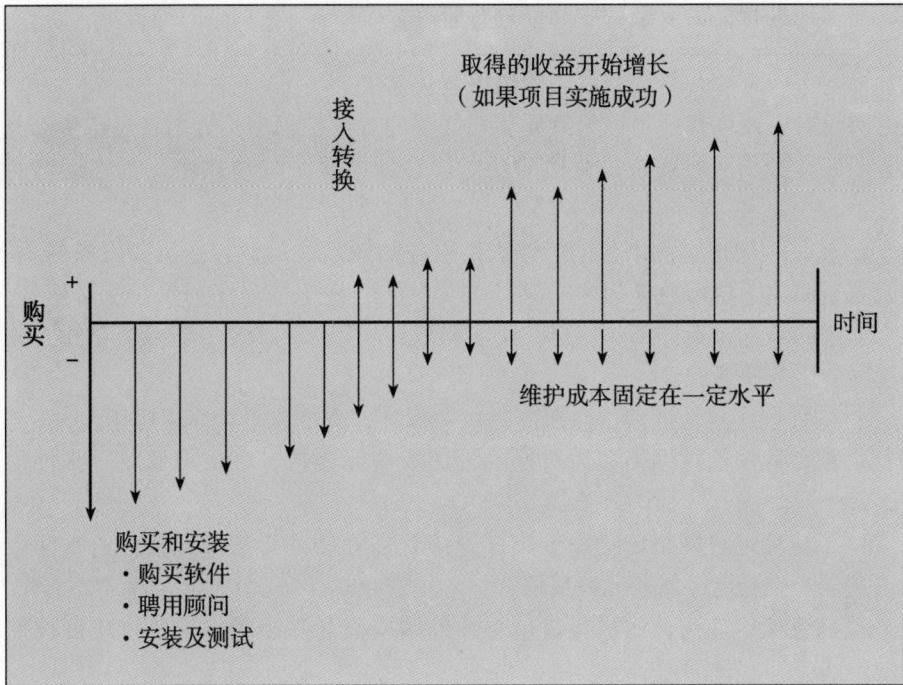

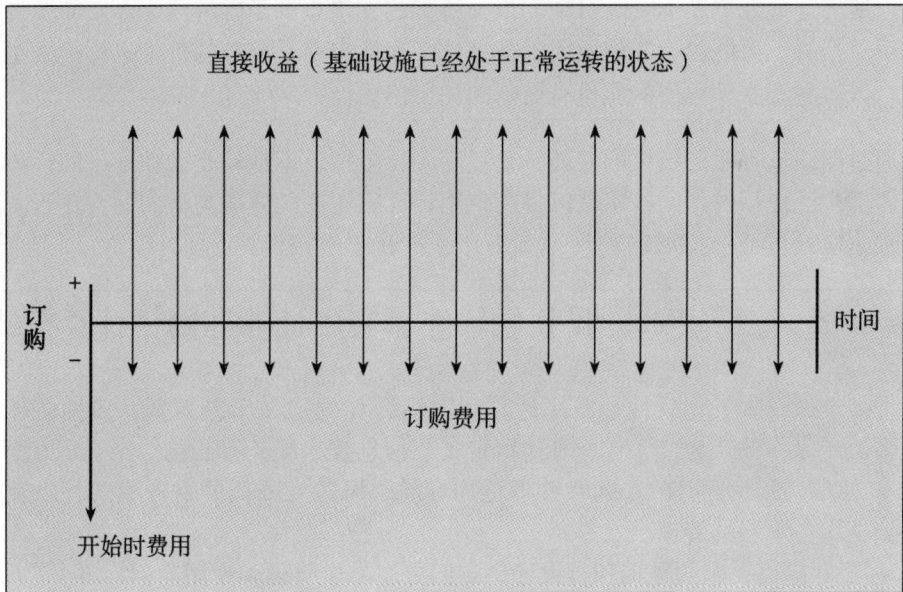

图7—1 购买和订购的现金流比较

"网页服务"这种模式容许信息技术极其活跃的自动化配置。不是与具体的服务提供商建立长期的合作关系,运用网络服务的公司实时地在不断变化的市场上讨价还价和采购。例如,需要即时汇率计算器的公司在上午11点从一家供应商那里获得换算工具,而在上午11点零1分时从另一家供应商那里获得另一个换算工具,也许因为上午11点零1分的供应商已经降低了该项服务的价格。讨价还价和签订合同将自动地、秘密地进行，由复杂的中间件进行管理。

网络服务：实例

假设有一软件程序可以将欧元兑换成美元。这一程序不能内在履行货币兑换业务，因此必须从外部获得兑换的功能。在网络服务的模式中，程序运行的方式是：

1. 软件程序通过网络，向能够提供服务的知名注册商传送需要服务的要求。注册商返回关于货币兑换程序的信息，卖主已经将这些程序列示在注册信息上。每个程序的信息包括详细的功能，卖主提供这一程序的价格，以及其他用户使用该程序的服务质量验证。

2. 软件程序自动评价由注册商提供的标准，选择一个程序去使用。

3. 软件程序通过网络和被选择的程序供应商连接，和供应商就一次使用程序签订合同。

4. 供应商通过网络传送关于怎样连接软件程序的详细介绍，传送欧元数目的格式以及接受返回的美元数目格式。

5. 软件给供应商传送进行货币兑换的请求以及兑换的金额，供应商按照程序做出回应。

6. 兑换服务的供应商和使用者交换必要的信息，以确保交易正确。

所有这些在程序运行时自动完成，所有的交接点都是因特网。下次需要进行货币兑换时，可能因为其他原因选择另外一家供应商。服务的价格也可能发生改变，或者对于服务程序的质量有更新的注册信息。

通过网络远程服务提供的好处，其程度多种多样，不纯粹是增加外包的优势。在公司内部广泛使用的相同技术是以提高使用计算机资产的效率为目的的。首当其冲的资产用途模式包括"按需定做"、"实用计算"和"网格计算"。

按需定做、服务化软件、实用计算和网格计算模式

按需定做、服务化软件、实用计算和网格计算的定义千差万别、多种多样。但是，多数专家一致认为，含有所有这些定义的信息技术服务特征包括如下几方面：

• 使信息技术服务的采购和管理更加容易，风险度降低的财务模式，以及合同模式依据服务水平的管理。

• 现存应用设施的重构和再设计使它们更加易于管理和使用。

• 改善基础设施，以提高在运用计算机资产过程中的相互运作性和效率。

支持这些模式的计算机基础设施，在可能的和实际的配置中有着极大的差异性，这种差异性对导致成本节省和新的能力造成极大的可能性，但是同时也使基础设施的复杂性有所增加。

以最简单的形式促成这种服务的财务模式可能显得单调、平凡、俗气，正如信息技术供应商使得客户通过有利的租赁协议，而不是传统的购买而获得设备一样。深奥形式的财务模式可能允许客户通过签约订购各种数量的计算机电源或者储存能力

（或者两者兼有），由供应商提供，付出一定费用，这些费用因所使用的电力或能力的数量比例而变化。这些合同还可能包括定价，这种定价保证了在负荷系统中的批量处理必须承担的价格。客户公司如果要支付批量增长的容量，只是在必须时，而不是一直维持它，这样就可从这种财务协议中实现大幅度的开支节省。通常，这种财务协议通过调整与采购服务相关的现金流概况（与图 7—1 中说明的道理相同），允许成本在财务风险方面节省或降低。

财务协议并不总是响应外在实施的特点——公司可能通过名义为"按需定制"的租约获取设备，甚至设备的使用非常普遍——但是财务协议的好处时常通过现存应用软件的再排列而被放大。有时这意味着应用软件的集权化和普及，以便在中央数据中心并从任何地方都可以获得管理。有时它意味着大规模业务程序的再设计和替换软件包，替换大量的公司应用服务文件。而且，还有的重组应用服务可能意味着用软件替换现有的设备作为服务应用。在各种情况下，这种办法能更好地使应用功能与更有效的管理模式互相协调。

在基础设施层面上，服务化软件、实用计算和网络计算更偏好公司可能采取的访问信息技术服务时所采取的步骤，如访问传统的公用设施如电力和电话一样。例如，如果服务器能力或磁盘储存能力可以如液体资源一样被管理，并且容易重新分配激增的处理需求，或者是从设备的共享方面创造效益，然后可以实现巨额的节省。这种方法管理信息技术资源的关键驱动力，在于信息技术基础设施的"地板"下面，存在着大多数商业用户从未看到过的中间件和中间设备层。支持这些模式的中间设备必须解决这些问题，例如：

- 自动配置，以自动加"快捷"的方式提供对新服务或额外容量的连接。
- 资源虚拟化，允许连接和参考服务器储存容量，不管其物理特征及位置，也允许递增式开发电力或容量，不管特定的服务器或磁盘阵列提供的容量大小。
- 变革管理，允许对基础设施实行集权化变革，以降低成本，并对维持高有效性的关键过程加以控制。
- 性能监控和分析方法，允许对计算基础设施的性能进行持续的评估，既从功能的角度又从财务回报的角度，表明正在进行的调整以改进计算机资产投资绩效或者提高回报为目的。

图 7—2 描述了一种按需定做的计算机环境，其中包括依存于中间设备层的应用程序，该程序提供对储存器、服务器和网络资源的虚拟化和性能管理的访问。

7.2 通过增加的外包服务来管理风险

随着信息技术服务链的发展和成熟，公司常常面临这样一个问题：哪些服务需要外包出去？图 7—3 概括描述了许多公司在考虑这一决策时的一些步骤。如果信息技术服务对于一家公司来说是独一无二的，并且提供这项服务会带来巨大的收益，那么这项服务最好不要外包，至少不提供给销售相似服务的供应商。这些服务是一个公司运营的核心，以至于必须维持管理和扩展它们的内部能力。这条规则的特殊情况是，在公司发现自己不再具有内部发展的重要能力时，必须通过外包来获得这项能力。

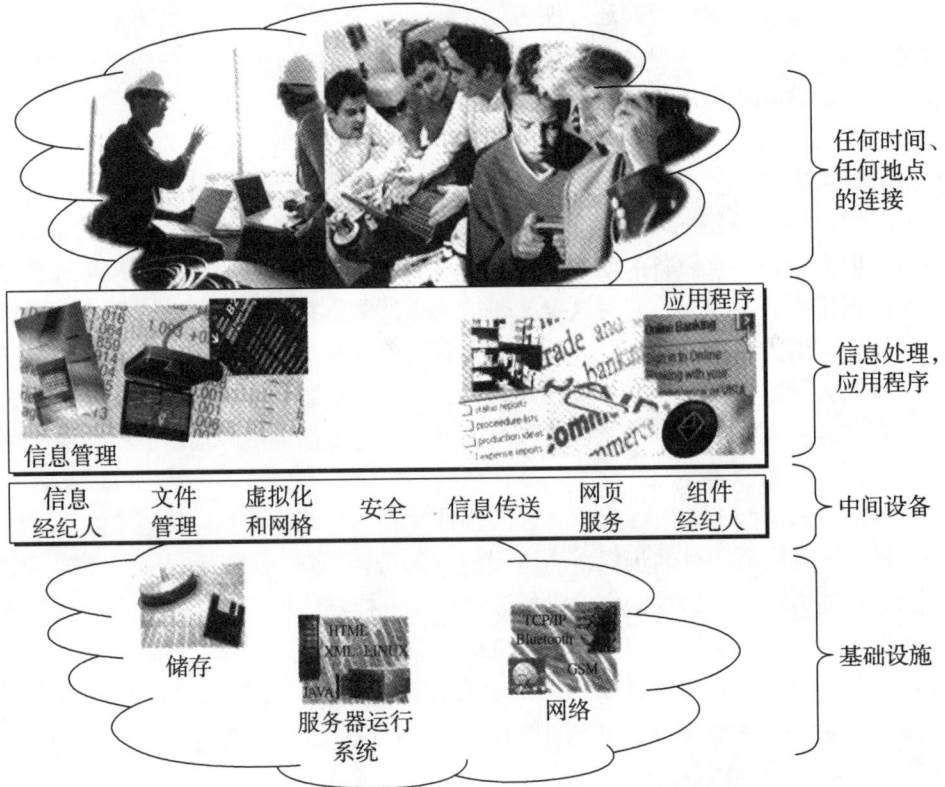

（a）

资料来源：Adapted from work by Arjun Chopra and Meghna Rao, Harvard Business School MBAs from the class of 2004.

IBM——计算机组合

服务器中心	英特尔公司的 BladeCenter（Win/Linux/Netware）高密度服务器；英特尔公司的 xSeries 服务器（Linux/Win/Netware）；Midrange iSeries（OS400/Linux）服务器；IBM power4＋处理器（AIX/Linux）上的 pSeries 服务器；zSeries MainFrames（z/OS/Linux）；AMD Opteron 处理器（Linux）上的32/64位服务器
储存中心	IBM 磁盘存储系统/磁带/SAN/NAS H/W 海量存储设备
网络资源	第三方产品（如思科、Juniper 网络公司）的使用
服务器	采购的加拿大软件开发商 ThinkDynamics（5/03 = ＄保密）Tivoli
虚拟化/应用程序自动配置	配置/自动配置管理员软件
储存管理	IBM 磁盘存储系统 SAN F/S & SAN 海量控制器 Tivoli 存储管理员软件
网络管理	网络自动配置采用的 Tivoli NetView
系统管理	管理多个平台的 Tivoli Suite：Access Mgr 管理员软件、Systems Discovery 系统安全工具、自动配置、监控、报告
更高水平的网络服务应用程序	WebSphere 电子商务产品、Rational（12/02 = ＄2bn）开发工具、Lotus 协同产品、DB2 数据库

（b）

图7—2　按需定做的计算机环境

信息技术的许多服务不具有竞争优势，这些服务是一个现代化公司运行的基础。但并不是说一个公司的服务必须不同于其他的竞争者。例如，一个公司可能需要电子邮件以及文字处理软件，但是一个公司成功与否和这些产品的特性通常没有什么联系。对这些商品性的服务而言，优势在于可靠性和低成本（或者一个更有利的现金流）。

增加外包服务的决策原理，与我们将在第9章讨论的外包信息技术功能的原理大体上是一致的，但也存在着区别。就增加外包来说，经济壁垒不高，决策失误的潜在影响也不是大得惊人。但是，当一个公司只是外包其旅行费用时，比如，不是整个信息技术基础设施，这就包含着风险。这些错误是可挽回的，并且损失不大。因为错误的代价低，更多的实验是可行的。尝试去增加一些服务并不意味着管理者必须遭受长期合同的制约。

然而，不能轻易做出增加外包的决策。如果公司有严重的问题，外包主机或网络管理的决策会加重公司的问题。而且，许多个别正确的增加外包决策会给整体造成很大的负面影响。单独地增加外包的决策不能与公司的战略达成协调和一致。

增加外包给管理者提供了新的、有吸引力的选择，以寻求能改进信息技术基础设施的方法。过去，管理者常常会面对两种等价的不太好的选择：（1）什么都不做，让竞争者来承担风险；（2）批发计算机基础设施主要构成的替代品，这种方式风险大、成本高，执行失败的结果将是公司破产。以传输控制协议/网际协议为基础的网络，代替批发性的网络决策，这会带来另外一种风险。这种风险类似于是否执行公司系统的决策。然而，以传输控制协议/网际协议为基础的网络的出现，使得管理者能够在要么全有要么全无的选择中进行协调，这也许是信息技术历史上的第一次：设想增加外包改进的途径成为可能，即从 A 到 B 然后到 C，每次在没有将公司的未来陷入危险之中的同时，还获取巨大的经济利益。

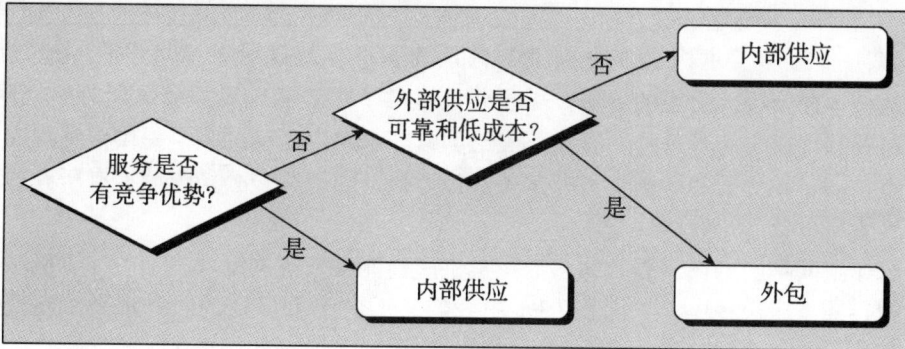

图 7—3　内部和外部服务供应比较

一个增加外包的例子：主机服务

将公司系统的主机外包出去，包括将其定位在哪里的决定。尽管表面上有点像是要么全有要么全无的选择，但是当移动计算机进入供应商的网站时，实际上公司正好可以决定从服务供应商那里接管哪些管理功能。一些基础性的维护功能，比如电力，必须放弃。而其他的功能，管理者能够选择外包增加多少。通过这些，管理者练习控制在执行初始外包情况下的风险水平。在这章中，在乍看外包好像表现出要么全有要么全无选择的情况下，我们把主机作为增加外包特征的一个例证。

1. 主机服务供应商产业

主机公司拥有并管理辅助设施，这些辅助设施容纳提供网络服务的计算机。例如，它的网上零售业和后台办公功能（如购物车、校验及信用卡服务等）经常依赖于主机辅助设施上的计算机平台，而不是销售公司的销售场所，来促进网上购物业务。

外包主机的益处有很多。外包主机可以减少停工时间和成本，提供到新技术的连接，而无需在设备方面投入大量的资本。

2. 主机供应商的服务水平

表 7—1 　　　　　　　　　　　　　　主机供应商的服务水平

服务水平	服务的描述
公司运行服务	应用程序的管理和运行
应用程序维护服务	在运行系统水平上维护软件；应用程序维护；应用程序的监控和调整；程序设计的可测量性、可靠性、安全性
平台服务	硬件、运行系统的维护；重新启动服务；数据备份以及错误预防服务；URL 监控
网络服务	内部和基础设施连接，外部与公共网络和同样的私人网络连接；传输层的网络运输监控；确保信息包的服务水平和网络的有效性；网络安全
房地产服务（空间水平最低程度的维护）	合适的场地和实物辅助设施；场地和基础设施的维护

表 7—1 显示了主机供应商提供的一系列服务。基础服务水平——房地产服务——类似于办公场地出租的业务。尽管外包提供了完善的辅助设施，但是它把网络、计算机和软件应用的管理和所有权都交给了顾客。发生变动的只是提供信息技术服务的地点。同一批开发和维护人员非常关心计算机，因此客户公司继续拥有所有的应用程序计算机设备。

除了空间和辅助设施外，大多数主机供应商能够管理网络、有形的计算机基础设施、执行甚至应用程序。如同表 7—1 中我们从下向上看提供的服务水平，发现外包的增值——客户公司花费的资金和外包所付出的努力——变得更大。按照提供的服务水平对主机模式进行粗略的分类如下：

联合主机：联合主机公司只给基础设施及其运行提供一些基础的服务。顾客租入空间、连接器和电力。除这些基础服务以外的服务都从网络上获得，没有必要由主机供应商提供。顾客的场地通常装满了从地板到天花板高的笼子，顾客具有拥有和保留这些笼子中的所有服务器和基础设施的职责。主机供应商常常对这些顾客笼子里的基础设施和公司运行知道得很少。这种模式要求顾客有（或从第三方获得）专家来设计、维护和运营笼子里的基础设施。通常，这个能维持巨大规模建筑可能的模式提供了很高的实用性。

共享主机：在共享主机中，主机供应商拥有并运行服务器，顾客在服务器上购买空间。大多数顾客只分享一个服务器。一些供应商使用成熟的群集技术来获得高质量的服务和可靠的运行。然而，这种模式最适合于在低成本是最重要的考虑因素时，没有关键使命的主机开发商为小公司或者个人提供服务。由于该模式可看到安全性和可靠性的负面影响，一些顾客对分担影响的程度很敏感。

专用主机：像共享主机一样，在专用主机中，主机供应商拥有并运行服务器。然而不同于共享主机模式的是，顾客之间不能分享服务器的使用，服务器专属于某个特定的顾客。提供网络的其他基础设施组成、储存和其他服务能在顾客之间分享。通常，专用主机供应商提供一个完整的管理服务包，服务包中包括在特定安全和实用水平下运行客户系统需要的每一样东西。实际上，专用主机能支持高水平的安全性和实用性。

外包数据中心基础设施管理并不是一个要么全有要么全无的选择。另外一个例子是，与服务器供应商的连接提供了具有更多风险因素的增加外包服务水平，也提高了在客户管理上的费用。你想以每秒 1 兆的速度与网络中枢连接吗？还是每秒 10 兆？从每秒 1 兆到每秒 10 兆的速度怎样？千兆的以太网呢？服务提供的选择方式有很多种，现在，基础设施的管理者能够购买到确切是他们所需要的增加外包服务。

7.3 管理与服务供应商的关系

当从外部获得信息技术服务时，公司必然发现它们必须处理和一大批服务供应商的关系。当服务供应商和他们的顾客运行相互交织在一起时，客户开始依靠供应商的能力，并作为它自己能力的基础。结果，随着所有重要的公司功能的外包，不管是给生产线供应各部分组件还是管理计算机基础设施，与供应商的良好关系对于一个公司履行它初始的商业使命都是至关重要的。供应商的错误会带来很高的代价。在服务供应商的链条上，服务实际上只是相当于最微弱的连接点。因此，选择可靠的服务供应商，以及管理好与供应商的关系，对信息技术的管理者来说是很重要的技能。

7.3.1 选择服务供应的合作伙伴

在装配信息技术服务链中，最重要的步骤就是供应商的选择。不同的供应商在他们提供的服务水平、收取的服务费、提供的保证以及愿意承担的责任上有很大的不同。关系管理中的专家，没有一个能够在选择可靠的服务供应商中完全获胜。因此，基础设施管理者在选择商业合作者时必须保持巨大的耐心，这些商业合作者能很好地执行重要的服务链功能。

选择服务供应商，最常见的方法包括书写一份提议请求书（RFP），并把它提交给看起来合格的一系列供应商。一份提议请求书通过电波，向预期的供应商索取与他们服务功能相关的信息，包括财务、技术以及运行方面的各种信息。回应成为决定选择哪个供应商的初步基础。然而，公司很少完全依靠提议请求书的回应做出决策，相反还依靠从产业分析家、其他使用服务的公司和登录过供应商网站的客户那里收集到的额外信息。许多公司使用详细的评分系统，将从各种渠道收集到的所有信息集合起来作为比较的基础。但是选择又常常涉及管理的判断。

提议请求书没有统一的格式，在考虑选择供应商时，所依据的信息和来源的类别上也没有统一的标准。然而，提议请求书要求的主要信息类别有以下几种：

描述性信息：描述商业运作的方式，显示服务供应商的优势，以及将来可能的发展方向。描述性信息在评价预期供应商提供服务的能力（例如，是否足够大来满足你的需要）方面有很大的相关性。

财务信息：在评价服务的连续性以及供应商提供的服务质量上，服务供应商的财务实力是一个主要的因素。财务状况不好的供应商有可能在维护服务质量上存在问题，或可能需要财务上的援助来降低或减少从外部获得服务的经济利益。更糟糕的是，他们可能经营失败以至于倒闭，留给客户的是供应商破产的烂摊子。

满足服务需求的建议性计划：供应商提供的服务怎样满足顾客在提议请求书中的要求，显示了他是否正确地理解了请求。通过评价满足请求的计划的优点，并与其他供应商的提议计划进行对比，所有涉及供应商计划的合作公司的能力都能够得到确认，这样客户能保证涉及服务提供的所有伙伴的资格。

临界危险的减缓：一个好的提议请求书包括一些特定的问题，比如潜在的服务风险。实用性和安全性是使顾客确信他们能够理解服务供应商方法的两个关键点。

服务保证：服务供应商的保证（执行的水平通过合同中的处罚条款能迅速得到证明）是供应商的管理者对他们的服务真正有自信的重要标志。经常，在执行服务供应商的要求规范和他们愿意提供的保证之间存在着很大的差距。如果这个差距太大，服务常常不会像广告中那样有说服力。服务保证在纠正服务供应商的动机上是必不可少的，因此，总体上服务供应链能很好地运行。

定价：通常包括以前变动的组件，也能通过其他方式得到构建。尽管定价对所有的公司都很重要，但是在供应商之间做出选择时，它并不是最重要的因素。

表 7—2 显示了三个主机供应商的概括信息，这三个主机供应商是通过提议请求书和其他资源选出的。通过仔细看信息后发现，供应商之间的选择时常非常重要。在一个领域强势的供应商可能在另一个领域很薄弱，常常不会出现很清晰的选择。

例如，在表 7—2 中，供应商 1 看起来不愿意提供财务信息，这可能显示需要进一步调查。尽管供应商 1 的资金来源是"镀金"的，但顾客需要特定保证：服务供应商有一个变动的商业模式，并在将来能够成为很好的合作者。相似的，基础设施管理者有理由对供应商 2 的盈利能力担心。供应商 2 将损失归于扩张计划，但是预期的顾客可能想知道，公司是否能容易地实现管理者所期望的盈利水平。在这种情况下，供应商 3 看起来好像是可靠的选择，因为其规模大，盈利水平高，而且费用低。

表7—2 主机供应商总体网格比较表

对比方面	供应商 1	供应商 2	供应商 3
公司描述	地区性主机和宽带（中枢、DSL）服务供应商	国家主机服务供应商	地区性通信、中枢和宽带服务供应商
雇员	1 600	3 300	28 000
财务状况	拒绝提供（个体企业）	在销售收入6亿美元的基础上，税后损失达1.8亿美元；很强大的现金状况；新的基础设施构建，由于扩张导致负利润	在销售收入130亿美元的基础上实现税后盈利11亿美元（大多数不是来自主机服务）
管理的数据中心数目/总面积 提供的空间（提议建议书对6个设备架要求的空间）	3 个数据中心/160 000平方英尺. 38′×8′（192 平方英尺），移走隔离物提供邻近的空间	28 个数据中心/1 600 000平方英尺 38′×7′（168 平方英尺），移走隔离物提供邻近的空间	5个数据中心（2个用于经营活动）/220 000 平方英尺（45 000 平方英尺用于经营活动）280 平方英尺的空间
物理安全性	充分满足需求	充分满足需求	有些问题（见实地访问记录）
电力	充分满足需求	充分满足需求	只和一个电网相连；承诺在6个星期内会达到两个
连接	充分满足需求	充分满足需求	没有多余的中枢；6 个星期承诺期
服务水平保证	充分满足需求	充分满足需求	部分满足需求
以前的安装成本和空间成本	6 500 美元	7 800 美元	10 800 美元
每月的空间租金	3 ×6 500 美元	3 ×6 800 美元	9 800 美元
以前的安装成本和连接成本	1 200 美元	1 500 美元	1 600 美元
变动的连接成本	每月加 1 200 美元，为超过每秒 10 兆比特的速度，每月额外支付 525 美元	每月加 1 500 美元，为超过每秒 10 兆比特的速度，每月额外支付 589 美元	每月加 900 美元，为超过每秒 10 兆比特的速度，每月额外支付 412 美元

资料来源：Adapted from Robert D. Austin, "Selecting a Hosting Provide," Harvard Business School Exercise No. 601 – 171. Although based on real cases, these are fictitious do not pertain to any real hosting provider.

不幸的是，仍然有理由担心供应商3的大多数收入来源于商业而不是主机服务。这种形势表明其在主机服务上有欠缺。而且，供应商3好像有严重的经营问题。表7—3显示了一个不太好的报告，报告由访问供应商数据中心的一组成员做出。从报告的观点看，有人怀疑供应商提供的更低价格可能是计算错误，或可能是在主机服务上没有经验的表现。如果是这样，低的价格最终也将会成为客户的一个问题，尤其是在主机业务的低利润使得供应商管理者进一步降低他们在主机上的注意力时。更糟糕的是，如果供应商3发现其在主机上发生亏损，就可能以各种手段尽力降低影响他们服务水平的成本，或者甚至不再提供主机服务。

我们在外包的整体事实上受到阻碍，至于外包我们将在第9章中讨论：对一方是单一的、有利的外包交易，通常对双方来说都是一个坏的交易。正像我们意识到，交易是失败的，因为没有优势的供应商管理者总是把资源从关系中移走。这种现实引导我们到达下一个主题：一旦他们都处在合适的位置上以后，就要管理与供应商之间的关系。

7.3.2 关系管理

和服务供应商的关系需要连续的关注，程序必须正常运行，以使合作者能分享信息，服务链上的问题能迅速得到解决。这些问题，是由不同供应商提供的基础设施组件相互复杂作用而引起的。例如，问题轨迹和顾客关系系统必须能像顾客会计信息一样交换问题轨迹的信息。程序和合作者系统之间的技术界面必须要恰当地设计和维持。

比信息分享系统问题更重要的是许多来自合作服务链关系上的激励问题。但是，有时最主要的障碍不是技术性的而是政治性的。当为了一个问题而影响解决问题的程序时，服务合作变得更没有效率。有效关系的关键是联合不同合作者的激励因素。

服务水平协议（SLA）是用来连接与服务供应商关系的一种普遍契约工具。服务水平协议描述了一些特定的状况：服务供应商承担服务中出现的各种条款。与我们之前的例子相一致，服务水平协议是提供给服务供应商的。注意到对失败明确的定义之后，只有当服务供应商对服务的中断承担责任，并且惩罚是预先列明的、有限的时候，惩罚才适用。这就是为什么服务供应商坚持小心地定义和限制失控问题下承担的责任。但是，协议的特定属性使得服务质量保证变得复杂化。关系客户公司的是与服务供应商引起的错误无关的任何一种失败。

表 7—3　　　　　　　　主机供应商 3 辅助设施调查报告样本

最初的外部调查：分享提供服务的修复仓库建筑（传统的墙，不坚固）。城市设施和仓库的联合体。基础设施附近工作的工人，主要任务是钻研（潜在的光纤缆限制）基础设施。第三层是数据中心。第一层和地下室，包括用来提供服务的车库。在北边的底层是来来往往的板式卡车。第二层有办公室，好像都是空的。从来不和能明确告诉我们为什么第二层扩建，或者即使只是个计划的人说话。

能看清基础设施周边情况的 CCTV 照相机。装在 12 英尺高的链环中的柴油发动机，顶部的 HVAC。建筑物西边是一系列的装填门。

考察当天，3 个装填门是开着的。我们成功爬上装填码头，直接走进一个电力基础设施，这里安装有许多不间断电源。我们在这里等着，期望 CCTV 或警告器会安全地工作，但是没有人出现。（后来全体组员解释这种失误的原因时说，装填门开着就容易建筑和修复，那里值班的人员预先没有收到申请。）

进入基础设施：第一层的安全是建筑物的安全。看守人员看起来没有意识到建筑物内有一个数据中心。我们被引到第三层，在那里看到滑动的玻璃隔离物后面有一个没有使用的安全桌。桌子上有个 CCTV 控制台，我们通过通路很容易爬到了安全桌，进入基础设施中。在门口能看见生物统计表，但是盖满了灰尘。安全警卫朝我们走过来，通过无线电呼叫某人，然后有人带我们进去。让我们进去的这个人从数据基础设施外边的某个地方出来，斜着通过入口，撞到了触手可拿的信号器，带我们进去。我们站在门里，这时他向我们出示了参观者徽章。他请求看身份证，从这点来看，安全只是个闹剧，每个人都很尴尬（包括我们）。我们所处的房间距离数据中心大约 20 英尺远。不幸的是，门被支开。

笼子：没有笼子。任何一个人能得到键区访问的空间。没有凸起的地板；电力从上面过来。有门闩和架子。房间的墙不能延伸到顶部，因此可能爬过墙或者把东西投掷进来。

冗余、安全等的核实：尽管承诺 6 星期，但是冗余的电力和连接仍然没有到位。基础设施的网络硬件放在一个开放的空间中，任何需要进入他自己空间的人都需要通过它。尽管他们在合同中注明，愿意在网站上提供某种网络监视器，并注明通过本地的 NOC 网络运行能够得到监视，但网站没有 NOC。向导一直向我们不停地道歉。

问题：尽管有一些客户已经运行，但基础设施仍然没有完全建好。供应商承诺及时按照我们的方案完成。但事实上我们不能平等地将这个基础设施与其他相比。在建造中的基础设施不能解释我们看到的所有失误。

总体评价：这些人看起来仍然不能提供主机服务，可能只是因为还处于建设阶段吧。但是在我们的调查中我们几乎没有提供良好服务的感觉。

资料来源：Robert D. Austin，"Selecting a Hosting Provider," Harvard Business School Exercise No. 601 - 171. Information in this report fictitious and intend to pertain to a real hosting provider.

表 7—4　　　　　　　　　　　主机供应商提供的服务水平协议

- 停工期——指由于主机供应商连续 15 分钟不能提供服务，维护软件包损失超过 50% 的这样一个时期（不包括计划维修时间）。
- 过长的反应时间——指主机供应商网络上两个点之间的供应反应时间，来回超过 120 毫秒的情况。
- 过多的服务包损失——指主机供应商网络上两个点之间的软件包损失超过 1% 的情况。
- 每次停工时间使得顾客能收到一笔补偿金额，相当于一天的重新连接所需的费用。
- 主机供应商保证在两个小时内诊断出主机供应商和顾客网络之间的问题。
- 如果问题不是出在主机供应商和顾客网络之间，那么主机供应商将在另外两个小时内发现问题。
- 在主机供应商发现问题原因的一个小时内，顾客将得知问题的原因。
- 如果问题在主机供应商的控制范围内，从诊断问题到解决问题将保证在两个小时内完成。
- 在上面承诺的时间内不能提供诊断或解决问题时，顾客有权利获得另外的延迟两个小时的服务补偿金额。
- 在事件发生 7 天之内顾客可以要求书面补偿。
- 补偿金额依据主机供应商的全权判断做出。

　　因此，顾客公司的管理者必须管理与许多服务供应商的服务水平协议网，网上的服务水平协议必须是相互制约的，以至于惩罚措施贯穿整个服务链，通过这种方式提供合适的服务。例如，假设提供整个网络软件服务的一个公司同意与顾客公司签署服务水平协议，顾客公司要求公司在系统不能提供服务超过 10 分钟时支付赔偿金额。又假设失败的真实原因是另外一个供应商，即网络服务提供者。在这种情况下，软件公司和网络服务提供者之间的网络服务协议将明确指明，网络服务提供者由于归因于顾客公司的惩罚，而应支付给软件公司一定的补偿额。尽管在软件公司和网络服务提供者之间，服务水平协议看起来是对这两个实体都有益的事，但是对顾客公司的好处保证了动机的一致。在服务链上伙伴之间的纠纷，对服务的使用者具有可怕的牵连。

　　传统上对服务水平协议的定义，要求用"牙齿"设计它们，也就是说，在出现失败时服务供应商会感到内疚。然而实践中，决定合适的惩罚水平是很困难的。服务水平协议提供给服务供应商两种激励因素，并且提供一种表现他们有意愿提供可靠服务的方式。因此，他们处在合适的位置是重要的。但是惩罚水平定得太低会没有影响。定得太高又会伤害供应商成为一个好合作者的意愿（在惩罚水平足够高时）。因此，尽管服务水平协议是重要的，但把它作为管理合作者的唯一方式是错误的。最成功的合作关系是强调目标的分享，帮助所有的合作者获得合理的回报。

既然许多外包的服务涉及把数据委托给服务供应商，因此合同关系需要包含对顾客公司有权去控制它们自己数据的规定。这里的关注点不是供应商尽力要求获得顾客数据的权利，而是供应商通过使顾客转换供应商不方便从而尽力锁定顾客关系。一个公司需要保留把数据转移给另一个供应商的权利。在合同中，服务供应商必须保证顾客有权把数据返回到公司或转移给另一个供应商。这样一个合约规定显示了一个常见的情况，但是更常见的是：当他们的关系出现一定程度的问题时，服务供应商和顾客的利益不能很好地整合。不管服务的类型是什么样，使用信息技术服务的管理者必须保留服务供应的选择。在避免不必要的纠缠上没有加以足够重视的管理者，将发现他们自己受服务供应商的支配，丧失增加外包服务带来的基本收益。要在不断的行为中慢慢改变和提高对信息技术基础设施的管理能力。

7.4　大规模外包协议的管理

有时公司外包的不仅仅是服务，而且是信息技术功能的所有或主要部分。比起增加的外包交易来说，主要的外包项目涉及更大的投资，更长的持续时间，更高的股本股份，以及更大的总体风险。通常它们源自策略的动机而非运作的动机，它们对信息技术终端用户的影响更大。

比起增加的服务合同，大型外包协议的这些特点使得它们的管理难度加大。例如，主要的外包合同可能延长 10 年时间，而计算机芯片的性能每年升级的比例为 20% ~ 30%，信息技术能力的策略关联性在这种间歇期间可能以中途修改合同的方式发生变化。随着时间的流逝，客户和供应商增加利益的方式还可能会引起这种调整的需求。在建立关系的早期，客户获得明确的利益，时常包括一次性支付以换取被移交给供应商的资产，但是随着时间的流逝，客户开始寻求更高的价值以换取对供应商的支付。从供应商的角度看，情况正相反，新的合同早期需要进行大额支付，同时承担因处理客户的信息技术职能任务所造成的繁重成本，期望在合同后期产生的效益中获得补偿。但情况时常是，正如供应商最终开始体验那些利润，寻求更高价值并对新的服务有需求一样，客户开始对支付感到不满，感到利润大大地低于他们的预期。紧张的气氛由此形成，考虑周全的协议预料到这个难题，在撰写合同条款时，加进去有关中途修改的条款。

大规模外包生意在各个公司已经趋于普遍。但是与婚姻一样，这种外包协议容易达成，但是维持或解体就比较困难。大的外包涉及的不仅仅是管理关系，事实上，它还涉及战略联盟的管理问题。

7.4.1 为什么公司要建立大型外包关系

使用你的大部分能力来实施外包商业模式，并使之成为另一公司的技能，在制定这种决策时不应当掉以轻心。公司进行这种选择的理由千变万化，但是我们可以从中找出一些共同点。

成本节省：大型外包供应商可能会为客户节省资金。供应商可能管理被客户共享的基础设施，尤其是硬件和辅助设施，更有效的是，降低中间环节的成本。跨宽广地域的供应商，为了开发新客户和维持运行，会加强对低成本劳动力的访问和接触。比起委托人公司自己所要求的，拥有众多客户的供应商也许能够要求更加有利的采购条款。

对现存信息技术能力的不满：在有些公司，一个时期累积的信息技术管理疏忽最终会达到失控的程度，当这种现象发生时，总经理可能会认为外包是一种提高不适当能力的方式。对外包的额外驱动因素，使公司迅速地重新装备和调整信息技术后台的办公运作，以保持竞争力。作为替代方式，行业的动态可能以一种方式变更，就是为保持竞争力，广泛需要从公司获得技术进步。公司经理也许不相信现有信息技术部门忙于挑战。在这种情况下，外包对于公司领导者来说好像是一个不错的选择。

使公司战略关注其他领域的愿望：在竞争压力下，不将信息技术视为核心能力的公司，可能将外包看成更好的战略焦点。运用外包的信息技术，公司可以将其精力集中到其他不同的竞争性上。

推进大规模的组织变革：有的时候，组织的僵化和惰性使得管理者们难于在运作方面进行大的变革。受高级管理层驱动的外包，能够提供促进变革的支柱。从来也未能在内部完成的变革，有时可以通过将变革的要点向供应商推进而完成。

技能和人才的获得：很多公司，尤其是明显从属于非技术领域行业的公司，在吸引具有足够才能的信息技术人才方面，有一定的难度。这些公司可能看重很少的选择，而不是外包，来满足它们战略和运作信息技术的需求。

其他因素：有几个财务问题也是使外包如此受欢迎的原因。一是它能增强企业的无形 IT 资产流动性，改善企业的资产负债表，避免将来再进行重复性的资本投资。很多外包协议都要求外部供应商根据软件/硬件的真实价值和 IT 系统的无形价值，向其客户支付大笔补偿资金。例如，General Dynamics 因此收到了 2 亿美元。外包也能将大额的固定资本转化为变动资本。这种转化对于每年业务量变化很大，以及面临巨大滑坡的公司来说尤为重要。外部供应商可以使滑坡公司在进行变革时少一些阵痛，有效地抑制这种态势，并潜在地提供公司 IT 员工（他们还在自己的岗位上，是因为外部供应商有能力处理多笔业务）工作的稳定性。事实上，作为外包交易的一部分，被交换给供应商的 IT 员工是很自愿的，除了工作更稳定之外，更丰厚的报酬也是一个原因。这些 IT 员工认为他们离开了一个缺乏晋升机会且预算很少的环境，进入了一个把 IT 作为公司核心业务（也是核心竞争力）、有着广阔发展前景的企业。

7.4.2　大型外包联盟的规划

成功的外包源于对外包活动的详细规划，规划合理并不能保证获得成功，但如果规划不当，业务流程肯定会运作不畅，成功的联盟有以下几个要素：

合同的灵活性：无论对客户还是对供应商公司而言，不断发展的技术，变化中的经济形势，新的技术选项，都使得在外包关系存续期间不可避免地要进行变革。因此，起草的外包合同也应该能适应这种变化。由于合同经常需要调整，因此合同以外的关系领域就显得颇为重要。如果联盟双方都有兴趣进行合作，对问题的解决有着共同的办法，联盟则容易取得成功；如果情况不是这样，可能就会有麻烦产生。不管合作的内容多么详细，它也不可能规定出现意外时的全部防护措施。事实上，很多个月的合同起草过程可能比合同本身还要重要。因为在起草过程中，联盟双方都要审查对方对自己的价值。如果该过程是成功的，那么它就会成为发展超越书面合同之外的私人关系的基础。

标准与控制：在合同中将对重要操作部门的控制权移交给第三方（如外部供应商）时，进行深思熟虑是必然的，尤其是当 IT 改革是公司能否成功的关键，或公司极度依赖 IT 进行正常的业务时，情况更是如此。外包协议必须考虑公司的这些担心。在某种程度上，控制是指一种状态，多数公司已经习惯了不直接控制某些服务，而是让供应商去直接控制。例如，由第三方提供水和电是很正常的，这些服务一旦中断，很快就会使公司陷入困境。由公司内部持续性地提供这些后备服务是不现实的，也是不可能的。正如前面一些案例所说，供应商比客户更适合提供这类高度稳定的服务。把对新产品和新服务的开发责任移交给第三方，可能比外包一般业务更具有冒险性。在战略方格中，位于工厂导向象限和支持导向象限公司的新产品和新服务的外包问题，比位于战略导向象限和转型导向象限公司的问题更易解决，因为革新对于前者的意义要小得多。但是无论公司持哪一种战略，它都必须为系统响应时间、最大服务能力和对系统需求的响应等制定详细的标准，这些标准必须明确地写入合同。

外包的范围：一个公司可能选择外包其大部分的信息技术运作，而不是外包所有的业务。在考虑主要的外包协议范围时，联系和协作的因素进入讨论之中。准备外包的信息技术部分，能够合理地与委托人公司的系统及基础设施的其他部分分离开吗？即使能够，协调费用会管理得当，或者协议的复杂性会补偿潜在的收益吗？

期望的成本节省、技术更新及改进的价格：尽管似乎显而易见，主要的外包交易各方，就预期的成本节省达成一致意见是非常重要的。那么那些显示的价格，在委托人和供应商之间是如何划分的？同样，有关设备更新、新的技术实施以及系统更新的价格，这些最好在合同中都一一说明。

建立长达 10 年、灵活且不断变化的合作关系，需要的不仅仅是专业技术和一份完备的合同起草才能。对解决问题的经验进行共享，共同的价值观，关键员工之间的良好人际关系，是长期成功的无形决定因素。聪明的委托人公司可能放弃价格上的东西，而吸引外包合作伙伴，因为经理们相信从长期来看非常适合。在生意人中间的好人缘，对于成功来说还是不够充分的一个条件，在最初的关键关系人物调动到其他岗位之后数年，外包关系仍将会保持适当的状态。

7.4.3 联盟的管理

到大型外包关系的过渡是相当困难的阶段，有关事业路径和人员工作安全性的不确定性，都使出现问题的可能性大大增加。处理人员事业问题的计划和过程越快，调动职务过程和解雇金、遣散费解决得越快，这种结果便越是有效。对未知因素的担心几乎总是比现实更加糟糕，对信息技术人员来说，在供应商公司的机会时常大于在客户公司的机会。

一旦这种关系处理得当，正在进行中的联盟管理是通往成功的唯一最重要因素，在这三个关键区域需要密切关注：

首席信息官（CIO）职能：公司必须有一个强有力的 CIO 职位。CIO 的工作中心就是计划——通过计划保证 IT 资源处于最佳水平，并且在公司内部合理分布。CIP 的角色一直以来明显地与网络、数据中心和系统管理方面的实时管理区分开来。在线管理首要的一点是，CIO 必须管理与供应商的关系，依据合同监管执行情况，并处理可能出现的问题，促使外包联盟适应不断变化的情况。其次，CIO 和工作人员必须保留一定的计划义务，以便使公司的硬件和软件标准、数据库构建等方法直观化并且更加协调。客户可以在这些领域委派实施，但是不是长期所需的，这要根据公司实际情况。最后，CIO 和工作人员必须具有评估新兴技术及其潜在应用的能力，评估技术的可替代性性方案不能够委派给第三方进行，因为外包供应商具有提供新想法的动机，容易导致额外的工作，也可能导致更大的供应商成本。

业绩的衡量：要想精确地对外包效果进行测量是很困难的。为此，很多公司只是制定出行为准则，对行为的结果进行测量和解释，私人公司对此可能会有根本不同的动机与打算。此外，很多成功的重要指标都是无形的，要很长时间才能看出来。即期的、实在的成本节约可以很好地测量，但是由于组织结构精简而带来的效果提高却很难估量。

关系交互界面：客户与外部供应商之间敏感界面的重要性不能被低估。首先，外包并不意味着所有的责任都转移到了供应商身上。现实是，监管工作就不能交给公司外部的员工，正如我们前面所提到的那样，它是由 CIO 及其下属来管理的。此外，客户与外部供应商之间的界面也很复杂，具有不同的层次。在最高层次，必须有处理政策与关系重构这种重大问题的连接；而在较低层次，必须有识别和处理更加日常化的战术性问题的机制。对于处在战略导向象限的公司来讲，这些政策讨论都是在 CEO 一级进行的，有时还包括董事会。

7.4.4 大规模的外包：成为时尚

最近 20 年来，管理总体信息技术能力的全然不同的方法已经出现，并且很可能成为时尚。尽管如此大规模的外包不是对于所有的公司而言，但是很多成功的组织已经完成了这一跳跃。决定成败的最根本因素是什么？对关系的管理，大多数人将其视为策略联盟，而少数人将其视为合约关系。

7.5　管理遗留下来的系统

不久之前，一家老牌美国公司的税务会计师们发现，在美国税制下他们不能充分获得他们要求的收益。在这件事中，详细的税收法律并不重要，重要的是，如果会计师能够获得税收上的收益，对一个公司则是一笔相当大的金额。但是为了获得税收收益，公司需要按照某种特定的方式处理应收款项。因此，税收会计管理者召集公司所有成员都参加会议，讨论有关应收款项应如何处理的问题。

会议进行到大概 2/3 时，坐在后面的一个年轻下层管理者打断了会议的顺利进行，同时使得来自税务会计部门的一位高层管理者很生气。

"打扰一下，"这个年轻人说——每一个人都知道他是信息技术部的，"你能……让我明白……"当屋子里所有人的注意力都完全转向他时，这个年轻人结结巴巴地说，"你的提议是什么？是否是……"然后他概括了对提议的理解。

"是的，"高层税务会计管理者回答道，"这就是假设，尽管我们仍需要在细节上与在这里的每一个人进行讨论，以确保无异议。"

这个年轻人笑着说道："我有些建议。"屋子里的每个人都振作起来，期望对难以理解的公司信息技术基础设施条款有个理解，该条款在公司信息技术基础设施之间没有任何变化，这是什么原因呢？至少不是成本的原因。他说的话使在座的每一个人都很吃惊：

"我们按照这种方式处理应收款项已经有 20 年了，那是系统处理的方式，是程序逻辑工作的方式。"会议马上被中断，因为税务会计师们返回到他们的办公室看他们能否想出一种方法把收益追回来。

这个故事指出了两个关键点。第一点也是最明显的是，公司运营常常受到遗留系统程序信息的制约。旧计算机编码常常令人烦恼地显示什么叫做"核心刚性"，什么是能力的硬化遗留物。第二点，商业管理者经常不知道他们的公司怎样运行特定的、重要的商业功能，因为细节被遗留的运作所覆盖。在这个故事中，管理者对公司运行的发现是很好的一点，尽管如此，这类发现更经常是不受欢迎的。

由遗留下来的系统所引起的困难可粗略地分为下面几类：

技术问题：有时隐藏在遗留系统中的局限性，是由旧的技术中隐藏的不协调性引起的。正如我们所见，专有技术，比因特网网络时代更早的专有技术，其设计目的不容易与来自其他供应商的技术进行信息沟通。这种问题必须在现代因特网网络中逐渐解决。

遗留程序的复杂性：当系统忙于处理不再存在的问题时，一些遗留下来的系统问题出现了。一个例子是，一些公司仍在使用相当大批数的程序。遗留下来的系统按照成批命令运作，因为程序能量需要配发以及当时可用的宽带还不允许计算机实时运作。现在的计算机能量和宽带都是相当丰富的，但是因为其他的优点，许多成批的系统不能被重新设计或替代。

本地的适应性：许多遗留下来的系统，由于功能级别之间的关键商业目的而得到发展。当这些系统设计出来时，它们的设计师对公司系统以及未来的实时体系结构并没有什么概念。相反，系统用来解决特定的、狭小的商业问题。例如，毫不令人吃惊的是，20 世纪 70 年代用来替代零售市场上的组件而设计的一组命令程序系统，并不适用于 2002 年促进全球统一组件的管理，尽管在所定义的狭小范围内其工作仍然执行得很好。

非标准的数据定义：在大多数公司中，业务单元和分部为了重要的数据元素而使用不同的惯例。例如，零部件分部可能使用 15 个字母的数据，而产品的研发组织可能使用 13 个字母的数据。这看起来只是很小的差异（只有 2 个字母），但是遗留下来的系统影响很大。基础数据定义的不同，存在于许多特定领域的公司信息技术基础设施中。它们很难改变，不仅是因为它们接触太多的信息技术基础设施元素，而且还因为重新下定义一般需要获得全公司的同意，为此需要很高的成本而且很复杂。

因为在公司间遗留系统的巨大差异性，因此不可能开发出一种处理遗留系统的说明性方法。解决遗留系统问题的策略必须适合单个公司以及特定的形势。然而，在现存的系统上增加新的系统或服务之前，管理者应该仔细想想存在的问题。

表 7—5 列出了管理者可能问到的一些遗留系统问题，这些系统必然要与新的系统或服务相互作用。第一点是遗留系统在修改或改进的形式下，是否能按照实时基础设施的目标运行。如果答案是否定的，替代物可能是唯一的选择。然而，很多时候答案不是完全否定的。那么问题的焦点就是"相互作用"，替代产品需要能够促进新旧基础设施之间的相互作用：它们是否重要，能否提供合理的成本与功能之间的抵消。

许多交易成功地实现了把界面加入到遗留系统中，并能使它们与因特网系统相互影响。有时界面程序被称为公司应用程序整合（EAI）。公司应用程序整合的开发者推出了非入侵的界面，这种界面可以最低程度地实现遗留系统的内部运作。然而，即使公司应用程序整合的热衷者也承认，遗留系统像其他实时基础设施的组件一样，在运行方面存在着限制。最终，要实现运作满意的相互作用，解决这个问题比起仅仅替换旧的系统要更加困难，成本也更高。基础设施管理者总是问，相互作用的复杂性是否是合理的。

当安装新的基础设施或者获得新的服务时，基础设施管理者反对组织性的遗留系统，而不是技术性的遗留系统。改变信息技术基础设施不可避免地会影响到公司运作的非技术要素，尤其是人们怎样工作和相互协调。在核心刚性之间存在着复杂的相互关系，核心刚性表明它们处在一种硬化系统和公司社会系统及程序中。有时工人与系统运作连接的刚性，成为改变技术因素的一种障碍。而且，系统怎样运作的变化，也总是在某种程度上迫使人们去改变工作方式。系统使得文化和程序的改变程度成为一个关键性的管理决策。表 7—5 的第二部分提出了这样的问题：当管理者面临组织性遗留问题与系统性遗留问题的相互影响时，他们应该进行自我查询。

表 7—5	管理遗留系统中的关键问题
遗留下来的系统	• 新的基础设施将怎样与遗留下来的系统交换数据？ • 新的基础设施是否获得与遗留下来的系统实时的影响？ • 相互作用必不可少的因素是什么？它们是否是足以维持的？ • 更新遗留系统的长期策略是什么？
遗留组织和文化	• 新的基础设施怎样影响工作和交流的方式？预期的改变能否接受？ • 技术是否驱动了组织和文化上的改变？ • 组织和文化是否得到技术影响的保护？ • 在组织的不同部分之间，对于常见程序的组织预期是什么？ • 当两个系统不相容时，决定系统或程序是否改变的标准是什么？

7.6 信息技术基础设施资产管理

在过去，记录组成公司信息技术基础设施的资产是相当容易的。绝大多数是由公司数据中心的许多大型主机基础设施构成。公司在信息技术上的投资是有形的。高级商业管理者能关注到，甚至他们愿意时，还可以提出反对意见。由于公司基础设施的中心化以及主机资产对服务的配置，公司很容易发现记录系统是怎样使用的，以及它们创造了多少价值。

在个人电脑、顾客和服务器、网络、便携式设备以及可分布式网络基础设施出现以后，公司在信息技术基础设施上的投资变得更加复杂。计算机资产分散在各处大量的小型基础设施上。一些资产（如笔记本电脑）随着使用者来回移动。当我们向前看时，一些新的服务基础设施模式能够使资产（如服务器）移回到公司的数据中心，这可能给中心管理模式传达了一种回报信号。尽管复杂的基础设施和信息技术资产的分配仍然存在，但其他模拟性的变化，如外包主机解释了这种情况。随着服务供应模式的不断发展和改进，信息技术基础设施资产结构的多样性也将不断增多。

现代信息技术基础设施的资产结构多样化，使得一些特定的商业问题难以解决：信息技术投资怎样通过商业线或商业群进行配置？怎么使用信息技术资产？它们是否被有效地使用？它们的配置是否达到最大商业利益？我们应怎样调整它们的配置以便创造出更多的价值？这些问题尽管不容易回答，但是在资产集权化的时代至少是合理的。

对过去大约10年的信息技术管理基础设施的问题，许多思考关键都在于收回对信息技术资产的控制。一种解决问题的途径，称为所有权的总成本分析（TCO），它从提供给每个客户基础设施的成本和收益角度分析信息技术服务。例如，在一个公司内部提供办公生产力服务，到个人电脑桌面的总成本，可能大概每月每个客户250美元。获得这笔钱需要对每月的总成本有详细了解，这部分成本是与每个客户可享用的服务提供相连的，也包括与其他客户分享的成本与在预算和会计系统中不必要的一些成本。一旦每月的成本计算出来，它们必须分配到每个客户上。包括所有重要因素的总成本是很难计算的，正像把成本分配给客户并保持信息的管理有用性方式一样困难。

如果信息技术资产能够被有效使用，那么对收益的分析也是困难的，但又必不可少。许多做所有权总成本分析的公司处理使用的信息——使用什么服务以及使用的概率如何——主要是从收益角度，而不是尽力评价每个客户的实际收益。与以每个客户每月为基础的服务供应成本相比，以每个客户每月为基础的使用信息更有用。在其他基础设施类型上计算时，使用的信息也是很有帮助的。例如，在每个服务器基础上使用的信息在以下几方面可能是有用的：服务器与服务器的对比，计划服务器能力的增长，或者发现未使用的服务器能力的机会。

对信息技术资产的成本和收益分析，为评估公司现有的信息技术服务以对抗新的服务选择提供了基础。外包的供应商经常被要求在每个客户基础上招标。对比价格后得出评价选择公司和为改进服务供应而确认增加外包机会的结果。公司提供信息技术服务的成本与从外部获得的价格是不一致的，因此外包具有相当大的吸引力。

7.7 小结

本章介绍了 21 世纪的公司利用更多样化的基础设施类型来提供信息技术服务。我们描述了更多有效的、安全的网络连接如何产生更多的服务供应选择，以及这些选择如何导致服务供应行业的重组。今天的公司需要从外部的服务链供应商获得服务，并把外部提供的服务和内部遗留下来的基础设施整合起来。这种趋向于增加外包服务和多样的服务供应合作伙伴的转变，表明了管理重点发生了改变。下列问题将有助于我们评估基础设施存在的机会和风险：

1. 我们的信息技术基础设施提供的哪方面服务需要增加外包？存在哪些机会可以把当前需要大笔资金的信息技术投资转变成长期的服务购买？

2. 为我们提供服务的合作伙伴，在技术上和财物上是否有能力支持我们发展信息技术服务的需要？我们是否有明确定义的程序来选择服务供应合作伙伴，以确保一直拥有高能力的合作伙伴？

3. 我们是否和我们的服务供应商签订详细的服务水平协议？我们是否能够确信服务供应链条的各个环节能够相互紧扣，对每个服务链条都有刺激作用？我们的系统是否与服务供应伙伴真正地整合到了一起？我们是否和服务供应商签订了保留、选择、逐渐改善我们基础设施的具体合同条款？

4. 对于如何处理遗留下来的系统问题，我们制定了什么样的短期和长期策略？我们需要更换哪些系统？什么时候更换？

5. 我们是否保留了执行信息技术计划和合同的内部 CIO 功能，监管不能够被授权的、委托别人去做的功能？我们是否适当地为这支内部团队提供资金投资并配备人手？

6. 我们处理遗留系统问题的短期和长期策略是什么？我们应当更换哪些系统？在什么时候更换它们？

8

信息技术项目提供的管理

信息技术服务的很多提供协议，不管是内部提供的服务，还是外部提供的服务，都从项目开始。但尽管项目管理已经积累了 40 年的经验，灾难性事故仍时有发生。请思考以下事例：

一家大型化学公司的一个分部停止了其卫星自动控制系统（SAP）的安装，完全取消了这个计划。虽然这个公司在以前成功地安装过卫星自动控制系统，但这次一个缺乏经验的项目经理对项目期间必须进行的变革估计错误，这家公司又转而起用一位经验丰富的项目经理和一位变革管理咨询师。这一亏损累积达数百万美元。

一家大型信用卡公司在将它的在线信用卡服务转移到一个新的服务提供商时，由于低估了该系统 10 个要素中的某一个要素的要求，致使该系统全面崩溃。它只是在系统"正常运行"时，才发现了这处失误。150 万个账户处于风险之中，服务质量直线下降，导致首席信息官和他的主要下属都丢掉了饭碗。

一家制造公司将其 50 余家工厂、现场办公机构及订购信息整合成一个全国性的服务中心。只有在这种整合运转顺畅时，公司才能确定每个订单输入的平均等候时间为 25 秒。而根据公司生产线上管理层的估计，等候时间如果超过 2 秒，就会使这个系统变得无法使用。

两家大型保险公司为了解决现场销售人员所遇到的同样问题，都准备去安装同样的软件包。在一个公司里，这种新技术使得该公司的年销售额增长了 46%；而在另外一个公司里，所有的资金都被浪费掉了，6 亿美元资金的投入没有收到任何回报。

本章我们将探究项目实施风险的根源，并探讨管理信息技术项目的战略。

8.1 实施风险的来源管理

风险是预示着项目未来潜在收益情况的重要特征。要获得高回报就要承担高风险，这是商业思维的根本准则。所有带来收益的商业行为都要承担一定的风险，项目管理也不例外。稳健的项目管理要求降低导致收益的风险，以及避免不必要的风险。

项目可行性研究一般能对财务收益、质量收益、实施成本、项目进度、完工日期及员工水平提供评估，开发商的评估时常给项目可行性研究提供了许多支持性文件，但他们很少会公开地处理交付延误、成本超支、运行系统彻底失败等方面的风险。实际情况不一定都是如此。项目的鲜明特点可以被理解为项目风险的指标，这种指标与项目成本或持续时间一样值得关注。

三大重要的项目维度影响着固有的实施风险。

1. **项目规模**。项目涉及的资金投入越大，人员层次越高，持续时间越长，涉及的部门越多，其预算面临的风险也就越大。数百万美元的项目所承受的风险明显要大于 5 万美元的项目风险，一旦风险发生，对公司的影响也将会更大。整个部门和公司的项目规模大小也非常重要。一个平时成本为 200 万～300 万美元的部门，在实施 100 万美元的项目时面临的风险，显然比一个平时成本为 25 万美元的部门面临的风险要小。

2. **对技术的熟悉程度**。如果项目的管理团队不熟悉硬件、软件及其他项目技术，项目风险就会增加。实施新的技术本来就比使用熟悉的技术蕴含着更多的风险。对一家大型、先进的信息技术集团来说，项目的风险性可能会很小，而同样的项目对一家规模较小、技术不够先进的团队来说风险性更大。通过聘用系统整合方面的技术专家，公司能够显著地降低由于不熟悉技术而产生的风险。

3. **需求波动**。对于一些项目来讲，任务的性质就完整清楚地限定了项目的结果，从项目开始到结束，结果始终是固定不变的。内在的稳定要求使这些项目更容易管理。其他项目没有这种方便省力的特点，它们的需求难以决定，在项目进行过程中常常有所变动。

图 8—1 显示项目特点如何影响项目风险。如果我们将规模大的项目、高科技含量和高需求波动视为风险因素，那么，我们每增加一个因素就使项目增加了一份风险。而且，随着风险因素的叠加，风险也以相当快的速度积累。换言之，比起仅有一种风险因素的项目，具有两种风险因素的项目——比如，规模大和需求波动大——它的风险性将超过两倍。

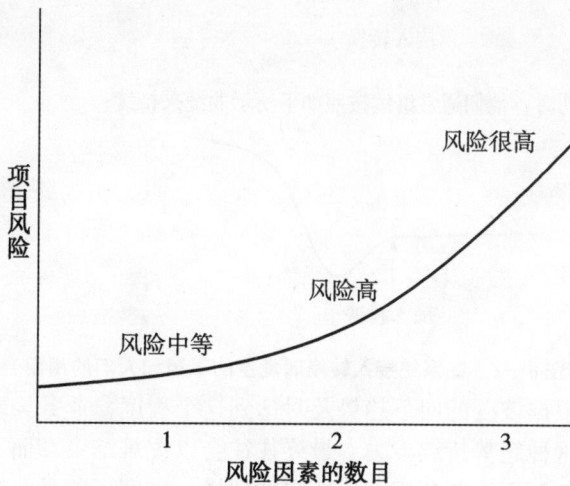

图 8—1　风险因素（规模大、技术含量高、需求波动大）的增加对项目风险的影响

当然，实际上，项目的规模大小，科技含量高低，需求波动高低，不必十分精确地归类于"高"或"低"（有些可能是"中等"或"中等偏高"）。但是，这种极为简单的观点对于理解风险和向高级管理人员表明这些风险是大有裨益的。使高级执行人员清楚项目倾向于高科技含量还是高需求波动，因而有针对性地加强管理，这标志着很多公司在这些事务的处理上会有巨大的进步。这种风险分析有助于确保所有利益相关人对项目固有的风险有同等程度的了解。

8.1.1　项目实施期间的"坡度"管理

在信息技术的大多数项目中，总会出现一个阶段，即大量难题涌现的阶段，尽管管理者和信息技术人员计划得十分周全，而且严格执行。这种现象时常发生在"接入转换"时期，即新系统刚投入运行时。甚至是一些最成功的实施案例也经历过这种诸事不遂的状况，或者是井然有序的工作突然间全都乱了套的情形。当这种现象发生时，商业用户和他们的管理者可能迅速地对系统和信息技术人员丧失信心，危机可能接踵而至。管理者如何处理这种危机是项目能否成功的主要决定因素，因此，管理这种执行中的"坡度"是管理项目风险的重要组成部分。

图8—2将商业用户对于新计算机系统的性能期望与实际上的运作性能进行了比较。自然而然，商业用户和执行人员多半是依据他们的改进来考虑新系统的。诚然，新系统的支持者在寻求继续开发这些系统的支持时，可能参与某些项目的"出售"协议。情况常常是，项目依据图8—2a中的模式出售，所以当它以更像图8—2b的形式呈现时，就会让人们感到很吃惊。

a. 大的改进项目通常以如下所示曲线（有时是含蓄的）在组织内部"出售"：

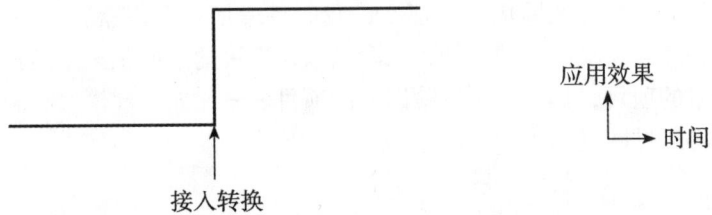

应用效果

时间

接入转换

b. 但即使成功时，他们通常继续按照如下所示曲线来持续：

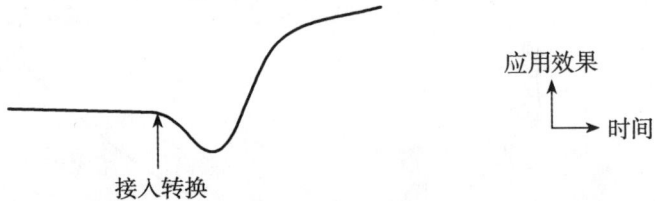

应用效果

时间

接入转换

图8—2　在系统接入转换时发生的事情和人们的预期

而且，当公司根据坡度的向下趋势及时达到这个程度，业务经理看到的仅仅是它的下降趋势，如果这种趋势持续下去，最终往往会以灾难结束，而不是以回升和反转结束。正如我们在本章开头部分用实例证实的那样，坡度可能最终演变为灾难，这种担心绝不是杞人忧天。很多项目确实在走下坡路，最终导致灾难，而且时常在接入转换的地方。商业用户甚至可能感到了失望。他们听到的是改进的承诺，而实际上新的系统似乎使他们的工作变得更加麻烦，在这种情况下，他们很快流露出对旧系统的留恋情绪，将新系统与旧系统的理想版本作比较，因为遭遇到新系统初试阶段的打击，因而将旧系统的所有不足全部遗忘了。

当面临接入转换难题时，项目经理们必须会抓住重点，尽管可能涌现出一大堆问题和抱怨。一次必须解决一个问题，按照主次轻重的顺序。信息技术经理们必须不辞辛苦地就坡度的不可避免和回升反转的可能性，引导和教育高级业务经理，争取得到业务经理们的支持，以帮助设置和确定解决问题的优先顺序。在这种状态下，任何事情看起来都像突发事件，但是要区别突发情况的紧迫程度，如问题严重或非常严重，这是很关键的，以便那些非常严重的问题可以优先得到解决。业务经理们在接入转换危机期间也有帮助，尤其是如果他们参与到保护项目团队不受有待核实的投诉的影响。当客户心情烦躁时，这种投诉行为有时难免发生。例如，如果一个业务用户给部门或公司中的每个人发了封电子邮件"喋喋不休地抱怨"，业务经理可能会提醒用户以专业方式提供反馈。

理想的做法是，信息技术经理尽力在性能陡坡发生之前就将这种可能向客户解释清楚。如果业务经理预料到会出现陡坡，他们可能在实际发生时不会感到惊慌。但是管理层对这种可能的预期估计不足，因而几乎不能使业务用户及其管理者充分准备应对他们在接入转换时可能面对的问题。项目中的这种预计情况时常上升到实际情况的高度，经理们能够做出切合实际或不切合实际的响应。经理，包括信息技术经理和业务经理，在接入转换危机期间如何表现，成为实施项目成功与否的分水岭。

8.1.2　投资组合风险

除了决定单个项目的相关风险之外，公司还应当为系统项目投资组合的累加实施风险编制图，不同的公司和战略都有与自己的实际情况相应的投资组合风险示意图。

例如，在信息技术具有战略意义的行业，如果项目投资组合中没有高风险性项目，管理者就应该感到担心和不安。因为，谨小慎微的态度可能会造成产品鸿沟或服务鸿沟，越过这条鸿沟在竞争中就可以占据优势。但是，当项目没有按计划要求完成时，承担着高风险项目的投资组合预示着这家公司可能容易遭受运行的干扰。在信息技术发挥关键支持作用的公司，在高风险项目方面的巨额投资可能不合适，因为它们不应当在信息技术领域采取战略性的赌博态度，以确保对前沿技术的熟悉并保持员工的士气。

这些例子说明，两个公司的投资组合累加实施风险图可能自然而言地有所不同。风险图应当包括被外部系统整合者实施的项目，以及内部系统开发的项目。信息技术对公司战略的累加影响是所承担的实施风险有多大的重要决定因素。

图 8—3 描述了从叠加风险看待项目投资组合的方式。在这幅图中，项目往往聚集于对角线周围，因为，在业务上，高风险往往与可能的高回报紧密相连。但是项目的分布可能在对角线的附近有所变化，它们可能是均匀铺开，也可能聚集在左上角或者右下角。具体的分布方式由公司商业战略所决定。如果公司有"积极使用维持竞争优势的技术"这条战略陈述，而有人使信息技术项目聚集在这幅图的右下角，经理们就应当仔细想想这种布局是否合理。如果公司经理不希望新的信息技术系统效力于公司的竞争性战略，那么对聚集在左上角的项目就应当进行认真的复查。

在很多公司，项目组合偏离了与商业战略的协调。最突出的原因是：项目通常是构想出来的，并接受过财务方面的核实，这种核实是每次单一的核实，而不是团队核实。正式的财务准则，如投资回报，时常惠及衍生的项目，这与已经完成并已知价值重大的项目相似。突破性项目在正式的项目评估中表现稍差，因为它们的潜在优势确定性不足，会引起更高的风险。在过重地依赖于正式许可程序的公司，项目投资组合在一段时间之后可能会向下转移，移到右边。极大的技术热情时期，如 20 世纪 90 年代末，也引发了相对应的问题：项目投资组合移动到左上角，向着风险大于固守公司商业战略的那些项目组合。显然，重要的是，一定要避免类似于图 8—3 中右上角这种偏离对角线的项目，因为这种项目带来的收益很少，而引发的风险较大。执行不力的项目也十分容易呈现出这种图像。

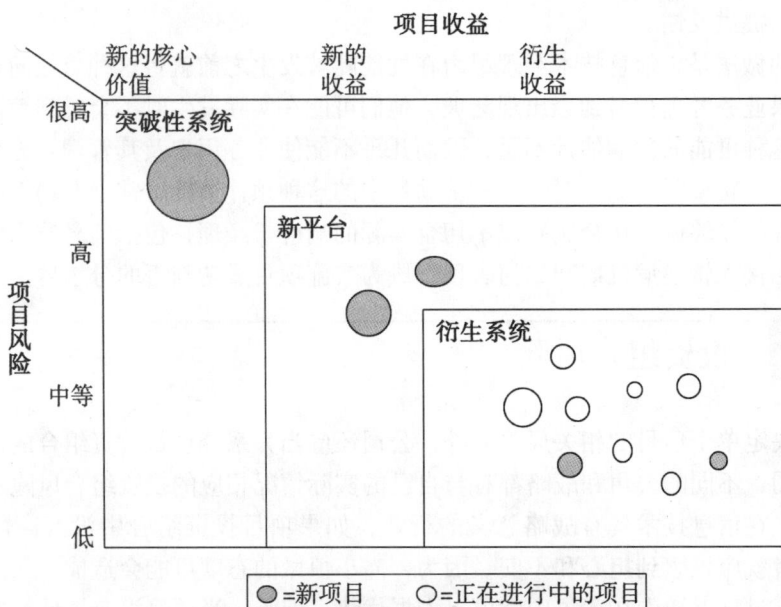

项目收益

新的核心　　　　新的　　　　　衍生
价值　　　　　　收益　　　　　收益

突破性系统

新平台

衍生系统

很高　　高　　中等　　低

项目风险

●=新项目　　○=正在进行中的项目

图 8—3　项目投资组合的风险和回报分布

资料来源：Adapted from Steven C. Wheelwright and Kim B. Clark, *Revolutionizing Product Development*：*Quantum Leaps in Speed*, *Efficiency and Quality*（New York：Free Press, 1992）.

8.2　项目实施的管理

最近 10 年里，项目管理的趋势是传统的项目管理工具受到挑战，项目实施风险增大，许多企业系统的商业需求不能被准确地提前界定，并且还涉猎很多新的技术。作为投资，这些系统有很多平淡无奇之处。它们需要大量的投资，其中大部分花费在项目的前期准备阶段，以实现未来不确定的（高的实施风险）收益。

由于结果存在着如此多的不确定性，导致传统的计划方法并不奏效。精通项目技术并与用户保持沟通的项目管理者能够帮助消除风险。但是，结果的不确定性和决定系统需求的困难也越来越突出地导致了项目管理过程中的变数。

针对这些情况，新出现的应急响应是适应性方法，据此设计、部署、实施和投资，表现出收集信息和在实施过程中去学习的需要。适应性方法要求项目人员能够在项目期间进行试验，同时防止过高成本的出现。尽管不断发展的原型技术允许低成本的项目试验，但适应性方法仍不是普遍适用的。请依次考虑这些项目实施方法。

8.2.1　开发方法

传统做法是，设计、实施和运行系统等必要的活动一直被并入"开发方法"这一题目中来。开发方法代表着在一系列阶段中的信息技术项目。阶段的名称虽然出现了变化，但大多数与下列情况密切相关：

分析和设计阶段。传统的程序从综合性分析需求开始，然后是用文件记录理想的系统能力，供系统开发人员编码和开发系统时使用。一般说来，是包含了成本收益分析的用户要求或用户与信息技术部门的共同建议让项目得以开始的。信息技术专家一般都要对设计进程进行管理，今天，商业用户或技术专家——背后常有商家和咨询专家的支持——决定着是否开发一个新系统，是否采用一个新的软件包。

构建阶段。当需求、成本与收益被明确定义，规格被制定出来之后，系统就能被译成代码。一般说来，构建是一个高度专业化的工作，需要很多技术、经验、逻辑方面的窍门。今天，系统构建包括选择合适的计算机部件，然后创造、购买和采用相应的计算机软件来满足系统需要。最后一步是分别在实验室（常称为 α 测试）和真实的用户环境（常称为 β 测试）中测试系统是否符合要求。高度合作和控制，能保证项目运行在预期的轨道上和维持在既定的预算内，并同时突出使用者的要求。当系统正在被构建时，即使最好的设计也要求采用大量相互依存的决策。众多分散的项目小组必须密切合作，以保证系统的各个部件能很好地协调工作。外包项目比例的决策明显也会增加协调与控制成本，因为所有的技术决策与任务依然存在，而且超出了企业的范围。

实施阶段。实施一个新的信息技术系统，需要使用者和技术人员的通力合作，因为这种转变是从信息技术导向的构建到以用户为导向的转变。无论购买还是自己研发系统，系统实施都是很关键的一个环节。大量的测试，即使在一定程度上会干扰正常的商业活动，也必须实行；对使用者的培训也是很有必要的；工作程序和交流方式也可能被打乱。系统产生的效果取决于个人和集团学习使用从系统中得来的信息，以更好地进行决策和为商业活动增加价值。要塑造组织的流程和管理结构、过程与动机，充分挖掘系统潜能是最关键的。在电子商务时代，系统的冲击常常波及系统之外的个人和集团，这又进一步使过程的实施复杂化。

运行和维护阶段。为了避免前面的问题，最好在需求定义与设计的初期，预先计划好运行和维护工作。维护是很复杂的，特别是对很旧的系统。它要求有很强能力的专家安全地进行必要的改进，并且不使系统（和公司）突然停止运转。

8.2.2　适应性方法

适应性和建立原型的方法，需要在系统未进行正式的需求定义或设计阶段之前，预先迅速地建立一个对系统的大致了解。对于用户和开发者来说，与初期原型的互动能使系统更容易实现可视化。然后，适应性方法非常快地重复着传统的四个阶段，即设计、构建、实施和运行，并且每一次重复都使产品性能得以改进。适应性项目努力在每周甚至每天去实施每个阶段，而不是缓慢且谨慎地通过开发阶段。早期的原型都是很粗糙的，但它们为开发者和使用者在开发过程中探讨系统需求提供了很好的基础。

那些成功地实施了大型企业系统的公司，如 Cisco 和 Tektronix，已正式打算通过在开发中学习和调整，来重建所有项目。虽然适应性项目有很多种实施方案，但它们都有五个最基本的特征。

1. 操作具有反复性。设计、构建和实施在不断循环中改进，每次循环都经过测验。

2. 它们依靠快速的循环，要求频繁地进行价值传送，以保证增加的项目在实施时不会降低项目的速度。不鼓励长时间的循环和信息传递时间的经常变化。

3. 它们强调把功能尽早传送给最终用户。即使是有限的反馈也能促进学习和系统的改进。

4. 它们需要有经验的项目人才，以便能在配置过程中不断获得项目经验和实施临时调整。

5. 它们常常反对使用像投资报酬率等类似的投资决策工具，因为这些工具都假定结果可以预计，而不是强调将为实现结果而进行的信息收集视为一种合理的支出。

尽管思科公司的管理者没有明确地将他们的项目管理方法定义为适应性方法，但他们明确地强调了将"快速循环的原型设计"作为他们方法的基础。泰科公司将它的项目划分为20多个"波段"，以此来提供调查、调整和学习的正式机会。

近年来，适应性方法在开发系统和软件上不断开拓它的市场。由于越来越多的标准系统部件和网络信息技术服务的出现，许多公司越来越少地自己去开发系统，即使安装商家的软件也需要系统开发。"极限编程"（也称 XP）和"可适应性软件开发"是两种流行的适应性开发方法。开放源代码软件的开发也具有适应性的特点。这种技术导致了一些广泛使用的基础部件被开发出来，如 Linux 操作系统和 Apache 网络服务器。

适应性方法强调低成本试验和系统原型的迅速传递，而不强调什么事情都按部就班地进行。本质上，适应性方法强调尽快先开始项目，再尽快地找出非预期影响，然后迅速地改变和调整系统。适应性方法是为了消除难以避免的非预期结果而设计的一种方法。

8.2.3 适应性方法和变革管理

适应性方法不会在项目的早期就力求完成项目的整个设计；相反，适应性方法在项目实施中逐渐产生可接受的设计方法，但是如果由此就得出结论——变革管理对于适应性项目不重要，那么这是严重错误的。

通过让用户参与对每次开发循环结果的评估，并参与对这种系统的升级决定，适应性项目部分地实现了变革管理。在每次循环期间，用户不得不面对冲突，即在获得有用结果的迟延和"伟大构想"的实施之间的权衡。当开发过程成为用户和信息技术工作人员之间的积极协作过程时，一种控制不合理的用户需求的自然原则便逐渐产生了。

但是从另一个角度来看，变革管理对于适应性计划而言也是很重要的。适应性方法是对系统中产生的结果的不确定性做出的临时响应。当有人变革对一个公司而言很重要的现存系统时，严格的变革管理就会对这种不确定性产生同样的响应。这两种方法构成了平衡信息技术系统的灵活性与严格的可运作性之间关系的管理系统。

合理的变革管理的精髓是要严格地控制从开发到测试再到生产整个过程中系统特

点的转移，明确每个阶段非预期问题的收益与潜力。成功的变革管理者将新的系统特点引入基础性的生产设施，同时对于改变充满了信心。他们能准确地知道在生产环境中起作用的各种因素，因此能更好地去诊断问题和对事故做出快速响应。有效的变革管理实际上是通过把适应性的实验与生产环境相隔离，从而使适应性开发成为可能。只有当实验不会导致灾难性的结果时，适应性方法才能得以实行。而有效的变革管理防止了灾难的发生。

8.3　项目管理过程中的一致性和灵活性

在实践中，项目管理常常无法平衡项目开发过程中的一致性和灵活性。项目管理者需要一种彻底和严格的途径来保证过程不会顾此失彼，保证所有的需求都能得到满足，不会有重要的细节被忽略。项目步骤说明书，要求的文件和服从机制（如评论与进度报告）是这种途径的体现。但同时，当商业条件需要改变时，公司必须保持在项目中途改变方向的能力。用来保证一致性的工具，如说明书、文档和服从机制，通常也对提高项目响应能力的灵活性具有妨碍作用。一个公司如果对已建立的工作程序很熟悉，并能够很好地运用这种程序，那么常常存在改变这种程序的困难。一个习惯了某种工具的公司，可能在不再适合的商业环境里也会继续使用这些工具。

最近10年里，许多公司都被这个问题所困扰，包括许多将对市场的反应和时间看得很重要的技术性公司。对于大部分项目，这些公司反对完全采用传统的项目管理方法，因为它们认识到那将会破坏项目的灵活性。作为对传统项目管理方法的替代，许多网络经纪公司已经开始开发一种包含了复杂方法基本元素的简便方法。

在平衡一致性和灵活性方面取得成功的企业，既不会完全避免过程的形式化，也不会让形式化的效果控制它们。相反，依据最优平衡原则，就是只包含最少的、影响到项目能否成功的关键要点，它们开发出了简单的过程管理工具，这种简单的工具包括三类：

流程。项目工作人员需要了解他们的活动与其他人活动的关系，这意味着他们需要理解整个工作流程。这种类型的过程工具可以对过程内容进行简单描述，让决策者从一个具体的角度去了解整个企业活动的全貌。不要求也不推荐说明所有的细节，使用简单的时间表和流程图就足够了。

完整性。项目工作人员需要知道所有工作的完成情况，保证没有被遗漏的工作。这是构成细节的内容。这种类型的工具可以是简单的列表，以告诉员工需要做什么，什么时候做，由谁做，以及是否已经完工等事项。在这里简单的核对表就够用了。

可视性。当项目工作人员被指示去获取状况信息时，他们应能够审查过程。理想的状态是，任何人，不论是工程部、市场部还是其他部门的员工都能看到同样的内容，能获取他们所需的信息。要做到可视性不太容易。计算机状态报告系统可以提供可视性。一个好的解决方案是简单的墙上挂图，它使任何看见它的人（在一个实际地理位置）都能对项目状态进行跟踪。

在一些情况下，还必须加入另外一种工具——保证项目能够被审查的工具。这对于政府系统或者与安全相关的系统尤其适用。

如何处理好一致性和灵活性之间的矛盾关系，早已超出了项目管理的范畴，成为大部分公司普遍关注的一个问题。当系统是私人所有，普遍的因特网网络平台尚未形成时，早期建立的项目过程框架，已经严重地阻碍了许多工业企业的发展。

8.4　小结

本章着重论述了与信息技术项目相关的关键问题。对所有的信息技术项目而言，收益和风险并存。公司可以从三大关键维度——项目规模、所选技术的经验和项目需求波动——来评估项目，然后采用与所确认的风险级别相适应的控制程序，从而更好地管理信息技术项目实施的风险。对新的开发技术和管理方法的运用能够减少与关键的项目维度相关的风险。此外，公司应当认识到总体项目投资组合积累的风险，并选择与信息技术作用相协调的项目组合。

执行人员可以借助以下问题，来评估他们是否正有效地管理着信息技术项目的内在风险，以保证获取最大收益。

1. 我们是否已经建立起评估信息技术风险所运用的合适标准和步骤？这些标准和步骤在向管理层沟通这种风险的过程中是有效的吗？

2. 我们是否有适合不同程度风险的项目计划、跟踪和控制程序？

3. 我们正在运用的适应性方法，是否适用于带来高的需求波动性或其他不确定性资源的项目？我们有适当的程序，能够允许我们在项目的持续期间学习并调整吗？

4. 我们的项目投资组合的总体风险刚好适应我们的业务目标和战略吗？

第 3 模块
信息技术领导力

德博拉·L. 索尔

在很多公司中，信息技术对于支持、维护、转变和扩大业务至为关键。这种模式提高了公司内部 IT 领导和管理的重要性，并在很多案例中极大程度地改变了核心管理和领导问题。鉴于 IT 在公司中发挥的作用，哪种类型的领导是合适的？信息技术应当采用什么样的组织形式才能更好地支持和改善公司活动？信息技术整体上应当如何管理，以便管理风险并确保当前具有战略意义的业务资产的价值？

本模块中的章节为论述 IT 化高水平的管理和领导活动奠定了基础，而这些活动为利用信息技术化的战略观点和确保信息技术驱动的运行优点设定了组织环境。第 9 章论述了信息技术管理的概念和做法，探讨了信息技术管理与公司管理职责之间的联系，为启动和改进信息技术管理工作提供了建议。第 10 章依据信息技术在公司中发挥的作用，引入意外情况应急预案，思考了信息技术领导的需求和责任。认可信息技术的角色是由组织和行业里的内外因素共同决定的。本部分提供了一些建议，来解释信息技术角色的区别和过渡时期该采取的举措。

本模块整合了本书中论述的概念，目的是为读者阐明商业战略、信息技术用法和领导力的动态情况。

9

信息技术功能的管理

商业企业或非营利性机构的管理其实是一种组织、运行和控制的过程，该过程以实现长期战略目标、满足各层次利益相关者的利益、遵照法律法规为目的。管理涉及创建责任链、权力、沟通、政策、标准、衡量手段和控制机制，允许组织成员执行他们的任务，并承担其职责。总而言之，这些因素都用于明确期望，分配资源，管理风险，并根据责任范围核实效果。

信息技术管理解决这些相同的问题，但是具体侧重点在于企业内部信息技术资产和活动。好的信息技术管理能够通过组织 IT 资产以便最佳地促进业务目标，保护企业在信息技术方面的投资，包括系统和网络，确保战略信息的安全性和可靠性，解决IT 方面的业务问题，如企业资源管理，并确保对企业信息资产的正确管理，从而提高企业的效益。

前面的第二模块中论述的管理职责（如在信息安全中的项目管理或投资）与 IT 管理有关。在一定层面上，管理者必须抓住的核心问题是不同的资源配置选择，风险和回报权衡，以及目标的协调。有所不同的是，这些问题在哪个层次上得到解决。IT 管理是一种包罗万象的整合方法，解决一些范围很广的课题，如运行业绩、战略控制、风险管理和价值协调。然后，这些课题能够被转化成策略和运行层次上目的性更强的任务、组织和步骤。

本章简要回顾了企业管理的概念，然后深入研究探讨 IT 管理的概念。它探索了近些年来，IT 管理对管理人员和公司其他领导者之所以意义重大的原因，并依据目前最佳做法和研究，提供了对待和实施 IT 管理工作的建议。

9.1　企业管理的实质

2001 年末，美国的一家能源公司——安然公司，在接连 6 年被誉为"美国最具创新活力的公司"，并狂赚 1 110 亿美元之后不久，正式申请破产。尽管为公众公司，但一连几年它都隐瞒了一个事实，即它的大部分盈利和收益来自于带有特别目的的实体，而在其资产负债表中它一直竭力避免清楚地报告其债务和亏损状况。在有关部门对其不合法账目进行充分查证之后，其财务状况的真实状态逐渐浮出水面，它的股价在数月内从 90 美元一路下跌至几个美分。作为对安然公司等事件的响应，新的法规纷纷出台，迫使高级管理人员和公司董事会更加认真地对待管理方面的问题。

对管理系统的需求，部分动因是我们提到的代理问题。在公司所有者和经理（或者代理人）之间，物理距离上的分离，为那些经理提供了有利于他们自己但不利于所有者利益的行事机会。为了减少代理问题，公司所有者也颁布了某些控制和监控体系，期望代理人能够遵照外部限定的需求来进行运营和管理。公司层面的体系普遍包括：（1）代表股东监督管理组织、系统和战略的董事会。（2）对公司财务报表提供可靠性调查意见的外部审计人员。单单这些机制还不足以确保管理的有效性。例如安然公司，虽然遵照纽约证券交易所的规定，却并没有确保其管理的有效性。所以，除了合规审查以外，管理系统还有必要解决应用效果问题。本章也关注管理的效用需求。

　　管理的目的是确保管理者和雇员忠实地将战略转化为组织的可行性方案，他们保护组织的资产，并有效地运用它们，他们遵守法律法规。而且，在转变性变革期间，管理在挑战并证实其战略有效性的过程中还应当支持管理者和雇员。因此，管理的目的包括战略目标满意度、运行效益、衡量结果的可靠性和合规审查。

　　管理是一个过程，通过这个过程创建责任、权力和沟通的机制，制定政策、标准，控制和引导员工履行他们的职责。管理通过不同种类的控制系统来实施这些因素，从而维持或改变组织行为的模式。

　　传统的运行控制系统衡量关键的业绩可变因素，当系统处于控制之中或者失控时，提供诊断性信息。但是，这种对结果的关注，在组织被迫持续地学习、创新和再发明的时代是不适合的——并且，战略和目标所做的调整可能受雇员而不是高级管理层的影响。额外的管理机制，尤其是知识方面的，比如信息管理机制，对于驱动组织来说是必要的。价值管理系统强化并维持对核心组织的责任，并发展强大的公司文化。风险管理系统描述了可接受和不可接受的风险，以及商业行为的标准和界限。战略控制系统关注表达并实施组织的战略，同时鼓励有关战略的争论，目的在创新和控制之间实现理想的平衡，并确保成功地实现利润目标和战略。

9.1.1　好的企业管理的益处

　　好的管理，采取了高度警觉的董事会成员以及强大的内部监控机制的形式，能够形成洞察力感觉，这种洞察力同时也影响了公司的股价或提高了资本的成本。一些创始阶段的跨国公司，有意识地在需要更健全有效管理机制的大型证券交易所公开发行上市，而不是它们本国成熟的证券交易所。除了获得树立品牌认可的全球可视性之外，满足更苛刻严格的上市需求的能力可能为企业带来信誉，这种信誉会转化为长期更低成本的资本和财务灵活性。从根本上说，利益相关人将这种管理需求视为对更好业务过程和效益的质量控制机制。私人公司和非营利性组织也能从这种机制中受益，确保资源能卓有成效地被利用，向着既定的目标和方面发展。如果组织依靠外部资源，比如债务融资或者是基金支持，那将更加重要。

9.1.2　IT 管理简介

　　尽管很多组织认识到了信息技术能够产生的潜在收益，成功的组织也懂得管理与实施新技术之间的风险。与企业管理相同，信息技术管理的目的是确保方案所需要的资源与方案带来的风险和回报相匹配，并且确保方案与组织目标协调一致。

渎职行为与不法行为

　　例如，安然公司的事件和信息技术项目的管理不力行为，显然应归入截然不同的两种行为类型，读者可能想知道这二者之间的联系。安然公司管理者们的不当行为似乎属于渎职类型：有意识地违法或不守道德的错误行为，它与不诚实、

不合法或者是因为不正当理由而僭越权利的行为一致。例如，有意识地毁坏公司数据的信息技术雇员，也属于渎职的类型，但与安然公司在程度上有所不同。另一方面，如项目管理不当很可能划归为不法行为这一类：与因失误、疏忽或漫不经心而犯下罪行相比，它可能表示无能但不是有意识的犯错。尽管它们是不同的问题，但是渎职与不法行为都涉及对股票持有人资源的不当使用。因此，管理（企业和信息技术水平）关系到两种行为。

　　每个组织，不管其规模大小，也不管它的利润目标，都需要一种方式确保 IT 功能支持并促进整个公司的战略和目标。这就预示着必须有使战略目标迅速渗透到组织内部并促进那些战略目标实施的机制。每个组织都需要一种方式来确保 IT 工作、技能和投资不浪费在低优先级的活动上。这意味着需要一种标准来衡量和评估信息技术的应用效果。它还涉及在关键的信息技术决策上的利益相关人。简而言之，这些问题属于信息技术功能的管理领域。

　　好的 IT 管理能确保组织的 IT 功能实现它的战略目标，这种战略目标的设定是以更高的企业管理水平为基础的。而且，它通过可靠的衡量系统，以一种有效的方式，同时仍旧遵守相关法律法规。

9.2　寻求更佳 IT 管理的推动力

──IT 管理不是一种新的现象，但是最近以来，更加正式地监管和衡量 IT 资产的做法已经引起越来越多的关注。首先，信息和信息技术对当代组织的主要贡献已经更多地体现在在本领域内更好地管理潜在风险和理想收益方面。其次，公司努力组建并改进结构、进行风险管理及合规审查（GRC），对这些方面的关注也逐渐增加。这些促进改善 IT 管理的驱动因素，我们用三个标题来论述：IT 的商业价值、IT 的商务风险潜力以及 IT 对公司合规审查方面的贡献。

9.2.1　IT 的商业价值

　　IT 管理的主要驱动因素是确保 IT 为组织创造出价值目标。全世界在 IT 方面的开支已经超过了 2 万亿美元，但是很多组织仍然竭力证实已经从 IT 的投入中得到了回报。尼古拉斯·卡尔于 2003 年发表了一篇引起广泛争议的文章（在第 1 模块中论述），分析了 IT 的广泛流行已经削弱了其价值，更是加重了人们的这份忧虑。很多 IT 领导人认为自己必须反驳卡尔的理论，同时向他们的管理团队证实他们的 IT 预算和投资需求的合理性。尽管直觉上理解拥有技术和有效运用之间可能存在着很大差距，但是他们在解释 IT 对战略价值和生产力收益方面的贡献时，时常是不知该从何说起。

　　通过设计，IT 管理的目的是解决下列问题。片面地来看，IT 管理包括提高 IT 的日常效益和效率的机制、措施，这样就能更好地管理和改进对业务客户来说实实在在的领域，如服务质量、成本控制、项目交付时间、程序改进。从综合角度来看，IT管理应当帮助实现很多公司的中心理想：信息技术与商务的更好协调。

　　更好的协调对实现业务是很关键的，能促进IT履行与技术相关的要求。因为IT本身不再是区分器，真正起区分作用的是利用信息技术的方式。在过去，大多数IT管理者依据成本节省，如将IT用于自动化、效益和成本减少，来看待和证实信息技术投资的合理性。但是，现在的发展趋势是，IT能够驱动微小的业务模式，如促进更迅猛和广泛的创新，支持新产品和服务，或者联络新的客户。进行这种过渡，重心在于从简单地使用信息技术"降低成本"，到运用信息技术"改进商业模式"。这需要信息技术组织和企业采用不同的信息技术投资方法。而且，因为以改进公司商业模式为目的的方案往往显示出更多的不确定性和战略影响，因而，管理监管会的监管在确保这些项目正常运转并持续进行方面很有好处。管理惯例，如程序的组建、评估的标准、优先等级的设置以及对创造商业价值所必需的信息技术大型投资的监管，能够帮助组织顺利实现从侧重成本到侧重收益的信息技术的过渡。

9.2.2　对信息技术影响的认识

　　2004年，在一项失败了的信息技术试点上花费了3亿美元之后，美国退休军人事务部（VA）废弃了一项核心信息系统项目。

　　2005年，又一个大型信息技术方案预算遭到大幅度削减，原因是最近聘用的首席信息官征集的单独调研，集中地强调了很差的计划和很高的失败风险。作为对多年来的成本透支、管理不善，缺乏责任分工状况的反应，在首席信息官的指导下，国会监督委员会推进了立法，以使这个部门的信息技术预算实行集权化管理。直到那时，退休军人事务部的各个部门，为了它们的大型信息技术项目而控制它们自己的预算，这种向着集权化方向的控制趋势饱受争议，进展缓慢。第二年，首席信息官在心灰意冷中自动辞职。此后不久，因为将公民的个人信息置于危险之中所造成的巨额设备亏损，代理处受到了更多的反面关注。不长时间后，退休军人事务部首席信息安全官也引咎辞职，抱怨他没有执行应该完成的工作所必需的正当权利。

　　退休军人事务部的这种困境典型地概括了对信息技术管理产生兴趣的另一个主要动因：承认日渐增长的信息技术对企业前途与命运的关键作用。在过去，因为有限的技术经验和信息技术的复杂性，董事会成员和高级管理层往往把关键的信息技术管理决策权委托给信息技术人员。但是现在，无可置疑的是，很多关键性业务活动完全依赖于信息和信息系统。同时，系统、服务和应用程序的互通性及批量数据已经大大地增加。这些因素极大地影响了大型信息技术项目的复杂性，因此，如果这些项目失控，对组织也会构成风险，甚至从对应用程序或数据来源所做的适当调整中能产生一种有害的影响。

　　管理并缩小这种风险的信息技术管理潜能已经同样吸引了股票持有人、客户和高级管理层的注意力，退休军人事务部负责信息和技术的副主任罗伯特·霍华德指出，该部门的IT管理方案动因是早先论述的系列重大信息技术的失败经历。

　　对我们而言，原因是国会委员会看到退伍军人事务部之内正在发生的事情，他们不能清楚解释资金在 IT 领域之内的流向以及多种运行方式。许多重组的压力来自国会和监管委员会，主要来自众议院。退伍军人常设委员会（House Veterans Affairs）有负责监管的分委员会。当初，由于不能解释正在进行的项目的进展情况，以及它们从来没有即将完工的迹象，这引起人们对其资金和管理的注意。

信息技术管理的一个老生常谈的话题是，为了缓和业务风险，组织的 IT 能力不再能够被视为"黑匣子"。相反，好的管理惯例目的是使高级管理人员和董事会承担起风险管理，并确保利益相关人获得信息技术方面的最大价值。由此看来，管理必须与信息技术、业务客户和其他公司职能相关，以便于将不同的观点纳入关键的信息技术决策的制定过程，因此为进一步了解"黑匣子"提供了一些启示。

9.2.3 信息技术作为公司管理和合规审查的助推器

当今，组织受不断增多的法律法规的制约，这些法律法规包括管理数据保留、信息保护、财务责任、财务风险和灾难恢复。大多数国家都制定有关商业信息披露的规定，而组织必须遵守这些规定。一些行业，如药剂和医疗设施业，多年来一直受到严格控制，而新法律正在为很多其他类型的业务添加或扩大合规责任。不合规可能要给予严重的处罚，如罚款、吊销营业执照及商业运营方面的其他限制，甚至对法人代表处以关押拘禁，从而引起业务风险。

21 世纪初，有两大现象促进了系列新规定的产生。这些规定妨碍了业务，同时相应地影响到它们的信息技术功能。第一个动因是 2001 年 9 月 11 日针对纽约世贸中心大楼的毁灭性恐怖袭击事件，以及随后在巴黎、马德里和伦敦的袭击。为了遏制进一步恐怖袭击的行为，美国和其他地方制定了一些法规，目的是跟踪并阻截恐怖分子的筹资和通信行为。这些法规规定某些组织应创建并保存完备的交易记录，尤其是财务和通信交易信息。

第二个动因是此后不久发生的美国大型公司会计丑闻，涉案公司向当前和可能的投资者隐瞒公司的财务状况，结果当股价暴跌时，它们最终亏损了数十亿美元。作为对此次事件的反应，美国颁布了《2002 年萨班斯—奥克斯利法案》（Sarbanes - Oxley Act of 2002），意在提高公共组织内部的财务控制。新版巴塞尔资本协议（Basel II），一份国际性质的治理银行业的规章制度纲要，也被制定出来，以减少类似的全球性财务灾难。最近几年，这两部法规都刺激了有关信息技术管理更规范方法的出台。

尽管 IT 管理不是明文规定的法律条文，但其有效做法能够改进对数据的内部控制和访问，这是很多法律都要求的（见"信息技术和公司合规审查规定"栏目，更加详细地阐明了信息技术和许多合规要求之间的关系）。

因为大多数业务流程是在信息技术环境中完成的，对合规审查方面的信息技术支持可能来自很多不同的业务领域。信息技术功能面临的突出挑战是协调信息技术资产与多项规定的共同需求，并对多项要求建立起协调一致和前后连贯的响应。合规审查工作将人们的注意力引向企业应用程序的理性化、标准化、简单化和最优化，并且能够促进业务流程在更广阔范围内的再评估。

信息技术和公司合规审查规定

内部财务控制 追求更优质管理方面的最有力刺激因素，很可能是《萨班斯—奥克斯利法案》或是《2002 年公众公司账目改革和投资保护法案》，人们更熟悉的名称是 SOX 或 SARBOX。美国联邦法律的目的是提高公司信息披露的准确性和可靠性，从而保护投资者利益。其他国家和地区，尤其是欧盟，拥有类似于《萨班斯—奥克斯利法案》的规定和条令，它们的出台目的是增加财务报告中的披露信息，提高公众公司的企业管理透明度。

《萨班斯—奥克斯利法案》为公司责任的划分设置了新的标准，为所有错误行为规定了新的处罚条例。因为影响到所有美国上市公司董事会、管理层和公共会计公司，所以这项法案要求各公司应当向公众报告更详实的信息，与其审计人员保持更远的距离，主动汇报或让人审计其财务内部控制程序。就其内部控制而言，《萨班斯—奥克斯利法案》明文规定并强化了对公司内部核查和余额表的要求，要求颁布控制水平和核销标准。这些控制依赖于影响财务报表结构的记录、跟踪和审计变更的能力。

因为大多数公司的财务报告程序依赖于信息技术系统，信息技术必须在不同程度上符合这些规定。第一，信息技术必须通过严格遵守确保标准程序（如订单处理）存在的程序控制，支持企业合规审查，并附有相应的许可。第二，信息技术还必须设立和记录与信息技术活动相关的控制，如安全、应用程序调配和变革管理。影响财务报告的变更，如企业资源系统（ERP），在实施之前必须接受各方当事人的测试、记录和许可。此外，《萨班斯—奥克斯利法案》规定必须披露可能影响公司运行绩效的重大投资。因为大型信息技术项目可能属于这一类，信息技术项目开支和交付品可能引起管理层的更多注意。

财务风险管理 《新巴塞尔资本协议》（Basel II）是巴塞尔协议的第二个版本，是由负责银行监管的巴塞尔委员会颁布的有关银行法和法规制度。《新巴塞尔资本协议》于 2004 年颁布，其目的是，一旦出现大银行或银行集团破产的情况，保护国际财务系统不受恶劣问题的影响。为此，创立国际标准来引导规范银行业管理者，依据他们的借入和投资惯例，设置银行应当持有的有关资本储备数目的条款，以便保持它们的偿债能力和总体经济的稳定性。

《新巴塞尔资本协议》在计算银行最小资本规定时，考虑到了信用风险和运行风险。信用风险是与贷款赖账或其他贷款业务相联系的风险，而运行风险是潜在的损失，这种损失起源于不适当或失败的内部程序、员工和系统。

在各国实施规定的过程中，信息技术组织根据《新巴塞尔资本协议》所定义的方法，面临着确保内部系统能够衡量并报告信用和运行风险的合规审查义务。而且，信息技术活动的管理和控制甚至与资本储备规定都有着明显的联系，因为信息技术效率低下或失败直接作用于运行风险的衡量手段。

数据保留 信息技术在商业领域的广泛应用已经产生了大量的数据，这些数据必须得到有效的管理。而对批量数据的管理本身就是一个挑战。此外，由于对处理业务的地点和同伴的依赖，组织必须依据全球范围内的有关规定，确保商业活动的关键性电子记录能够得到保存和维护。很多行业法律法规，以及商业惯例，以非常具体的条款，容易获得的形式（见表9—1），规定了如哪些信息和文件需要保存，保存的时间有多久等要求。有些法规进一步规定了保存在原始商业环境中的数据——例如，如果电子邮件附有附件，那么该信息和附件都需要保存并设置链接。关键性信息的产生，日渐以全然不同的多种形式分布，包括电子邮件、即时信息、声音和整合信息系统、视频和未结构化数据，因而使合规审查变得更加复杂。

从信息技术的角度来看，数据保留合规审查涉及的内容包括：哪些数据要保存，必须保存的时间长短，确保这些数据不会提前变更或毁掉，及时地出具数据，或者可靠地复制，以及在结束使命时安全地销毁数据。

信息保护　电子信息交换的效率已经推动了它在组织内及组织间的广泛应用。例如，美国的《医治保险携带和责任法案》（HIPAA），以提高美国保健系统效率为目的，鼓励广泛地应用电子数据互换功能。同时，有关某些信息的保密性和合法传播的问题已经促进了该领域的法规制定。因此，《医治保险携带和责任法案》包括隐私条款和安全条款，分别规定了"受到保护的健康信息"的使用和披露，以及取得"电子保护的健康信息"的管理、实物和技术方式的最低标准。其他国家也有类似的法规，目的是保护某些类型的信息以电子的方式发布和储存。

从信息技术功能的角度，信息保护涉及安全措施，如第7章中所述的防止对被保护信息设备的未经授权或不适当的访问或修改，还要求对管理数据的软件和传输这些数据的网络高度重视。这些可能涉及多种物理、技术和管理机制，包括创建已经授权的用户，设计使用程序，预防无意或是故意的错误使用，使用编码加密技巧。最重要的是，整体信息保护工作需要做到一致、完整和可证明。

表9—1　　　　　　　　　　　主要的全球数据保留和审计法规

法规	影响信息技术的数据保留规定概况
《2002年萨班斯—奥克斯利法案》	信息技术主要受法案第404条的影响，解决"内部控制的管理评估"，要求公司会计人员至少保留5年的具体记录
证券与交易委员会法令240.17－a	经纪人和交易员必须保留原始的通信文件，纸质和电子版本皆可，必要时能够出具或复制这些记录
《医治保险携带和责任法案》（HIPAA）	要求保健护理组织保留至少5年的原始医疗记录，通常为10年
《美国爱国者法案》	要求财务机构提供限定时间内的所有资金交易审计材料
《2001年反恐怖主义、犯罪和安全法案》（英国）	敦促州务卿颁布电信通信提供商的行业准则，规定通信数据必须保存的最长时间
《个人信息保护与电子文件法》（加拿大）	要求组织规定它们的个人信息保存在私人部分的最长和最短期限。个人信息必须被准确地保存，保留期限仅仅截止到满足特定需要的时间为止
《新巴塞尔资本协议》	依据业务类型、国家法律规定、风险特征，银行必须至少保留2～7年的历史数据

注：Developed by author based on information from following sources：Sun Microsystems，"Challenges of Data Retention Compliance：Simple Solutions for Cost－Effective Information Management。" *Business Brief* (2005)；J. Lee, "Surviving the Impact of Data Retention Compliance on Mission－Critical Databases," *Princeton Soflech Business Brief* (2004)．

9.3　有效的信息管理的益处

有效的信息技术管理有助于确保信息技术支持业务目标，实现信息技术业务投资最大化，正确地管理与信息技术相关的风险和机会。越来越多的证据都证明了一个事实，即拥有有效信息技术管理的组织连续地为它们的持股人创造出更好的收益，而拥有无效益信息技术管理的组织却望尘莫及。管理完善的公司还表现出其他积极的商业成果，如成本降低，客户满意度提高，安全感增加，信息技术和业务之间的协调关系进一步改善。

而且，信息技术的 GRC 惯例和能力的提高与完善能够对业务表现指标，如收益、利润和客户保留水平，产生直接而积极的重大影响。具有更完善的信息技术管理惯例的公司保存的客户数据不可能丢失或让他人窃取，即使有时因客户数据丢失或失窃会引起财务亏损，但它们的亏损要明显地低出许多。这种调查结果表明，随着信息技术管理能力的提高，组织最终在合规审查方面进行的投资会逐渐减少，而在风险管理、合规审查能力方面将会提高。因此，信息技术组织应当意识到来自有效的信息技术管理造成的节省，这种节省将腾出的资源和时间用于创新和其他增值领域，从而发展它们的业务。

实际上，信息技术管理主要是在做正确事情的过程中，构建信息技术质量的有关问题。因此，它有助于解决信息技术当中一些顽固性和普遍性的问题，如过期的技术、遗留下来的系统、不充分的安全、不完整的记录，这些大部分是系统的，而不是技术方面的问题（见表 9—2，寻求典型、持续的与信息技术相关的问题）。因为其重点在评估和沟通风险，设置优先等级，证明开支的合理性，组建监控，分派责任，所以，管理提供了一种系统，可以解决仅凭技术方法解决不了的问题。

表 9—2　　　　　　更佳的信息技术管理可以解决的信息技术相关问题

- 在信息技术战略和业务战略之间的联系中断
- 信息技术没有达到合规审查的要求
- 高成本的信息技术，但投资回报（ROI）较低或未经证实
- 严重的信息技术运行事故
- 信息技术服务提供方面的问题
- 员工数目不足
- 员工技术不过硬
- 外包者存在问题
- 缺乏敏捷性/开发问题
- 文件内容或者知识管理存在着问题
- 不适当的灾难恢复或者业务持续措施（DRP/BCP）
- 电子存档或储存问题
- 安全和隐私事故

9.4　信息技术管理的范围和惯例

从概念上看，信息技术管理可以被视为设计实现一连串相关目标的系统：

- 战略目标的实现；
- 有效运营；
- 可靠的衡量手段；
- 合规管理。

高功能系统在不同因素之间连续地交换反馈信息，以确保它们协调一致并关注系统目标的实现。管理系统的因素包括领导分工、组织结构、业务流程，以及这些标准的合规审查措施。信息技术管理涉及整个组织，不仅是信息技术，因此，要求明确领导分工和组织结构，其中包括业务单元、管理团队、董事会成员，以及信息技术成员。同样，它还可能意味着信息技术部门和业务单元的责任、业务流程和标准，总而言之，这些因素合力争取：

- 制定有关信息技术在组织中应用的决策；
- 明确评估这些决策是否合规的依据标准；
- 明确组织传达、实施和推行这些决策所依靠的机制。

让我们更严密地考虑一些重要但互相联系的信息技术管理问题。

9.4.1　信息技术与业务的协调性

信息技术管理的具体目标是确保信息技术战略目标的实现，那些目标也与企业的总体目标相联系。因为信息技术的任务从业务支持转化成业务激励，对信息技术战略就会产生越来越强的需求。信息技术战略与业务战略是平行发展的关系，而不是对业务战略做出的响应。因此，管理工作可能涉及创建组织的计划和沟通程序，这一程序将在信息技术方案的成本和业务影响中，将信息技术领导者、业务领导者、商业公司联系起来。新的组织结构可能包括信息技术筹备委员会，或者是信息技术战略委员会，既包括信息技术人员，也包括业务管理人员。这种职能部门之间的结构和流程能够确保对业务战略所作的重大变更，也能在信息技术战略和开支方面带来相应的调整；反之亦然。

信息技术管理研究：维尔和罗斯的成果概述

麻省理工学院信息系统研究中心成员彼得·维尔（Peter Weill）和珍妮·罗斯（Jeanne Ross）对信息技术管理做出了重大并具有开创性意义的研究，该项研究反映出他们对全世界 250 余家企业所做出的调查成果。维尔和罗斯将信息技术管理定义为——信息技术决策权力和责任在企业利益相关人之间的分配，以及制定和监管有关信息技术战略决策步骤的程序和机制。他们详细解释了这种体系的最终目标是鼓励所有的相关组织在运用信息技术过程中的"理想行为"。维尔和罗斯确认了五个方面：

---

1. 表达信息技术在企业中的角色的信息技术原则决策。
2. 技术选择和方向的信息技术架构决策。
3. 在共享的信息技术服务方面的信息技术基础设施决策。
4. 针对每个项目的商务应用程序要求决策。
5. 信息技术投资和优先设置决策。

研究结果表明,他们归纳的管理机制和技术,是依据机制的应用效果:
1. 形成决策的决策结构(如个人角色、委员会和董事会)。
2. 确保技术和业务目标之间的协调过程。
3. 表达管理原则和决策的沟通过程。

维尔和罗斯评估信息技术的管理依据,是信息技术管理对实现四个目标的促进作用有多大。这四个目标为:成本节省、资产利用、业务增长和业务灵活性。他们的研究结果首先表明,信息技术管理水平高的公司取得的利润要高于有着类似战略但管理水平低下的公司,利润高出 20%。他们还发现,绩效最为优秀的组织允许按照客户需求,自定义设计信息技术管理以实现业务战略。最盈利的公司往往将战略重点放在有效运行上。因此,它们希望它们的信息技术管理目标实现更大程度的集权化,一种更适合于推进高程度的标准化和高水平共享服务的设计中心,支持低业务成本。另一方面,快速增长的公司,将战略重点放在迅速创新和短时间营销上面。这方面的高绩效公司的特点是采用分权化的管理方法,提高对地方客户的响应质量,同时促进战略项目有效的优先设置及监督管理。

他们的研究,通过展示组织设计和实施决策权系统的方法,为管理者做出了实际贡献。这种决策权系统会将信息技术从简单的支出转变为盈利性投资。

9.4.2 投资价值

管理的关键目标是实现大规模信息技术投资的战略价值最大化。因此,管理层在决定寻求哪种信息技术投资时,应当确保所有利益相关人参与过程,这些利益相关人包括信息技术经理、业务单元领导、职能部门代表和董事会。此外,董事会可能按照指示,定期核查信息技术预算和计划。而且,管理工作可能明确规定业务价值(包括财务和非财务的)及信息技术业务投资的风险,还将具体说明选择和确定投资优先的标准。

思考马萨诸塞州政府管理机构信息科技处(ITD)的案例。ITD 提供信息技术服务(包括网络链接、企业应用程序、广域网、官方面向公众的网络门户网站 www. mass. gov、中心电子邮件系统、网络及应用程序托管服务),这些服务为行政管理部门 170 多家机构向居民传递重要的政府服务提供支持。依据与州立机构签订的合作协议,ITD 致力于为大型战略信息技术筹备并管理资金。寻求战略信息技术项目的投资机构必须将投资文件递交给 ITD,依据其合乎州政府制定的商务和技术原则的情况,核实每个项目的业务合理性。就 ITD 本身而言,ITD 首先联合州长及州议会提出申请并筹集资本,然后遵照这些原则,分配和管理这些融资。这种处理战略信息技术投资的结构化方法是有效的,引得其他州立政府纷纷效仿。

总体目标是使信息技术投资与公司范围的优先设置取得一致,必要时遵从企业层次的架构和基础设施标准,将项目作为一个投资组合来管理,以便充分利用业务单元之间的协同增效作用。本模块后半部分大众汽车公司(Volkswagen)的案例论述了这些问题。

9.4.3 项目提供

随着信息技术项目频繁参与处理与业务使命关系重大的活动,经济有效的项目交付能力也变得越来越重要。管理包括明确责任和义务(在信息技术内部,在业务单元及其他功能部门内部),以及附加的流程和一些具体措施,确保项目尽可能地以经济有效的方式符合架构标准,实现业务目标,交付承诺的收益。这些工作可能包括,标准项目管理流程的定义,关键的项目管理技能的认证,许可级别的确定和控制资金支出的项目重大事件的确定。

有效的项目交付能力还要求对开发背景的关注,其中的核心部分是技术和架构标准的存在。这些也同样促进对成本的控制,对新方案的快速实施,以及后续的支持和维护——因而积极地影响着项目价值交付和服务效益。但是,因为标准化努力时常面临文化、独到的商业需求和遗留下来的情况等问题,所以实行必要的标准化是有效的管理所必需的,信息技术委员会的组建时常是对整体的信息技术架构更强有力的监管方式。

一方面,管理工作的目的是通过减少项目实施过程中的变异情况,系统地降低项目风险;另一方面,好的管理也容许能产生更有效结果的适度灵活性。本模块后半部分 AtekPC 的案例,阐述了公司寻求这种平衡的途径。

9.4.4 服务提供

管理程序还通过明确规定管理和控制信息技术服务的结构、分工和技术,实现信息技术服务的成本节省问题。时常,筹备信息技术的资金成本是业务客户的热点,主要是因为他们对成本构成缺少清晰的解释。如退款和成本透明度的机制有助于在业务用户中间提高他们对信息技术服务视觉成本的意识,因而允许更好的设置优先和决策的制定。例如,服务水平协议(SLAs)的开发还能明确每种业务可以接受的服务水平,并据此充当监管这些服务的基准。管理理念有助于确保日常问题得到解决,支持性工作与业务需求保持协调。

9.4.5 资源管理

聚焦于运行效益的管理也引来了对如何利用信息技术资产和资源的关注,包括人力资源。管理工作因此可能包括组织结构的形成,其中包括负责监管和指导信息技术资源的组织,还包括负责依据业务优先设置,确保信息技术资源实施过程的组织。从长远来看，资源管理可能还预示了一种需求：为关键设备或应用程序进行预防性维护或升级所作的预算和实施方面的需求。管理工作还可以限定结构、标准，制定有关特长、技术的外包决策。

在现有的信息技术人员当中，数量不够或是知识技能不达标是当今信息技术组织中最突出的问题之一。意识到这些问题，资源管理部门可能会基于技术安排更灵活的人员调配，并创建、开发和升级内部知识技能流程。

9.4.6 信息技术应用效果的衡量

信息技术管理的关键部分是设计和实施明确并令人信服地衡量信息技术效用的结构和控制方法。这些结构和控制对于公司和外部利益相关者都是十分重要的。时常，定性的衡量手段更简单易行，但是如果管理成本和收益可以量化，管理工作很可能获得更多的支持。如管理人员观察到的那样，战略商业价值时常包括财务衡量标准和其他利益相关人的衡量手段。很多管理方案利用了平衡记分卡技术，依据一套不同的维度，如公司目标的实现、用户满意度、运行流程的优化、对学习及发展的支持，来衡量信息技术的总体应用效果。

9.4.7 风险管理

在上述内容中明显包含了风险管理方面的内容。例如，对投资收益的关注应当意识到在信息技术投资中存在的风险，这种风险就是没有取得资金价值，或者是投资过多而造成了浪费，其中包括对信息技术投资总体组合的考虑。对项目交付的管理重点应当是解决项目所有权的风险，或者因为责任感和使命感不强导致信息技术项目没有达到预定目标的风险，或者是利用不准确或不完善的数据导致的风险。同样，服务的提供还依赖于对各种风险的有效管理，如第 2 模块中论述的那样。其中可能包括服务损失，对保密或敏感信息的不当访问（访问或安全风险），或者是技术设施不能既经济有效又及时地满足目前和未来业务需求的风险。因此，风险管理是管理工作的重中之重，它可能涉及确认多种可能的风险来源，如同我们上述做法一样，确定每种风险的可接受水平，明确监管和衡量每种风险的模式，规定内部流程和分工以处理在每种风险级别上不可接受的变革问题。

总而言之，信息技术管理的范围十分宽泛，在其定义和实施的方式上容许大幅度的变更。组织往往依据最明显的驱动力，在它们限定信息技术管理的方式上有所改变，并付诸实践。例如，在美国，信息技术管理工作目前在很大程度上受合规审查的驱动。在欧洲，尤其在英国，尽管合规审查还是重要的组成部分，但尤其强调价值和应用效果。通常，走在时代前列的组织从商业价值和应用效果的角度看待管理——不仅是合规审查的角度。下一部分考察信息技术管理工作的影响。

9.5　信息技术管理的设计：关键的成功因素和好的做法

尽管对信息技术管理、风险管理和合规审查（信息技术的 GRC）的必要性和动机存在着一致看法，但在其运用和效果方面还有着很大的可变性。除了实现合规审查目标之外，信息技术运用的可变性是可以预见的。毕竟，任何形式的管理方案都应当为企业的规模、行业、战略目标、组织文化和当地环境做出解释。

同时，有效的设计模式已经得到甄别。因此，尽管存在着非唯一的信息技术管理最佳模式，但是我们仍能辨别出某些原则，能增强设计和实施信息技术管理方案的有效性。

9.5.1　有意的但极为简单的设计

每个企业都参与有关信息技术的决策制定，但是企业之间的做法因这些决策制定的连贯性，以及这些决策向利益相关人做出的表述方式而有所不同。所有公司的信息技术管理水平都不同，但流程中的很多可能是不正规或者是记录不详，甚至是缺乏跟踪的。很多企业进行信息技术方面的投资，但是它们的投资方法不同，主要体现在证实这些投资合理有效性的方法各不相同，企业实际回报受到监管和衡量的严格程度也有变化。

通常，现存的信息技术管理因素，作为对不同应用程序和业务单元之间需求的孤立响应，已经被逐步引进，这些不断增加的努力可能导致了一系列不一致和不连贯的衡量手段的大融合，这种融合对增强信息技术造成的战略影响是妨碍而不是支持。目的明确的信息技术管理体系，能够促使与现存管理机制的协调一致，并辨别两者的差异与变化。信息技术管理设计的依据可以是现有的实实在在的业务管理流程。

然而，重要的是，不要在寻根究底的委员会、繁琐的步骤、过多的监管和报告方面浪费精力。被视为繁琐复杂的管理机制会招来抵触情绪，并会造成程序步骤的迂回曲折。管理工作也不应尽力实现所有可能的目标，而是应当使有关争议性目标的问题得到凸显和重视。因为争议性目标有可能制造混乱和麻烦局面，还会挫伤和破坏管理者的良好动机。相反，在信息技术资产与战略性商业选择之间建立明显的联系，管理能够有助于组织优先设置目标。

9.5.2　董事会的领导

因为管理是公司董事会的主要职责，所以将信息技术管理与公司业务的其余部分相分离是不合理的行为。信息技术管理应当被视为整体商业管理不可缺少的一部分。如果组织的成功靠的是信息技术促进业务目标实现的能力，这一点就尤其重要。因此董事会需要认识到对信息技术战略、结构、系统、员工和标准实施管理的必要性，就像他们对待金融或市场营销等其他领域一样。本模块后半部分介绍了诺兰（Nolan）

和麦克法兰（McFarlan）的文章，将详细论述该作用。正如他们所说："信息技术活动离开了董事会的监管是危险的，它会使公司置于一种很大的风险之中，程度等同于公司没有查账。"

尽管信息和信息技术资产对于大部分公司来讲都相当重要，最近的一项民意测验结果表明，信息技术管理在董事会这一级别上并不是第一优先。在调查的所有公司当中，只有12%的公司对于信息技术资源实施了董事会级别的监管机制。而且，将近一半的受访者认为，董事会成员不懂得信息和信息系统的业务运行风险，尤其是委托出去的信息技术维护的影响。对信息技术管理的放任自流态度，部分由传统意识中的信息技术支持功能导致，但也预示着有些董事会还没有意识到信息技术资产的战略意义。

9.5.3　董事会参与管理

除了董事会之外，管理层对有效的信息技术管理的义务是关键的，取得最高管理层支持的信息技术管理方案成功的把握性更大。尽管信息技术支持方案时常由最高管理层内部发起——有时部分地受公司管理的改进驱使，这些方案作为部分战略愿景也没必要延续下去。在争议期间，对信息技术管理的支持经常通过定期参与、合理提供资源、倡导好的管理惯例来表示。当前的做法表明这种高层次的支持大部分是行之有效的。在为《信息技术治理全球状态报告》而进行的调查中，将近3/4的受访组织标明C层次的管理人员（首席执行官、首席财务官和首席信息官）是信息技术管理中的领军人。

更具体的是，高级业务管理人员应当积极地参与到大型信息技术决策当中。因为高级管理层指明了战略方向，他们的参与可以确保对信息技术的管理和应用始终与战略相一致。当他们不参与时，在公司目标和信息技术能力之间会出现一道缝隙，基于董事会的高层的直接参与和更加强大的信息技术管理效用联系在一起。而缺少高级团队的参与基本上预示着管理效率低下。管理人员，特别是首席执行官的参与，比起首席信息官自己，有着更加积极的影响。

9.5.4　清晰的所有关系但是广泛的参与

作为大型组织方案，信息技术管理需要所有者拥有必要权利和责任感。尽管董事会应当承担起所有管理的全部责任，但他们通常任命个人或是一支团队来负责信息技术管理的设计、实施和效用。承担这项任务的通常是首席信息官，但是如果信息技术是业务的根本驱动力，如在财务服务行业，那么，承担这一任务的人很可能会是首席执行官或者是首席运营官（COO）。在一些情况下，它可能是一支类似于信息技术筹备委员会这样的团队。关键是将企业观点与对技术和战略之间潜在联系的理解结合起来。

同时，广泛的参与对于有效的管理实施来说是必要的。正如一位首席信息官所说："真正的挑战不是对委员会、程序、形式和步骤的设计，而是应对参与的挑战。"

吸引人们参与是信息技术要达到的真正目的。

　　信息管理领导者的关键角色作用是取得对管理的广泛支持并指导同事，确保访问资源，赢得公司领导对管理方案的关注和支持。业务单元管理者必须首先明白信息技术管理机制，然后严格去遵守。他们参与到多种职能团队中，设计更好的信息技术决策过程，能够有助于他们获得对特定程序及其所有权的意识。随着组织里获得这种见解的管理者的增多，管理者对于信息技术使用的推广也像对待战略资产一样越来越便利。如果业务经理能够准确地描述信息技术管理的有效性，标志着信息技术管理正成为企业管理文化的一部分，所以更有可能去遵守。

　　维尔和罗斯的研究表明，将该原则付诸实践过程中的一些变化，"在水平最高的50%的管理从业者当中，不足一半的人能够准确地描述出他们的信息技术管理。而在水平比较低下的管理者中，不足30%的管理者能够做到这一点"。2007年对大公司（正规化管理对它们可能更加关键）的175名首席信息官所作的调查，揭示了同样的变化。受访者中的1/4认为，在他们公司中不足20%的管理者能够准确地描述出影响信息技术投资的决策制定过程；仅仅46%的受访者认为，大多数管理者懂得信息技术决策的制定流程。乐观地看，大约1/3的受访者认为75%以上的管理者熟知信息技术管理方面的知识。

9.5.5　实施执行但要考虑例外情况

　　引进或升级信息技术的管理要求有表述明确的计划，而且，有效的管理还要求促进统一惯例的实施。因为新的管理流程、政策和结构的实施，有时会面临抵触情绪，德国大众汽车的案例就描述了这种情况。信息技术管理方案中常见的内容是使技术、数据和业务流程标准化的工作，因为这些措施有助于降低信息技术和业务流程成本，提高系统可靠性，增强安全性。但是，标准化和增强的集权化措施同时也降低了人们在过去享受的一定程度的自治权，因而容易遭来抵制。

　　因此，尽管存在着强制执行标准的需求，但是如果标准政策阻碍了共享业务目标的实现，管理流程还是允许一些例外情况的存在。例外情况的流程应当是结构化、记录翔实、有效的程序，促进各方利益相关人（如项目赞助人或业务单元管理层）依据各自情况说明与标准做法的相异之处。透明度高的例外情况的处理程序在心理角度上是很重要的，因为它为善意的管理者提供了一个平台，使之利用这个平台解释他们认为标准限制了业务成功的原因。更重要的是，例外情况的处理还提供了一种机制，通过这种机制，组织能够学习和完善管理政策和惯例，因为它促进了对管理控制进行的周期性再评估。

9.5.6　明确收益和目标预期

　　因为信息技术管理的主要目标是提高商业价值，降低风险，所以管理设计应当包含一个案例，即依据信息技术和业务目标，针对收益和成本所作的明确清晰、具有吸引力的商业案例。因为信息技术管理时常包含命令性的合规审查活动，因而简单的投资回报（ROI）模式既不可行也是不合理的。

相反，组织应当以确认合理的关键效用指标为目的，这些指标对信息技术和业务很重要，并且与商务和信息技术目标相联系。这些还应当与推进信息技术管理方案的驱动力联系起来，如商业价值、风险管理和合规审查。维尔和罗斯介绍了信息技术管理有效性的常用措施，这种措施评估管理工作的依据是它对信息技术四个目标的促进程度，这四个目标是成本节省、资产利用、业务增长和业务灵活性，其中每个都依据其对组织的重要性来衡量。从方案开始实施时就规定对信息技术管理模式的效用跟踪是很重要的，然而，它经常会碰到更多的具体规定和间接费用（管理费用），为此容易引起员工和公司的不满。

精心选择的模式满足下列标准：

- 易于衡量，不与目标混为一团。
- 带有较高的观点与努力比率（效用和目标的实现与为之付出的努力之间的比率）。
- 它们可用于企业内部的比较（譬如，一段时间以后与基数或者数字的百分比）。
- 它们也可用于与外部企业的比较，不论企业规模或行业。

9.5.7　实施的目的是循序渐进，不是剧烈变革

新的管理体系要求个人承担新的任务分工并参与到新的结构中来。如前所述，它可能从文化上影响了根深蒂固的标准，预示着步骤方面的重大变革，如更正规的模式，更小程度的个人专权，或者更大程度的集权化。这些变革需要时间来实施，并且要得到组织的理解和接纳，通常的做法是，首先废弃旧的行事方法，然后唤起人们对新方法的注意。对新方法推进的力度过猛、速度过快可能会导致管理实施的无效率，从而消耗了资源，抵消了价值，造成利益相关人的不满。

一种合适但简单的启动方式是将信息技术管理与关键的商务目标结合起来，如成本降低、创新、敏捷性、简化、客户满意度和合规审查。如果信息技术功能能够依据对公司的价值来沟通、表达，公司方面更可能看重并支持信息技术管理方案。很多组织关注信息技术管理的基本方面，如启动合适的管理主体，分派任务并在业务和信息技术之间架起沟通的桥梁。

遗忘和重新学习的问题也妨碍着对管理设计所进行的变革，因而变革的数目应当以少为佳。任何变更应当主要受组织战略重大变革的推动，这些组织战略要求采取与信息资产截然不同的行为。大的组织变更，如合并或并购，新的外包合同，或者大规模的公司项目，还能为组织充分准备其他变革起到推动作用。好的做法是利用这些活动来审视并升级当前适用的管理惯例。

9.6　小结

本章将信息技术管理的概念解释为分工、组织结构、流程、标准和衡量手段组成的体系。在此体系中，组织成员以向公司创造信息技术价值的方式制定决策和采取行动。本章概括了更加规范化的信息技术管理的主要驱动因素和信息技术管理的主要目标，如战略协作、信息技术投资回报和价值提供。本章结尾概述了最近的实践和研究中产生的有效实施原则。本章重点介绍了企业管理和信息技术管理之间的关系，强调的不单单是信息技术领头人的关键作用，还强调了公司领导和董事会在确保信息技术管理有效性中的作用。

管理人员可考虑下列问题，以评估他们是否妥善地解决了信息技术管理方面的问题：

1. 你是否知道信息技术在你组织中的管理方式？你能否描述你的组织确保信息技术支持并促进公司整体战略目标的方式？

2. 你了解信息技术投资决策的制定和监管过程吗？项目的监控和评估过程如何？你能够解释这些过程对战略性商业需求做出响应和调整的方式吗？

3. 你依靠哪些模式来辨别信息技术的有效性？这些措施可靠吗？

4. 你的公司拥有信息技术管理所有者或团队吗？它能够成功地吸引高级管理层参与信息技术管理方面的讨论吗？

5. 当前，董事会在信息技术管理方面的任务是什么？他们应当承担更为重要的任务吗？

10

信息技术功能的领导

信息技术（IT）对管理交易业务、处理信息、获取和传播知识、促进和保持经济及社会活动越来越重要。在很多组织中，信息技术在支持、维持、改变和扩大业务中起着至关重要的作用。在本章中我们探讨信息技术的领导应当如何适应其在公司内部的角色。我们首先概括信息技术在公司或业务单元内部充当的常见角色，然后考虑信息技术的任务随着时间的流逝而改变的方式。随后我们探讨信息技术领导的特定职责应当如何与人们对信息技术在公司里充当角色的期望相协调。随着信息技术角色的变更，对公司的信息技术资产和焦点活动的领导方法也应当有所变化，这些领导方法在风格、专业知识、优先级别方面的变化，可以表达为对信息技术新型领导角色的需求。

通过对信息技术在其组织中角色的理解，管理人员可以在更加宽泛的范围内，对照同行业或行业间的其他公司来评估他们的信息技术领导方法，并测试公司的信息技术能力。

10.1 理解信息技术在公司内部的角色

信息技术在组织内部充当的角色应当强烈地促成一种工作方法的形成，即用于辨别机会、设计和实施信息化的商业方案，组织和管理信息资源和专业技术人员的方法。两种关键的维度应当受到评估：（1）信息技术应用程序投资组合的商业意义。（2）信息技术项目投资组合的商业影响。第一个维度描述了现存的信息系统和应用程序对于维持企业运行，并因而引起人们对信息技术优点在管理中的需求程度。第二个维度评估了信息技术对促进企业发展的关键程度。通过规划未来的商业战略和能力，它突出了信息技术创新努力的重要性，对这两种维度的同时思考揭示了信息技术的四种作用，制定了管理人员在组织、管理和监管信息技术过程中所面临的决策（见图10—1）。

10.1.1 支持型

在图10—1的支持型象限内，在保持当前业务运行和制定未来的商业运行或战略的过程中，信息技术的作用比较有限。尽管信息技术甚至得到了更为普遍和持续的应用，但是公司可能不会在运行上过于依赖于信息技术，也不会将它看作在营销、供应商或者竞争者方面为自己重新定位的方式。直到最近，支持是信息技术在很多专业性服务公司（如法律公司和咨询公司）里的典型任务。例如，尽管在20世纪90年代早期，一家咨询公司花费3 000万美元为其2 000名顾问配备手提电脑，但公司里的顾问在严重的信息技术失灵24小时以上的情况下仍能持续地服务于他们的客户。此外，信息技术项目投资组合对公司未来的业务惯例有很少的影响。

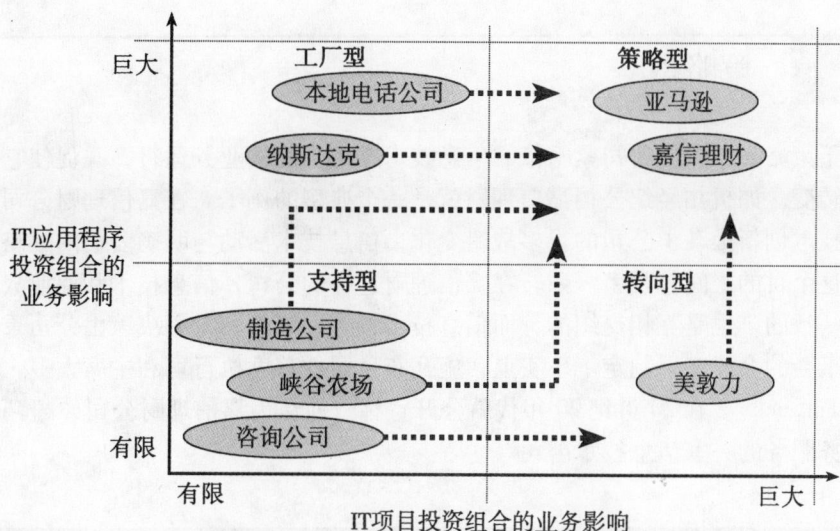

图 10—1   信息技术在组织中的角色分析

10.1.2   工厂型

在工厂型这个象限，信息技术系统对当前的业务运行来说是绝对关键的，思考纳斯达克证券交易所或者 PSA（私有化以前被称为新加坡港务局），在那里信息技术的零缺陷运行对完成组织内部核心活动和维持由广大客户、供货商和合作伙伴构成的业务网络是至关重要的。在纳斯达克的案例中，系统缺陷，哪怕仅仅数秒钟，也会迫使整个证券行业陷入瘫痪。在 PSA 的案例中，信息技术缺陷可能终止或严重妨碍全球性的装运，受影响的不仅是 PSA 的运行，而且那些全球托运人、货运代理公司、承运人和客户都受到影响。在每个公司，投资和资源的大部分流向了改进信息技术化运行核心的质量、功能和 99.999% 的可靠性当中。

10.1.3   转向型

在转向型象限中的公司将信息视为商业转变的一种方式。尽管它们在目前的运行上依赖于信息技术，但它们的信息技术项目目的是利用新兴的战略机会或转变商务能力，提高信息技术在公司内部的可视性。有时，仅仅是实施一项新技术或新应用程序可能都会将公司定位于转向型象限。思考美敦力公司——一家为慢性病人提供终生性解决方案的医疗科技公司。其核心运行是从事医疗设备的研究、设计和制造，信息技术过去曾为之起到了支持性的作用。但是，发现自己在心脏起搏业务方面面临着激烈的竞争之后，美敦力努力提供信息技术化的服务：遥控提供某些心脏起搏模型的信息技术化服务，以使自己的服务独具特色。这种关系到新技术和信息能力开发的方案，标志着美敦力公司业务状况的一种转向，因为它率先利用这种经验来启动为多种疾病和设备定制的遥控服务待售品。

策略型

位于策略型象限的公司紧密依靠信息技术维持当前的业务运行，并促使它们在未来实现转变。如折扣经纪公司嘉信理财就是一个典型的例子。在嘉信理财公司，持续不断的技术创新推动了公司的很多战略变化，信息技术活动与明确公司的战略定位和竞争者这个目的之间有紧密联系。在嘉信理财这样的公司，信息技术和商业战略不仅是协调一致的，也是互相交织的，而信息技术领导、管理和投资决策由公司重要负责人在董事会的会议室里制定。事实上，施瓦布公司的首席执行官和主席大卫·波图克（David Pottruck），在 20 世纪 90 年代就公开宣称，他认为嘉信理财公司"碰巧是从事财务业务服务的一家信息技术公司"。

10.2　认识信息技术角色的过渡

有些公司，如嘉信理财公司、亚马逊公司和谷歌公司，在公司战略核心和运行方面有很强的信息技术色彩。而其他公司，如纳斯达克和 PSA，在开始时使用信息技术来支持核心业务运行，后来随着时间的流逝从工厂型象限转移到了策略型象限。大多数公司在开始时使用信息技术的支持角色，有些能够长时间地保持这种模式，然而一些内部和外部因素，如组织对核心技术的逐渐熟悉和专业知识的形成，不断变化的信息技术职能或者竞争动态，自然地鼓励了信息技术与核心商业过程的进一步整合。这些变更引起了信息技术的作用从仅仅提供支持，过渡到公司战略持续地对信息技术形成依赖。

10.2.1　转向过渡

思考早先描述过的在支持角色中单独运用信息技术的公司。到 20 世纪 90 年代末，这幅图画发生了变化，公司已经开始运用信息技术向它的全球性客户提供咨询意见。咨询报告成为宣传性的广告，并在亚马逊网上公开出售。显而易见，信息技术已经从后台办公发展到前台办公，为进入以前从未涉足的市场并产生新的收入流创造了新的途径。这些新的信息技术方案将这家咨询公司内部的信息技术角色向着战略框架中的转向型象限推动。

峡谷农场管理公司——成立于 1979 年的高档矿泉疗养地是一个典型实例，在该公司里，信息技术的角色正从支持朝着转向和战略过渡。1996 年前，峡谷农场仅有的核心信息技术系统是其计算机住宿系统（Computer Lodging System），主要用于实现常规后台办公会计、工资表和预订业务的自动化。这套系统在 1986 年由峡谷农场管理公司会计人员运用 BASIC 编程语言编程，并由专门程序员和峡谷农场管理公司会计部门的两名技术支持人员进行维护。但是在招待业日渐激烈的竞争环境和信息技术职能的急剧变革下，20 世纪 90 年代中期高级领导层的变化引起了信息技术行业在未来公司里所扮演角色的大变化。1996 年，高级管理层开始探索增强客户忠实度的新路子，并寻求运用实时的商业信息和分析方法来改进决策。因此，信息技术的角色开始从支持过渡到转向。随着信息技术重点的这种转移，管理人员开始寻求能够驱动信息技术和业务转向的新的信息技术领导者。一段时间之后，预计峡谷农场管理公司的信息技术会持续地从转向向战略过渡。

值得一提的是，转向是信息技术中不稳定的角色。或迟或早，公司将有必要普及它的信息技术运行，以便维持并组建由成功的信息技术开发和项目创造的转变机会，即信息技术在公司中逐渐承担起工厂似的或者战略性的任务。也许，在极少的情况下，公司可能仍旧处于转向型象限，例如，如果公司显露出"孵化器似的"行为，在这种行为中信息技术开发工作产生了新的战略性服务产品，这种服务待售品转而进入独立公司。然而，这种模式可能标志着领导力的缺陷，而不是有目的努力的成果。

10.2.2　工厂过渡

越来越多的公司现在依赖信息技术系统的工厂作用，甚至系统的几分钟停工都可能给组织造成极大的混乱。这种混乱也造成了客户不满和重大的财务问题。然而，信息技术的运行意义有时在高级领导者身上仍然体现不出来，例如，经过数据中心的数据流量造成所有的证券交易停止时，投资银行的首席执行官仅仅明白他的公司在运行上对信息技术的高度依赖。提供可替代性非实地数据中心的失败导致银行交易运行系统的瘫痪，引发巨大的财务亏损。自那次事故后不久，首席执行官对信息技术在处理业务运行关键区域的重要性有了新的了解，这一认识促进了大量数据中心的组建。2001 年 9 月 11 日世贸中心受到的攻击，以及在世贸中心拥有运行系统的许多信息技术化财务服务公司后来面临的运行挑战，将全球人的注意力吸引到了信息技术组织成功和生存的有效性和可靠性方面。

小型制造公司突出了信息技术角色从支持型到工厂型再到策略型的转变过程。在20 世纪 90 年代以前，这种小型制造公司中的信息技术作用，确切地说是支持型——对于确保工资表和预算等后台办公活动的效益很重要，但对于公司的成功和生存不是绝对重要的。如同峡谷农场管理公司一样，公司的信息技术资产由技术专家和小型技术人员团队管理。这些个人与在工资表及预算办公室里的管理者和职员相互接触，但是与工厂员工很少接触，并且从来不与公司的高级管理人员来往。

可是，20 世纪 90 年代中期，公司开始扩大其产品生产线并开辟国内外新市场。随着业务复杂性的增加，协同运行的成本也增加了。结果，公司管理人员决定购买企业资源计划（ERP）系统，该系统的设计目的是细化、整合和协调公司运行的各个方面，包括采购原料、制造、销售产品及订单处理等业务。新系统的设计目的是在公司投放新产品、加快国际市场的开辟时，促进管理人员和当地业务经理对公司的运行实行更好的控制。一开始，管理人员没有考虑新系统运行的业务影响和在业务过程中对变化的需求。但是因为项目的进展一波三折，需要进行适当的调整，制定关键的决策。所以，公司雇用了经验丰富的 ERP 专家团队，任命一位富有制造方面运行和技术知识的信息技术经理，并组建包括制造、销售、会计、采购和物流副总裁在内的信息技术委员会。这些决策标志着公司对信息技术从支持到工厂这一角色转化的认可。

10.2.3　战略过渡

但是过渡并没有到此为止。在 2002 年以前，公司管理人员开始寻求更详细和及时的 ERP 系统信息来促使他们更严格地管理迅速增长和日渐复杂的公司。同时，他们允许对新的信息技术应用程序的投资，这些应用程序能够收集并编制可利用的实时客户信息，然后将这些信息与 60 多家工厂和 2 个客户服务呼叫中心的信息进行整合。随着信息技术对战略决策的价值提升，信息技术的角色不断地从工厂型过渡到策略型。当进行过渡时，高级业务领导被任命为首席信息官（CIO），负责向首席执行官报告，于是信息技术管理筹备委员会就正式筹建。到 2006 年，公司董事会积极参与公司的决策，与重要客户就新的科技含量高的工厂的启动进行合作，新的工厂关注根据客户需求来定制部件。信息技术驱动的嵌入式智能控制产品设计和制造的各个方面，以及相关的遥控服务。

当地电话服务提供商是又一个公司信息技术角色从工厂型过渡到策略型的例子。面临传统市场上提供捆绑服务（譬如，综合声音、电视和高速数据服务）的电信运营商的激烈竞争，当地电话服务提供商通过与同伴进行创新式合作，积极扩大它的服务投资组合。处理公司商务服务系统的信息技术开发工作，对于完美地整合新产品和服务，并确定为现存客户创造价值以及吸引新客户是关键的。信息技术拉动的开发也支持了产品升级（例如，组合开单，混合有线和无线有声邮件）的展示，这些升级开创了附加收益的新来源。

当我们步入 21 世纪的时候，很多银行和其他财务服务公司、保险公司、通信和传媒公司、汽车制造商、大型零售连锁店，正稳健地发展成为战略性王国，将信息技术嵌入到它们的核心运行和核心战略当中。

信息技术角色的这些变化，是受内部和外部条件促成的，都可以预见到。然而很多管理人员没有认识到他们对信息技术的预期变化，因此，他们没有正确地完成对信息技术资产管理和组织的这种转型。在本章的剩余部分，我们首先探讨与信息技术变化的角色相联系的组织压力，然后着重论述一些活动的关键领域，在这些领域，领导观点必须随着信息技术角色的变化而变化。

10.3　信息技术角色变化中的压力管理

战略框架的维度表现出必须由公司领导解决的主要压力，尤其是当信息技术的角色发生变化的时候。第一种压力是在管理和创新之间，控制和创造之间，稳定和变化之间。当信息技术从对公司的支持过渡到公司的助推器时，另一种压力体现在信息技术功能与业务单元的关系当中。

10.3.1 　由管理到创新过程中的压力管理

创新越来越成为多数公司的第一优先选择，第一模块中探讨的信息技术化的创新能量是无穷大的。然而，公司对积极的信息技术创新的注重也取决于对信息技术在公司运行方面潜在影响的评估，以及对管理层愿意承担的风险的评估。如果信息技术能够极大地促进公司实现其战略目标，并且管理层不属于风险厌恶型，那么，在创新方面可能需要更大的投资。而如果将信息技术视为仅仅是有所帮助（例如，信息技术承担支持角色），或者管理者希望规避不必要的风险（例如，信息技术充当工厂角色），那样情况就不同了。另外，当需要快速创新时，领导者必须确保针对提供商运行依赖性的政策不会妨碍试验和学习。

10.3.2 　信息技术业务关系的管理

从刚产生时候起，信息技术已经涉及程序分析和重新设计。结果，在很多公司，信息技术专业人员是"业务编程"方面的专家，习惯于将业务活动视为实现某些输出并寻求更大效益的程序。因为很多系统的设计目的是在公司的不同部分之间建立互相联系，信息技术人员已经变成关键的整合者，能够帮助确认不同业务和功能小组之间的潜在联系领域。因为这种端到端的业务观点，他们具备了良好的条件去开发并整合业务解决方案，并且习惯于在以信息技术为中心的公司项目中起到领先作用。然而，信息技术功能对有些问题技术方面的关注可能使它与业务客户的短期需求不相一致，这些问题包括信息技术架构的长期协调、技术掌握、共享信息技术服务整合等。

另一方面，业务团队在领略了逐步完善的技术，以及对大量的信息技术服务选项的访问之后，时常急于更严格地控制他们的技术规定。而且，因为鼓励不断提高用户的自主权，而组织内的集权化信息技术功能能力受到破坏，所以客户技术和企业技术之间的界限也是模糊的。网络 2.0 技术，如博客、wikis、RSS 源和网络服务混合，进一步促进了自下而上的交互作用和集体创造力，满足用户在信息技术知识和运用方面的自我满足感。结果，信息技术部门在提供通信和计算机工具与用户在个人生活中的习惯方面遭受到越来越大的挑战。个人雇员，尤其是那些要求很大的流动性，时常认为在运用自己的技术工具方面更富有成效和生产力的雇员，可能感到规避信息技术标准和准则是合情合理的。

业务团队可能乐意筹资经营对其业务活动和领导问题都很关键的技术资产和运行，如投资决策权、预算控制和后续支持责任。这些仍有必要得到解决，以确保今天的技术性选择在未来仍然有效和灵活。因此，随着技术和业务机会的发展，在信息技术部门和业务团队追求信息技术化的业务解决方案中，调整改变它们的作用和关系时，边界管理意味着一种灵活的平衡行为。

在这些竞争性定向之间的适度平衡，应当成为分配和开发、部署和管理信息技术资源的政策指导。在下一部分中，我们探讨在特定情况下处理这些压力的方式方法。

10.4　信息技术角色的领导方法

需要将新技术引入公司所必需的领导方法，可能不同于那些维持已有程序和现存系统所需要的技术。所以，随着组织中信息技术角色的发展，信息技术组织和管理层的方法也发生了变化。最重要的是，当公司对信息技术形成了战略依赖，信息技术领导力也必须深深地植入公司领导力中。在这部分，我们详细论述信息技术角色的一些领导意义。

10.4.1　支持型：为低成本稳定和逐步改进而组织

如果信息技术履行支持角色，公司的信息技术资产通常可以由技术人员和技术员工团队妥善管理。信息技术成员可能在一些功能领域与管理者和职员互相交往，如运行或财务领域，但不可能与公司的高级管理人员直接接触。

在运行稳定与利用新的信息技术经验需求之间，起支持作用的信息技术功能应当运用较低的成本平衡这两者之间的关系。因为信息技术运行对业务持续性来说并不是很重要，在这些领域的投资和维护，要从成本方面证实其合理性。信息技术拉动的创新优先往往以累加的、运行的改进为目的，如日渐增加的程序自动化，这些可能改进公司的成本参数，但是对改变其在行业或业务网络中的地位或实力作用不大。这些项目可能在业务用户的帮助下由信息技术专家来设计、实施和管理。

分权化业务单元推动的创新，为组织了解新技术机会提供了低风险时机，对这种创新还可以充分加以利用。例如，一家大型消费品公司的某部门，要对预先证实了其价格合理性的桌面服务进行大规模投资。信息技术部门鼓励管理者和行政后勤人员"使用"这套桌面系统，也符合公司的学习曲线。第一年，许多不协调的项目出现了，包括几个销售支持应用系统和许多电子表应用程序，业务客户因此也获得了信心，并以高度的热情投入到新程序的开发中去。这种方法最终造成重大的商务应用程序零碎化，要求为回溯性地开发信息技术支持项目付出很大的精力。然而，公司领导者仍认为这种方法比起信息技术拉动的项目更有价值，因为它鼓励业务客户采用这种新技术，并催生了对更有生产力的工作模式的追求。

拥有适度的组织目标和资源，起支持作用的信息技术部门，可能认为吸引和保留高技能的信息技术人员或获得当前先进的技术资源是困难的。他们可能从乐意将其知识技能运用到各种不同领域的信息技术多面手中受益。此外，外包协议可能提供了确保运行稳定的行之有效且经济实惠的解决方案。外包可以在支持型象限的公司提供访问更高级、更流行信息技术的机会，降低持续地运行不当信息技术构架的风险。

10.4.2　工厂型：为工厂型效率和可靠性而组织

位于工厂型象限中的公司，其业务持续性主要依靠它们的信息技术系统。因此，它们的领导方法应当关注于确保这些关键资产实现最大限度的有效性和可靠性。在这个阶段，信息技术功能最好由一个人领导，这个人能够将技术和行业知识传达进入强大的运行中心，并且这个人能够执行高度规范化的运行和开发方法。

因为信息技术在业务运行中承担关键的角色，信息技术部门使命的一个关键部分是确保当前系统和应用程序日常和持续不断的有效性。对运行的集权化管理和控制是确保系统的可靠性和有效性达到必要程度，并协调对基础设施和系统的必要维护和升级的最有效方式。计算机基础设施的标准化也减少了维护公司信息技术能力所需的成本和复杂性。外包可能也是这些公司的合适选择，除非公司规模大并且管理完善。外包安排可以为小到中型企业提供规模经济，更优质的服务和维护，为在国际范围内构建和部署信息技术方案所需的技术专业化的提高。

工厂型公司明智地将它们的信息技术投资重点投放在确保经济有效可靠地运行和巩固基础设施上面。投资还应当满足运行能力的扩展，以促进业务持续增长并提高资产效益。此外，开发和投资重点还应当关注在竞争性更强的行业环境中所必需的信息技术因素——如行业证书、安全工作，或实现对更加宽广的产品投资组合的支持。

信息技术开发项目的开发、设计、实施和管理应当由业务单元管理人员与信息技术管理人员合作进行，以确保在满足业务需求的同时，保持程序的持续性。业务领导者的信息技术委员会，是检验和监管信息技术符合业务目标的有用组织结构。新集权化方法的开发能够促进对软件、计算平台和通信网络公司标准的遵守，这能够简化后来的维护程序。比起分权化的基于业务的团队，集权化的信息技术团队通常能更好地开发切实可行的系统，做出更准确的部署估计；丰富的经验促使他们不是盲目乐观，而是充分考虑到可能增加项目间接成本和费用的复杂性。但是，情况并不总是这样，因为估计时常难于进行，并且往往估计不准，即使在最好的情形下。中央开发控制系统也是比较有效的，新的应用程序以一种有序方式部署，同时不会对其他关键的应用程序造成消极影响。

如果在组织内已经形成工厂型的控制和规范，那么这些控制和规范在抵消了组织上的变更之后甚至更有可能延续下来。例如，一家大型纺织公司大量投资于电子商务和供应链管理系统，管理几个规模非常大的集权化管理项目。这套遵守公司信息技术标准的新系统，受到相关各方的欢迎。几年之后，管理层将信息技术开发活动从集权化信息技术部门推进到分支机构中去，以便更快速有效地协调新应用程序的开发与高级部门管理的需求。随着信息技术标准化问题的广泛解决，公司能够安排新的组织结构，促使分支机构更加迅速地按照自己的进度进行创新。结果表明，自重组后这种实践一直极为有效。信息技术标准的耐久性得到了证明，而公司随后的内联网和外联网项目也一直相当成功。

10.4.3 转向型：为实验和快速利用而组织

位于转向型象限的公司，将它们的信息技术功能视为转变组织能力、揭示新的战略途径的催化剂。新的信息技术方案的制订、实施和管理时常在公司的最高级别进行，信息技术的领导应当与公司的高级管理团队有着直接的关系。具备妥善处理问题能力的领导者在此阶段十分适合。这位领导应具有将技术观念转化为业务机会的才干，并且具有协同利用部门间知识和不同当事人资源的能力。

以前信息技术的管理和创新对于这些公司都不是关键的，当初它们可能缺乏实施其项目目标的必要技能和知识。外包关系可能是获得访问项目管理技能、技术应用程序和信息技术人员的有效方式，而这些信息在内部就不能得到。然而，这种方法也可能暗示着将来竞争中不必要甚至是不可接受的委派。例如，技能和相关知识必须连续地得到提高，以使公司在竞争对手开始模仿它的工作，不适当的外包协议可能会危及这个领域的控制时，能够保持领先地位。如果涉及低结构化的项目，外包也不是非常有效的，在转向状态下这种情况也很常见。在低结构化项目中，如果在反复的设计过程中发现了真正的项目目标，最终的交付品和程序容易受到重大波动的影响。更加灵活的信息技术管理方法代替了外包，可能涉及组织内部的业务开发团队和新兴技术团队，以及技术伙伴公司之间的伙伴关系。

试验和学习的机会以及部署的速度，是转向背景下的高级别优先选项。尽管转向工作有时着重于试验、学习和迅速的结果，没有马上关注到它们可能与更大型组织整合的方式，它们最终仍能够在将组织推向更具战略意义的位置上起到关键作用。考虑南非一家大型零售连锁店在它 50 多家商店的每一家都安装了一套销售点终端（POS）存货追踪系统。存货是零售商最重要的资产，所以，在存货太少（譬如，引起储存或脱销）和存货太多（譬如，引起存量过多和浪费）之间的更好平衡，对其成本结构和盈利能力会有很大的影响。项目的本来目的，是运用单个商店内部积累的每天销售总额进行更精确的库存补货。这种成功的项目提高了新的组织能力，并迅速促成了大幅度的成本节省。

后来，高级业务管理者认识到，通过将商店 POS 系统与公司总部中心系统联系起来，能够衡量在各个商店（有调整产品融入到当地市场的潜力）的产品性能，并且有助于管理在零售连锁店的仓库库存水平。因为 POS 系统所使用的通信协议与中心信息技术系统使用的协议不兼容，这种后续的工作成本高昂。但是高级管理层不认为这一点是由于计划不周而造成的。

相反，他们认识到，探索未来所有可能运用 POS 数据的计划过程可能耗时太长，耽误了各个商店的存货储存。而且，对于将 POS 系统和公司系统连接起来的计划阶段的受益估计也很不确定（如果这些益处全部得到确认）。将公司系统联系起来费时较长，可能会削弱成本/收益情况，甚至于原始项目可能被取消。相反，第一个系统的成功为未来系统的成功确定了底线，该公司依赖于 POS 公司网络，可以设立客户忠实卡并获得关于重要客户个人消费习惯的宝贵资料。

10.4.4　策略型：为运行规范和业务敏捷性而组织

位于策略型象限的公司，不论是当前的信息技术运行还是未来的信息技术化活动都相当重要。在这些组织中，期望首席信息官能够提升业务价值，借助以下途径：运用信息技术来安排业务，提高市场份额，迅速开辟新市场，投放新产品，打造新兴的信息技术化业务。这个人有必要具有技术方面的专业知识和一般管理知识，还要密切关注公司的变化和发展。

在战略意义上依赖于信息技术的公司内部，信息技术管理人员往往成为管理委员会的成员。在有些公司，信息功能部门的领导是董事会的成员。因为高级管理人员越来越认识到信息技术是创新和管理的关键（并因此是未来的竞争优势），很多首席信息官和高级信息技术领导人员正在会议桌前赢得重要的席位，预期在战略决策中扮演着重要角色。

在信息技术仍是业务运行中关键角色的策略型象限，集权化的基础设施和运行管理对于支持当前系统和应用程序的进行仍然是合理的。基于政策和实际资源的集权化处理方法，能够促进信息技术服务在日常运用中的简化、标准化、巩固和整合。同时，信息技术能力和资产的再利用和再配置，为未来业务的迅速增长提供了完善但是敏捷灵活的基础设施平台。同样，数据管理的集权化确保了集中式或分布式数据库的协调和同步运行，以便于业务用户（不管他们的位置如何）能够获得必需的数据。

在策略型象限，信息技术投资注重于加速和保持业务增长的方案，时常在高级业务水平上实施和管理，包括将新的技术实力以及那些替换或补充遗留环境的并购活动进行迅速调节，以满足业务需求。

将开发项目的管理权和信息技术开发专业人员分散到业务部门，可以更加迅速有效地实现新的信息技术应用程序的开发与高级部门管理之间的协调。而且，向信息技术人员灌输更加牢固的业务观念和日常业务细节，也能够产生有关信息技术化潜在的业务解决方案的富有影响力的见解。特别是，优质开发方案很可能在技术上更可行，在商业上更有效。开发工作在策略象限集中关注于学习，所以，理想的做法是，项目在持续的时间上应当更短，经常短至 3 个月。更迅速的项目转向可以在受反复反馈逐渐引导的项目构建中支持公司。

战略信息技术功能的一个重要部分是了解先进技术，向可能的业务用户通知它们的存在及可能性，并主动提出一些对解决业务问题的用途或者机会的解释。特别是，信息技术功能对有关组织的信息资产（包括有关客户、产品、市场、竞争对手等的信息）的观点，应当在这些方面加以利用：法律法规合规服务、营销上市的速度、产品和服务待售品的特色。例如，位于该象限中具有前瞻能力的公司正借助于高效能自我调节数据库，寻求它们对数据兆兆位进行实时分析的能力。这些技术的使用消除了数据库的重重复杂性，同时提供了强有力的预测、最优化和搜索功能，能适时地反映关键性事件的精确信息。随着组织信息化程度的加强，信息质量的实际成本和收益也变得尤其重要。行之有效和精确的信息会在基于客户价值的电子发送、直接客户访问和分销模式的活动中实现巨大的成本节省。而且，它还能够通过缩短营销时间和支持有目标的交叉销售而产生高额的新收益来源。相反，通过预防和减少不正确、不安全的信息，公司避免了诸如内部返工、隐私违犯、财务重述和收益渗漏等财务和名誉成本。

战略信息技术效用越来越受到成功业务模型的衡量，而不是仅仅满足于截止期和预算的要求。因此，信息技术的领导应当考虑到当前的具体业务和成本的大量节省，以及在新的信息技术化产品和服务的带动下，实现盈利能力和收益的增长，促进开发新的市场途径。同时，他们必须认识到，信息技术发生效用更加依靠于一种方式，这种方式就是信息技术管理者和技术人员与他们的业务团队沟通协作，培养在这个领域中有效性所必需的"软技能"。

10.5 小结

本章重点阐述了有关信息技术活动的组织和领导的关键问题。我们认为好的领导力与信息技术在公司里所承担的任务相一致。在惯例中力求变化，把新技术的采用和整合融入业务，以多种方式提供服务种类，通过管理和组织为信息技术经验的积累创造了可能。

决定信息技术资源和活动在组织内的最佳分配办法，这是一项复杂的任务。领导者们必须在创新和控制之间寻求适当的平衡，同时努力最大限度地关注信息技术专家和业务用户的观点。总经理管理相关紧迫问题的方式，很大程度上取决于公司环境下的很多非信息技术领域。首席执行官的领导方式，以及他对公司未来的看法，为信息技术在组织里承担的任务提供了重要指导作用。公司组织结构和文化很重要，业务单元的这种地域性分散同样重要。

管理人员可考虑下列问题，以评估他们是否依据信息技术在他们组织中的任务，妥当地解决了信息技术活动的领导和组织的问题：

1. 你能否认识信息技术在你组织中所承担的角色？信息技术对维持企业有多关键？信息技术对企业的发展是否关键？你的信息技术预算和组织结构增强了在稳健管理和灵活创新之间的适度平衡吗？

2. 管理层采取哪些战略方案来管理与企业持续发展相关的信息技术关键点？这些方案是否合适？

3. 你的信息技术投资和效用模型非常适合信息技术在你的组织里承担的义务吗？你的效用模型有效地描述并监管信息技术对公司的贡献吗？

4. 你公司受地域因素或业务单元驱动的业务成功吗？受地域和业务单元之间常见因素驱动的成功达到什么程度？你的信息技术运行组织和信息技术开发方案组织适合你的公司性质吗？

5. 你是否理解你的组织中存在着数据分享和普通应用程序的需求？不管信息资源在现在或者将来如何分配，是否存在着适当的标准和程序确保业务单元之间数据交换的有效性？

6. 你如何概括你的信息技术领导者的技能和知识特点？鉴于信息技术当前在公司中的角色，他是领导信息技术的合适人选吗？你的信息技术人才管理和人员开发方案与信息技术当前及未来的角色一致吗？

结束语

预测是困难的，尤其是对于未来。

　　　　　　——优吉·贝拉（Yogi Berra），名人纪念馆的棒球运动员和经理

1943 年，IBM 公司德高望重的主席托马斯·沃森（Thomas Watson）曾预言，未来世界市场"可能会存在五台电脑"。但事实是，今天全世界有几亿台电脑。这位"专家"的预见犯下了一个重要错误，他忽略了这样一个道理——对未来进行预测总是很困难的。让我们快速回顾一下，以此来证实这一点。1992 年还没有出现网络浏览器，1995 年前亚马逊网在杰夫·贝佐斯（Jeff Bezos）眼中也只是东方露出的熹微曙光。很多事物改变得非常快，没有什么表明信息技术到了应该放慢发展步伐的时候；相反，其发展前景倒是一片喜人。

这本书的客观性在于为读者提供了一个更好的理解方式，对于在 21 世纪制定管理方面的决策大有裨益。虽然这种理解或许能使我们的预测更加准确，但我们的目标并不是让你仅仅为预测而加入到对未来预测的思考中来。相反，我们关注的是提供分析框架，并使用这些框架来辨别机会，设计和展开新的以技术为基础的商业活动，在网络经济中创造商业价值。这些框架都以在商业环境中得到验证的理论概念为基础，借此我们已经处理了在实际中所遇到的一些问题。不久以前，一些人预言了传统经济和管理模式的末日即将到来，但技术股票市场的大跌表明，我们不应该在获得新的管理模式时很快就抛弃基础性的管理原则。

市场和模式，能力和组织，网络化基础设施和运行，信息技术组织的领导关系，是本书所讨论的管理问题的核心部分。

正如我们已经证实的那样，新技术给市场和行业带来的影响，将会改变竞争者的地位并形成要求新的竞争能力的战略需要。新技术已经创造了新的商业模式，并增强了旧技术的有效性。如果公司的管理人员不能很好地把握新技术所提供的机会，公司的市场地位就会受到威胁。

新的网络设施带来了复杂的商业技术问题，这是令所有管理者都感到害怕的事，但他们还是必须在一个硬性、约束力很大的 IT 设施和一个灵活的、动态感很强的 IT 设施之间做出选择。这些基础设施同时也涉及很多关系、技术模型和风险管理流程，它们最终决定着公司在 IT 市场的实力、公司现在的竞争能力以及公司在未来可能获得的商业机会。

最后，公司在进行以技术为基础的战略创新时也面临着很多挑战，因为这些都是公司很难把握的东西。当项目变得越来越大、越来越难时，要求的决策速度也越来越

快。大多数管理人员都注意到这次无情的改变发生得太快以至于没有时间去了解它。然而如果要避免由于 IT 投资产生的风险并从中获取收益，则必须要对这个领域进行控制。

我们需要思考公司管理人员所面临的各种风险和困难以及他们的应对方法。如果换成是你，在这躁动但却活跃、生气勃勃的网络经济中，你会如何应对这些挑战？我们希望你已经从这本书的理论和框架中获得有益的指导，我们也希望你能够成功。

1. 信息技术对于我们的成功和生存有多重要？如果管理不力，我们正在错过推动我们的企业或者是行业转变的机会吗？

2. 我们设置适当领域的信息技术投资优先等级，并关注我们的开发工作了吗？我们的开支是否做到了卓有成效？

3. 我们的信息技术和商业领导者能否制定并管理信息化战略？我们已经在业务管理人员、信息技术管理人员、用户和合作伙伴之间展开了有效的对话了吗？

4. 我们的信息技术平台是否促进我们的公司既精益又敏捷？我们的信息技术相关活动中，有多少是用于运行和维护"遗留下来的"应用程序并促使业务发展和战略管理的？

5. 我们是否正卓有成效地管理信息技术资产和基础设施？信息技术活动领导的委派是否正确？鉴于我们对信息技术用途设定的目标，我们是否拥有合适的业务和信息技术领导人？

6. 我们的组织目的是否是确认、评估并吸收信息化的商业创新？我们是否正错过利用新兴技术和商业模式的机会之窗？

7. 我们的信息技术基础设施是否受到足够保护以免遭受重大运行事故的影响？安全、隐私和风险管理系统是否合适地确保"always on"和"always up"服务？

教师反馈表

　　McGraw – Hill Education，麦格劳—希尔教育公司，美国著名教育图书出版与教育服务机构，以出版经典、高质量的理工科、经济管理、计算机、生命科学以及人文社科类高校教材享誉全球，更以网络化、数字化的丰富的教学辅助资源深受高校教师的欢迎。为了更好地服务中国教育界，提升教学质量，2003 **年麦格劳—希尔教师服务中心**在京成立。在您确认将本书作为指定教材后，请您填好以下表格并经系主任签字盖章后寄回，**麦格劳—希尔教师服务中心**将免费向您提供相应教学课件，或网络化课程管理资源。如果您需要订购或参阅本书的英文原版，我们也会竭诚为您服务。

书名：			
所需要的教学资料：			
您的姓名：			
系：			
院/校：			
您所讲授的课程名称：			
每学期学生人数：	_____人 ___年级	学时：	
您目前采用的教材：	作者：_____	出版社：_____	
	书名：		
您准备何时用此书授课：			
您的联系地址：			
邮政编码：		联系电话	
E-mail：（必填）			
您对本书的建议：		系主任签字 盖章	

Mc Graw Hill **Education**

麦格劳—希尔教育出版公司教师服务中心
北京—清华科技园科技大厦 A 座 906 室
邮编：100084
电话：010 – 62790299 – 108
传真：010 – 62790292
教师服务热线：800 – 810 – 1936
教师服务信箱：instructorchina@ mcgraw-hill. com
网址：http：//www. mcgraw-hill. com. cn